신토피컬 논술의 원리와 실제 1

저자 소개

류수열
서울대학교 국어교육과 및 동 대학원 졸업, 국어교육학박사
현재 전주대학교 국어교육과 교수
주요논저『읽기교육과 글쓰기교육에 대한 통합적 접근』,『명쾌한 디지로그 글쓰기(공저)』

송영주
전북대학교 국어교육과 및 동 대학원 졸업, 문학박사
군산대학교, 한국방송통신대학교 강사
현재 전북대학교사범대학부설고등학교 교사
주요논저『발화의 시간의미 연구』,『담화분석(역)』

장미영
전북대학교 국어국문학과 및 동 대학원 졸업, 문학박사
전북대학교 전라문화연구소 전임연구원
현재 전주대학교 객원교수
주요논저『창의적 발상과 문화콘텐츠 작법(공저)』,『디지털시대의 글쓰기Ⅰ, Ⅱ(공저)』

신토피컬 논술의 원리와 실제 1

초판1쇄 인쇄 2006년 6월 1일 | **초판1쇄 발행** 2006년 6월 7일
지은이 류수열·송영주·장미영 | **펴낸이** 최종숙 | **편집** 이은희·공혜정 | **펴낸곳** 도서출판 글누림
등록 제303-2005-000038호(등록일 2005년 10월 5일)
주소 서울 성동구 성수2가 3동 301-80 (주)지시코 별관 3층
전화 3409-2055 | **팩스** 3409-2059 | **이메일** nurim3888@hanmail.net
ISBN 89-91990-24-X 53370
　　　 89-91990-23-1 (세트)

정가 10,000원
* 잘못된 책은 교환해 드립니다.

신토피컬 논술의 원리와 실제 1

류수열 · 송영주 · 장미영

Syntopical Essay Art

교재 구성 일람표

표제명	단원	논술 기법	쓸거리 주제
신토피컬 논술의 원리와 실제 1	제1장	논술과 논술 고사	생태계와 세계관
	제2장	논제 분석의 중요성과 방법	경제와 인간
	제3장	제시문 읽을 때의 주의점	교육 대중화와 민주주의
	제4장	글의 주제와 주제문 작성	더불어 사는 삶
	제5장	개요 작성과 글의 분량 안배	효의 윤리
신토피컬 논술의 원리와 실제 2	제6장	서론 쓰기의 방법	이름의 의미와 가치
	제7장	단어의 정확한 개념 인지와 주술 호응관계	전통의 미덕과 한계
	제8장	결론과 마지막 문장	역사 해석의 시각과 태도
	제9장	정서(正書, 淨書) 습관의 중요성	배움의 가치
	제10장	첨삭 지도의 중요성	문명과 환경 위기

머리말

　논술이란 자신의 주장을 다른 사람에게 납득시키기 위해서 쓰는 글이다. 논술의 대상은 마땅히 답을 찾기 어려운 문제이거나, 쉽게 결론을 내릴 수 없어 끊임없이 해결이 미루어지고 있는 근원적인 질문이거나, 참과 거짓이 아직 확정되지 않아 논의 중에 있는 논쟁거리들이다. 논술의 핵심은 자신의 주장이 분명하여 주제가 명확하게 드러나는 것이다.

　자신의 주장을 확고히 하기 위해서는 해결해야 할 논제의 어떤 한 측면에 특별히 초점을 맞추어야 한다. 이럴 수도 있고 저럴 수도 있다는 양다리 걸치기식의 모호한 태도로는 자신의 주장을 설득력 있게 내세울 수 없다.

　논제를 보는 안목은 논술자의 세계관, 즉 인간관, 자연관, 역사관, 사회관, 경제관, 교육관 등에 따라 달라진다. 어떤 정보나 사실의 나열은 논술이 아니다. 논술은 논제에 대한 논술자의 주장을 풍부한 논거로서 입증하는 것이다. 논거는 인류 보편적인 사실이나 객관적인 지식, 권위 있는 의견 등을 들어 논술자의 주장이 왜 정당한지를 뒷받침하는 글이다.

　글을 쓸 때는 효율적인 체계와 조직을 짜서 자신의 생각을 독자에게 잘 드러낼 수 있게 구조화시켜야 한다. 누구든 글을 쓰고자 하는 사람은 글을 통해 나타내고자 하는 중심 생각이 있기 마련이나, 막상 써진 글을 보고 만족할 만큼 자신의 생각이 잘 표현되었다고 느끼는 사람은 많지 않을 것이다. 더구나 논술문은 주어진 논제와 제시된 방식에 의해 자신의 생각을 효율적으로 엮어야 하기 때문에, 일반적인 생각을 담은 글쓰기와는 그 난이도가 판이하게 구별되는 면이 있다.

이 책이 표방하고 있는 신토피컬 논술이란 곧 이 책의 특징이자 장점이기도 하다. 신토피컬 논술이란 하나의 논쟁거리에 대해 두 종 이상의 자료를 점검하여 변증법적 객관성을 획득하는 데 목적을 둔다. 논술자의 주장이 절대의 객관성과 공정성을 확보하기 위해서는 논쟁거리와 밀접한 관련이 있는 자료를 찾아 분석하는, 즉 논쟁거리 자체에 대한 명확한 개념 파악이 선행되어야 한다. 논술자는 자신이 세운 논점을 미리 정리해 두되, 선행 논술자들의 논점을 분석해가며 그것들이 자신의 논점과 어떻게 관련되는지 주의해서 살펴야 한다. 그래야 논술자는 논쟁거리에 대한 다각도의 다면적인 통찰력과 깊은 이해력에 바탕을 둔 창의적이고 개성이 넘치는 논술문을 써낼 수 있다.

각 장의 맨 앞부분에 있는 <논술 기법>난은 실제 논술문을 쓰고자 하는 학습자를 위해 실전 논술에 필요한 정보와 구체적인 기법을 제시하고 있다. <읽을거리>난은 논쟁거리가 될 만한 논제와 관련해서 권위 있는 문헌들 중 참고할만한 내용을 수록했다. <논술 실전>난은 논쟁거리가 될 만한 논제를 두 종류의 제시문과 함께 제공한 뒤 '논술 해결의 길잡이'를 통해 논제를 파악하고 제시문을 파악하는 실제 사례를 소개하고 '해결과정 생각하기', '주제문 작성', '주제어 찾기', '개요 작성' 등을 거쳐 모범 답안과 함께 그에 대한 강평까지를 예시해 놓았다. <개념 심화>난은 논제나 논점과 관련된 주요 용어의 개념을 잘 파악할 수 있도록 선행 연구들을 비교와 대조의 방법으로 일목요연하게 정리해 놓은 부분이다.

우리 필진들은 그동안 고등학교, 대학교, 대학원 등의 학교 현장과 교사연수 프로그램을 통해서 비판적 글쓰기, 논리적 글쓰기, 예술적 글쓰기 등을 지도해 왔다.

최근에는 특별히 논술을 가르치면서 이론적인 설명과 실제를 곁들여 지도하고 있다. 그런데 역시 글쓰기 교육이라는 것은 만만치 않다는 것을 실감한다. 이러한 상황에서 우리 필진들은 체계적이면서도 자기주도적인 학습에 실제적인 도움을 주는 교재의 필요성을 절감하게 되었다. 논제를 소화해내기 위한 배경 지식과 짧기는 하지만 내용 이해에 주의를 요하는 논제의 분석, 제시문의 이해와 소화 방법, 머릿속으로 구상된 내용의 전개 방식, 그리고 이왕이면 생동감이 있으면서도 인상이 강한 표현 및 마무리까지 제대로 체계화시킨 교재가 절실하게 필요했던 것이다.

이런 이유에서 우리 필진들은 뜻을 같이하게 되었고 어언 2년 동안 매주 만나서 함께 고민하고 토론하고 원고를 썼다. 논의에 논의를 거듭하고 수정에 수정을 거듭하면서 어느덧 우리들의 원고는 책의 모양새를 갖추게 되었다. 우리는 뜻을 같이하게 된 시간에 대해 서로가 서로에게 감사한다. 처음 이 책을 준비할 때 막막하기만 했던 심정이 떠오른다. 머리로 구상할 때는 그럴 듯하게 느껴졌던 생각들이 막상 글로 표현되었을 때는 전혀 다른 글이 되어 당황했던 시간들도 많았다. 각자 생각이 다르고 안목이 다르고 각기 일하는 방식이 판이하게 다른 필진들끼리 의견을 조율해내고 일하는 스타일을 조정하고 만나는 시간을 맞추는 일은 원고 쓰는 것만큼이나 무척 힘든 일 중의 하나였다. 이 작업을 하면서 우리들은 서로 상대방의 감정을 배려하고 의견을 수용하고 시간의 편의를 고려하면서도 각자의 개성을 살릴 수 있는 공동작업의 효율적인 기법을 체득하는 쾌거를 올리게 되었다.

이 책은 류수열 교수님의 논술에 대한 오랫동안의 고민과 이미 준비된 원고로부터 시작되었다. Reading & Writing Center를 책임지고 있는 류 교수님과 함께 대학생들의 논리적 글쓰기 지도 방안을 모색하던 중 우리는 뜻밖에 영재 중심 고등학교와 일반 인문계 고등학교로부터 논술특강 의뢰를 받게 되었다. 이러저러한 경험을 가진 후에 우리는 일선에서 논술을 지도하시는 중등학교 선생님들을 대상으로 하는 교원연수까지를 기획하게 되었다. 그 가운데 중등학교에서 직접 논술을 지도하시는 송영주 선생님과 인연이 되어 같이 일을 하는 동료로 만나게 된 것은 커다란 행운이었다. 송영주 선생님 덕분에 우리는 이 작업에 박차를 가할 수 있었기 때문이다. 다음은 오랜 시간 대학과 고등학교에서 학생들을 지도해 온 송영주 선생님의 글이다.

이 책의 만족스런 구성을 위해 첨삭 원고를 만들 수 있도록 예시답안을 써 준 제자들에게 이 지면을 빌어 고마움을 전한다. 이들은 가르치는 대로 열심히 따라 주고 우리들의 논술지도에 각별히 고마워한 학생들이다. 그리고 이들은 거듭 논술문을 실제로 써 보면서 글쓰는 능력이 향상되는 것을 보여줌으로써 우리 필진들을 기쁘게 해주었다. 학교생활에 더하여 하고 싶은 연구에 몰두할 수 있게 도와 준 남편과, 한창 손이 필요한 나이에도 엄마가 하는 일에 무언의 도움을 주는 속 깊은 딸 은설과 은빈 그리고 아들 윤상이에게도 특히 고마움을 전하고 싶다.

세 사람이 겪은 논술지도 현장의 다양한 체험은 논술에 대한 필진들의 안목을 넓히는 데 좋은 기반이 되었다. 우리 필진들은 Future Korea를 위해 Brain Korea를 조성하는 데 작은 힘이나마 보탤 수 있기를 소망한다.

여러 가지 논술 지도 경험을 갖게 해 주신 전주대학교 김승종 교수님, 전주상산고등학교 이현구 교장선생님, 전주영생고등학교 전봉권 교장선생님께 감사를 드린다. 밤늦게까지 작업할 수 있도록 쾌적하고 넓은 공간을 마련해 준 전주대학교에

신토피컬 논술의 원리와 실제 1

도 깊은 감사를 드린다. 애써 컴퓨터를 구해주고 소파며 테이블이며 커피탁자까지를 갖출 수 있도록 힘써 주신 류수열 교수님과 최경호 교수님의 배려는 각별하게 기억될 것이다. 바쁘게 돌아가는 학교의 숨가쁜 상황에서도 칼같이 시간을 지키고 꼼꼼하게 작업을 수행하신 송영주 선생님의 노고에는 감사와 함께 경의를 표하고 싶다. 서울에 있는 출판사까지 직접 교정을 보러다니는 전주에 사는 필진들을 위해 매번 고속버스터미널까지 마중을 나와 준 글누림 출판사의 최종숙 사장님의 열성은 말로 다할 수 없다. 거친 원고를 예쁘게 만들어 주신 글누림의 이은희, 공혜정 님의 수고가 없었더라면 이 책은 빛을 보지 못했을 것이다. 이제 이 책을 계기로 알게 된 우리 모두의 만남은 아름답고 흐뭇한 추억이 되었다. 책을 출판하고 보니 부족함과 아쉬움이 더 또렷하게 도드라져 보인다. 미래의 언젠가는 오늘의 부족함을 채우고 현재의 아쉬움을 충만함으로 바꿀 수 있기를 희망한다.

예향의 도시 전주에서
2006년 초여름의 싱그러운 냄새를 음미하며.
필진을 대신하여 장미영 적음

Contents_제1권

머리말__005

제1장. 생태계와 세계관__013

제2장. 경제와 인간__055

제3장. 교육 대중화와 민주주의__103

제4장. 더불어 사는 삶__131

제5장. 효의 윤리__163

부록_한글 맞춤법__195

Syntopical Essay Art

Contents_제2권

머리말__005

제6장. 이름의 의미와 가치__013

제7장. 전통의 미덕과 한계__045

제8장. 역사 해석의 시각과 태도__101

제9장. 배움의 가치__129

제10장. 문명과 환경 위기__167

부록_한글 맞춤법__197

생태계와 세계관

 **논술 기법**

☻ 논술과 논술 고사

1) 논술

　논술(論述)을 어의적 의미를 따라 풀이하면 '논리적으로 서술하다'의 뜻을 가지고 있다. 글쓰기의 기본 원칙을 살려 글을 쓰되, 논리적으로 따져 자기의 주장을 써 내려간다는 뜻이다. 모든 글에는 작성된 글을 통해서 드러내거나 알려주거나 설득하려는 핵심 내용을 담고 있기 마련이다. 글의 논리성은 모든 종류의 글에서 공히 요구되는 특징이기는 하지만, 대체로 상대방을 이해시키거나, 설득하기 위해서 글을 쓸 때 더 강하게 동반되는 요소이기도 하다. 특히 이것이 주장과 설득의 내용일 때는 '논설문'과 매우 흡사하게 이해되기도 한다.

논설문과 논술문의 다른 점은, 논설문이 자기의 주장을 어떻게든 독자에게 강하게 설득시키는 목적으로 전개되어 주장과 논거가 자기 논리에 맞게 구조화되는 데 핵심이 있다면, 논술은 무조건 하나의 주장 내용을 가지고 자기 논리를 펴기보다는 논제(論題)를 이해하고 논제에 충실한 구성을 바탕으로 하며 논제에서 요구하는 방식대로 글을 써 나가는 것이 특징이다. 여기에는 단지 현안(문제)에 대한 자기 의견이나 견해만 들어가는 것이 아니라 논제에서 요구하는 방식이나 내용, 그리고 형식까지를 제시에 따라 주면서 글을 전개해야 하는 특징이 있다.

따라서 논술문 작성에서도 주제의 명확성, 구성의 논리성, 개념의 정확성, 표현의 참신성, 단어 선택의 적절성 등은 기본적으로 골고루 갖춰져야 한다. 그러나 우리가 본 교재를 통해서 공부하고자 하는 논술 쓰기의 전략은 막연한 논술문이 아닌, 구체적인 논술 고사에 그 초점을 맞추어 가면서 논술문 작성의 방법을 면밀히 공부하도록 하는 것이다.

2) 논술 고사

논술 고사는 대학 입시의 한 방편으로 특정 몇 대학에서만 실시하던 것을, 수시모집 단위가 늘어나면서 확산되어 왔고, 이제 2008학년도 대학 입시부터는 전 대학으로 확대 실시하게 되었다. 따라서 우리 현실에서는 이제 논술 고사가 완전히 대학 입시의 한 유형으로 인식되면서 대학 입시의 중요한 초점을 논술문 작성의 능력과 실력 배양에 두게 되었다.

논술 고사에 대하여 고민을 할 때, 우리는 이것이 논술을 내용적으로 다루는

<고사>라는 개념을 염두에 두어야 한다. 다시 말해 이것은 시험이라는 것이다. 시험은 많은 지원자들을 대상으로 특정 기준을 제시하고 근거하여 일정 인원을 제외한 나머지 학생들을 걸러내는 데 목적이 있다. 따라서 지원자들을 걸러내는 데는 그에 합당하고 근거가 분명한 이유가 명백하게 제시되어야 한다. 그러므로 논술 고사의 채점에는 논술이라는 매우 주관적인 내용의 인정에도 불구하고 명확한 채점의 근거가 두어야 한다는 말이 된다.

이 채점의 근거를 마련하기 위해서 출제자는 발문 내용, 즉 논제에 이미 채점 기준을 깔아놓고 있음을 인지해야 한다. 다시 말하면, 논술 고사를 치를 때는, 논제를 치밀하게 분석하고 그에 합당한 글쓰기를 전개해야 한다는 말이 된다. 그러므로 논제 분석을 철저하게 하고 그에 의거한 글을 쓰게 되면 적어도 채점 기준에 크게 빗나가지는 않을 것이다. 많은 학생들은 주어진 시간 안에 문제를 접하고 그 문제(논제)에 맞춰서 글을 완성해야 한다는 부담감 때문에 논제를 가능한 한 빨리 읽고(그것은 곧 소홀히 읽는 것이며 글을 논점이나 조건을 잘못 이해해 글의 방향을 제대로 찾아내지 못할 수 있다) 일단 주제만 엉성하게 잡은 다음 오로지 글을 쓰는 데에만 온 노력을 기울이는 경향이 있다. 이것은 논술 고사의 특성과 방법을 제대로 모르고 하는 행위이다. 글이란 쓰고자 하는 내용이 명확하게 머릿속에 차올라왔을 때 써 내려가는 것이고 그럴 경우는 비교적 글이 막히지 않고 전개될 수 있기 때문에 시간은 걱정하지 않아도 된다. 오히려 시간이 아무리 충분히 있어도 글을 쓰고자 하는 내용 정리가 명확하게 되어있지 않거나 구성이 준비되지 않았다면 글 쓰는 동안 계속 혼란만 오게 되고 결국 좋은 글을 만들어 낼 수 없다.

그러나 주제를 명확하게 잡았다 하더라도 펜을 들고 실제 글을 전개하다보면 자기 논리에 도취되어 글이 편협한 쪽으로 흘러가기도 하고, 다음에 쓸 내용을 잊어버리기도 한다. 이런 것을 방지하기 위하여 집필 이전에 반드시 자기 한 편의 논술문에 대하여 탄탄한 구조화, 즉 글의 구성을 작성하는 개요 짜기가 절대적으로 필수적이다. 여기에는 해당 내용에 따른 분량제시도 동반되어야 한다. 그래야 전체적인 글의 구조가 균형감 있게, 자신이 드러내고자 하는 주제가 살아날 수 있는 것이다.

읽을거리 1

사회 생태학이란 무엇인가?

오늘의 생태 위기는 기본적으로 인간을 포함한 모든 생명 세계를 상품화하는 시장 논리에 기인한 것이다. 그러나 북친에 의해 더욱 주목되고 있는 것은 인간이 지닌 지배 속성이다. 맑스주의[1]는 인간에 의한 인간의 지배가 자연을 지배하기 위한 필요에서 등장했다고 믿지만 사실은 정반대다.

오늘의 사회적인 위기를 논의하는 학자들은 인간들이 가지고 있는 지배 속성을 소홀히 하는 경향이 있다. 지난 수세기 동안 인간들은 서로에 대한 지배를 당연한 것으로 받아들여왔고, 급기야는 이를 자연으로 확대하였다. 인간은 이미 자신 이외의 모든 것을 지배하는 데 익숙해져 있다. 예를 들어 포식과 경쟁으로 동물 세계를 묘사하는 것도 사실은 인간의 지배 철학이 반영된 것이다.

사회 생태론은 사회적인 것을 자연적인 것으로 해체하려는 것이 아니라 인간성을 자연의 맥락에 포함시키고 자연사적인 관점에서 이를 탐구하며, 자연과 사회의 뿌리 깊은 연속성을 회복시키고자 한다. 또한 사회 생태론은 다윈[2] 진화론의 근거인 적자생존[3]이란 전제에 도전한다. 생태학적 관점에서 본 생명은 특수한 개체이면서 서로 공생하고 상호 의존적이다. 그것을 북친은 다양성 속의 통일 원칙 혹은 전일성이라고 개념화한다.

북친에 의하면 자연 종들의 관계는 지배 종속 관계가 아니라 불균등 관계다.

---

1 맑스주의(marxism) : 19세기 중반 마르크스와 엥겔스의 이론에 기초한 혁명적 사회주의.
2 다윈(Charles Robert Darwin) : 자연에서의 경쟁으로부터 이겨낸 개체만이 살아남고 나머지는 도태된다는 이론인 자연선택설을 바탕으로 진화론을 주장한 영국의 생물학자.
3 적자생존(適者生存, the law of the survival of the fittest) : 생존경쟁의 세계에서, 외부의 상태나 변화에

당연하게도 사회 내 위계 질서4는 생물학적인 현상이 아니라 사회 제도적인 현상일 뿐이다. 생물학적으로 위계 질서란 없다. 위계 조직은 사회 계급보다도 더 근본적으로 인간을 구속하고 있다. 자연을 지배한다는 생각은 인간 지배에서, 초기에는 가부장제5적인 위계 조직 유형에서, 이후에는 계급과 국가주의6적 유형에서 시작되었다고 주장한다. 결국 자연의 지배라는 개념은 인간의 인간에 대한 지배를 옹호7하기 위해 나왔다는 것이다.

　　결론적으로 북친은 광대한 자연사가 이미 우리 존재 속에 들어와 조화를 이루고 있다는 것을 의식하고 이를 그 동안 변화 발전해온 사회사의 과정 속에서 보면서 새로운 사회가 지향해야 할 가치관을 문제 삼는다. 이미 우리의 존재 속에 있는 조화로운 자연의 법칙을 발견하자는 것이다. 그리고 그 방편으로 유아 교육 과정에서부터 생태적 감수성을 교육하자고 주장한다.

- 머레이 북친, 「사회 생태학이란 무엇인가」에서

적합하거나 잘 적응하는 것만이 살아남고, 그렇지 못한 것은 멸망하는 일.

4 위계질서(位階秩序, the order of a grade of rank) : 여러 계층(지위와 등급)간의 올바른 상태를 유지하기 위해서 지켜야 할 일정한 차례와 규칙.

5 가부장제(家父長制, a patriarchal system) : 가부장이 중심이 된 가족체계를 바탕으로 하는 사회의 지배형태. 주로 가부장은 남자가 맡는다.

6 국가주의(國家主義, nationalism) : 국가를 인간 사회의 최고 조직체로 생각하고 국가권력이 사회생활 전체에 걸쳐 통제력을 발휘하는 것을 인정하는 주의.

7 옹호(擁護, support) : 어떤 의견을 편들어서 지지, 지원함.

읽을거리 2

간디의 오두막

마하트마 간디[8]가 살았던 오두막에 앉아있던 어느 날 아침 나는 이 오두막의 정신과 전언을 받아들이고자 노력했다. 내게는 두 가지가 크게 감명적이었다. 하나는 그 정신적인 면이었고, 다른 하나는 그 쾌적함이었다. 나는 그 오두막을 지을 때의 간디의 관점을 이해해 보려고 했다. 내게는 그 집의 단순성과 아름다움과 청결함이 참으로 좋았다. 간디의 오두막은 모든 사람과의 사랑과 평등의 원칙을 선언하고 있다.

맥시코에 있을 때 내게 제공되었던 집이 여러 가지로 이 오두막과 비슷한 것이었으므로 나는 이 오두막의 정신을 이해할 수 있었다. 이 오두막에는 일곱 종류의 장소가 갖추어져 있다. 입구에는 신발을 벗고, 집안으로 들어가기 전의 신체적, 정신적 준비를 위한 장소가 마련되어 있다. 그 다음에는 대가족을 수용할 수 있을 만큼 큰 중간방이 있다. 세 번째 공간은 간디 자신이 앉아서 일하던 곳이다. 두 개의 방이 더 있는데, 하나는 손님들을 위한 것이고, 다른 하나는 환자들을 위한 것이다. 노천 베란다가 하나 있고, 또한 넓은 욕실이 있다. 이 모든 방들은 서로 유기적인 관계를 가지고 있다.

부유한 사람들이 이 오두막을 본다면 아마 웃을지도 모른다. 내가 소박한 인도사람의 관점에서 보았을 때, 나는 간디의 오두막보다 더 큰 가옥이 있어야

---

8 마하트마 간디(Mohandas Karamchand Gandhi) : 우리나라의 백범 김구 같은 인도의 독립운동가. 인도의 위대한 지도자로 불리며 영국에 대한 비폭력 불복종 운동으로 유명하다.

할 까닭을 알 수 없었다. 오두막은 나무와 진흙으로 만들어져 있다. 이 오두막을 짓는 작업은 인간의 손으로 이루어졌고, 단 하나의 기계도 사용되지 않았다.

　나는 오두막이라고 불렀지만, 실은 훌륭한 집이다. 집과 가옥 사이에는 차이가 있다. 가옥은 사람들이 가구들과 소유물들을 보관하는 곳이다. 그것은 사람들 자신보다는 가구의 안전과 편의를 위해 마련된 곳이다.

　델리9에서 내가 머문 가옥은 많은 편의시설이 있었다. 그 건물은 이러한 편의시설들의 관점에서 건축되었다. 그것은 시멘트와 벽돌로 만들어졌고, 가구와 기타 편의시설들이 잘 어울리는 상자 같은 것이었다. 우리는 우리가 평생 동안 끊임없이 수집하는 가구나 기타 물품들이 우리에게 내면적 힘을 주지는 않는다는 것을 이해해야 한다. 이러한 물건들은 불구자의 목발 같은 것이다. 그러한 편의물들을 우리가 많이 가지면 가질수록 그 물건들에 대한 우리의 의존도는 더 커진다. 다른 한편, 간디의 오두막에서 내가 발견한 가구는 전혀 다른 차원에 속하는 것이었다. 그 가구에 사람이 의존적으로 될 가능성은 거의 없었다. 사람들은 건강을 위해서 병원에 의존하고, 아이들의 교육을 위해서 학교에 의존한다. 그런데 실제로는 병원의 수는 그만큼 사람들의 불건강을 나타내고, 학교의 수는 그만큼 사람들의 무지의 정도를 나타낸다. 그와 마찬가지로, 소유물의 증거는 창조성의 표현을 줄어들게 한다.

　역설적인 것은 많이 가진 사람들이 우월한 존재로 간주된다는 것이다. 이것은 불행한 일이다. 의족을 사용하는 사람들이 우월한 존재로 간주된다면 이상한 일이 아니겠는가? 간디의 오두막에 앉아 있는 동안 나는 이러한 뒤틀림에 대해 곰곰이 생각하면서 마음이 슬펐다. 간디가 살았던 이 오두막보다 더 큰 장소를 가지고 싶어하는 사람들은 마음과 몸과 생활방식에서 가난한 자들이다.

---

9 델리(delhi) : 인도북부에 있는 도시 및 연방 직할지구.

신토피컬 논술의 원리와 실제 1

그들은 자연과 거의 아무런 관계를 갖지 않으며, 그들의 동료 인간들과 거의 아무런 친밀성을 갖고 있지 않다.

내가 설계가들에게 어째서 그들은 간디가 우리에게 가르쳐 준 소박한 접근 방법을 이해하지 못하는가 물었을 때, 그들은 간디의 방식은 너무 어렵고 사람들이 그걸 따를 수 없을 것이라고 말했다. 그러한 단순한 원리가 이해되지 않고 있다니 어떻게 된 일일까? 실제에 있어서, 일반 민중은 그러한 단순성의 원리를 완전히 이해하고 있다. 이해하기를 거부하는 사람들은 무엇인가 기득권10을 가지고 있는 사람들뿐이다.

간디의 오두막이 함축하는 것은 자연과의 조화가 가능해지는 인간의 삶이다. 우리는 불필요한 물건이나 상품들을 소유함으로써 자연으로부터 행복을 섭취할 수 있는 가능성을 위축시킨다. 무절제한 소비적인 삶에서 우리는 자연을 제대로 볼 수 없고, 물건이나 상품으로 자연을 대체시킨다.

간디의 이 오두막은 평범한 사람의 존엄성이 어떻게 고양될 수 있는가를 세상에 알려주고 있다. 그것은 또한 우리의 삶이 자연과 조화되고 단순성과 봉사와 진실성을 실천함으로써 얻을 수 있는 행복의 상징이기도 하다.

－이반 일리치, 「간디의 오두막」에서

---

10 기득권(既得權, vested rights) : 이미 가지고 있는 권리, 이득.

읽을거리 3

만물의 근원적 평등

　홍대용[11]의 「의산문답(醫山問答)」[12]은 허자(虛子)와 실옹(實翁)간의 문답형식으로 이루어진 글이다. 허자는 당시의 통념을 따르던 학자를 대변한다. 그는 인간이 만물의 영장이고 지구가 하늘의 중심이라고 생각하며, 오행설(五行說)과 화이론(華夷論)[13]을 신봉한다. 실옹은 허자가 갖고 있는 이런 통념을 조목조목 반박하며 다른 생각, 다른 관점을 제시한다. 이 점에서 실옹은 홍대용의 대변자다.

　실옹(實翁)이 말했다.
　"(…) 내가 너한테 묻겠다. 생물의 종류에는 세 가지가 있거늘, 인간·금수·초목이 그것이다. (…) 이 셋에 귀천의 등급이 있느냐?"
　허자(虛子)가 대답했다.
　"천지간 생물 중에 오직 인간이 귀합니다. 금수한테는 지혜가 없고 초목한테는

11　홍대용(洪大容) : 본관 남양. 자 덕보. 호 담헌 또는 홍지. 북학파 학자인 박지원 박제가 등과 친교를 맺었으며, 학풍은 유학보다도 구국 경제에 전심하였다. 1765년 숙부인 억이 서장관으로 청나라에 갈 때, 군관으로 수행, 베이징에서 엄성 반정균 등과 사귀어 성리 역사 풍속 등에 대해 토론하였다. 또한 천주당에 가서 서양문물을 견학하고 관상대를 견학하여 천문지식을 넓혔다. 귀국 후 북학파의 선구자로 지동설을 주장하였고 균전제, 부병제 등 토지 개혁을 주장하였다. 또한, 과거제도를 폐지하고 공거제도를 시행하자고 했으며 8세 이상 모든 아동에게 교육을 시켜야한다는 혁신적인 사상을 제창하였다. 저서에는 『담헌설총』이 있다.
12　영조 42년(1766년) 홍대용이 60일 동안 베이징(北京)을 다녀온 후 자신의 경험과 사상을 토대로 쓴 책. 약 1만 2천 자의 글로 실옹(實翁)과 허자(虛子) 두 사람의 문답체로 되어 있음. 30년의 독서를 통하여 당시의 유학적 학문 세계를 모두 체득한 조선의 학자 허자가 60일 동안의 북경 방문에서 중국 학자들과 사귀면서 실망하게 됨. 낙심하여 귀국길에 오른 허자가 남만주의 명산 의무려산(醫巫閭山)에 은둔하고 있는 실옹을 만나 학문에 관해 토론하는 형식의 글임.
13　존화양이론(尊華攘夷論)의 준말로, 중국을 존중하고 오랑캐를 물리친다는 뜻. 화(華)는 중국을 말함. 오경 중의 하나인 〈춘추〉에서 나온 말로, 공자가 주나라를 존중해야 한다고 한 존주론(尊周論)에 바탕을 두고

감각이 없으니까요. 또한 이들에게는 예의가 없습니다. 그러니 인간은 금수보다 귀한 존재이고, 초목은 금수보다 천한 존재지요"

실옹은 고개를 들어 껄껄 웃더니 이렇게 말했다.

"너는 정말 인간이로구나! 오륜[14](五倫)과 오사(五事)[15]가 인간의 예의라면, 무리를 지어 다니면서 함께 먹이를 먹는 것은 금수의 예의이고 군락을 지어 가지를 벋는 건 초목의 예의다. 인간의 입장에서 물(物)을 보면 인간이 귀하고 물이 천하지만, 물의 입장에서 인간을 보면 물이 귀하고 인간이 천하다. 그러나 하늘의 입장에서 보면 인간과 물은 균등하다."

　　　　　　　　　　　　　　　　　　　　　　　　－홍대용,「의산문답」에서

'인물균(人物均)'의 관점을 피력한「의산문답」의 유명한 구절이다. 유학적 전통에는 인간이 만물 가운데 가장 빼어난 존재라는, 서구의 휴머니즘[16]과는 또다른 의미에서 인간중심적인 사유가 엄연히 존재해 왔다.

서구의 인간중심주의는 여성에 대한 남성의 성차별주의처럼 다른 모든 생명체에 대한 인간들의 극단적인 배타주의[17]를 낳는다. 이러한 인간중심주의는 자연에 대한 차별로 나타나 인간을 제외한 다른 것들을 인간에게 유용한 한도 내에서 도구적인 가치밖에 지니지 못한 것으로 생각하게 만든다. 이에 반해 동양적 사유체계는 자연을 도구화하고 기계론적으로 바라보지는 않았어도, 특히 유학적 전통에서는 인간중심적 사유가 존재해 온 것은 사실이다.

사람이 물(物)보다 귀한 존재인가 물이 사람보다 귀한 존재인가는 사람의 입장에서 보는가 물의 입장에서 보는가에 따른 상대적인 것이며, 하늘의 관점, 곧 절대적인 관점에서 본다면 사람과 물은 귀하고 천함이 없이 똑같다는 주장이다.

있음. 성리학에서는 이를 춘추대의(春秋大義)라 하여 중요한 명분으로 삼았으며, 따라서 이는 성리학적 명분을 바탕으로 조선시대의 대외정책이 되었음.

14 오륜(五倫) : 사람이 지켜야 하는 다섯 가지 도리. 부자유친, 군신유의, 부부유별, 장유유서, 붕우유신.

15 유교에서 말하는 예절의 다섯 가지 중요한 일. 즉, 모(貌)·언(言)·사(思)·시(視)·청(聽). 또는 불교에서 수행자가 지켜야할 다섯 가지 계율로 조절해야 할 일. 즉, 심(心)·신(身)·식(息)·면(眠)·식(食).

"천지간 생물 중에 오직 인간이 귀합니다."라는 허자의 말은 유가적 인간중심주의를 대변하고 있다. 홍대용의 분신이라 할 실옹은 이러한 유가의 인간본위적 관점을 타파하고 인물에 차별성이나 가치적 위계가 있을 수 없고, 인간과 물이 근본적으로 대등함을 설파하고 있다. 이로써 홍대용은 인간과 사물, 그리고 자연의 인식에 있어 자기중심성에서 벗어나, 특정한 존재를 중심으로 인정하지 않고 다만 존재들 사이의 수평적인 관계망만을 인정한 것은 물아(物我)의 동일성을 확신했기 때문이다. 다시 말해 물아의 동일성에 대한 인식이 존재에 대한 수직적·층위적 파악을 부정하게 만들었던 것이다. 뿐만 아니라 물아의 동일성은 중심이 없어도, 아니 중심이 없기에 정녕 공존·공생과 조화가 가능한 세계의 밑그림을 그리는 인식론적·존재론적 근거가 되고 있다. 때문에 홍대용의 사상은 지극히 생태적(生態的)이고 생태주의적 관점이 속속들이 녹아들어가 있다.

---

16 휴머니즘(人本主義, humanism) : 인간본위의 인간중심적인 생각이나 사고.
17 배타주의(排他主義, exclusivism) : 다른 사람이나 다른 사상, 생각 따위를 배척하여 받아들이지 않는 경향.

읽을거리 4

생태적 세계관

　현재 한국, 아니 전 세계는 긴급하고 철저한 대처가 필요한, 극히 심각한 환경문제에 봉착해 있다. 이 문제는 근대 문명[18]의 부산물[19]이다. 문명은 인류가 자연과의 전쟁에서 사용한 전술이다. 그것은 인간에 의한 자연의 정복과 개발 그리고 착취를 의미했고, 그것은 언제나 인간의 복지를 위한 것이었다. 이런 의미에서 미시적[20]으로는 미립자의 세계를, 거시적[21]으로는 우주를 정복할 수 있는 자연에 대한 지식과 자연을 조작할 수 있는 기술을, 물질적 생산의 산업화와 백 년 전까지만 해도 상상할 수 없었던 경제적 풍요를 성취함으로써 과학기술 문명은 곧 진보라는 공식이 적어도 1950년대까지만 해도 자명해 보였다.

　그러나 1960년대부터 인류의 승리와 복지를 뜻했던 문명의 반작용, 아니 어쩌면 그러한 문명이 앞으로 동반하게 될지도 모를 인류의 종말 가능성에 대한 경각의 종소리가 미국에서부터 들리기 시작하더니, 20세기의 마지막이 가까워진 오늘날 그 소리는 세계 전역에 걸쳐서 날이 갈수록 크게 울려 퍼지고 있다.

　이러한 경종은 추상적이거나 관념적인 문제가 아니라 일상생활에서 피부로 느껴진다. 날이 갈수록 더 쌓이는 쓰레기, 더 증가하는 자동차, 더 답답해지는 공기가 '환경'의식을 각성[22]시키고, 또한 날마다 더 깎이는 숲과 날로 더 썩어 가는 강물이 '생태계'를 걱정하게 한다. 또한 달이 갈수록 더욱 늘어나는 아

---

18 문명(文明, civilization) : 인간의 지혜가 발달하여 인간생활이 풍부하고 편리해진 상태.
19 부산물(副産物, a by-product) : 어떤 일의 발생이나 진행과정에 따라서 일어나는 다른 일.
20 미시적(微視的, microscopic) : 사회, 경제 현상 따위를 부분적, 개별적으로 분석하려는 태도.
21 거시적(巨視的, all-inclusive) : 사회현상이나 경제현상 따위를 전체적, 종합적으로 분석하려는 태도.

파트 단지와 공장의 굴뚝에 밀려 푸른 산과 들이 멀어지고 새와 짐승의 울음 소리를 들을 수 없게 되면서부터 '자연'의 의미가 새삼 느껴지지 않을 수 없게 되었다.

삶은 언제나 자신을 위협하는 것들과의 싸움이기도 하다. 삶의 질은 이러한 위험의 크고 작음을 측정할 수 있는 한 방편이다. 그런데 자연과의 싸움에서 승리를 거두면서 인류의 삶의 질이 어느 때보다도 개선되고 풍요로운 삶을 즐길 수 있게 된 바로 오늘날, 환경오염과 생태계 파괴 그리고 자연의 황폐로 어느 때보다도 근본적이고 총체적인 위협을 받게 되었다는 것은 역설적이다. 어쨌든 현재 인류가 직면하고 있는 생존을 위해서 해결해야 할 가장 근본적이고 긴급한 문제가 환경오염, 생태계 파괴, 자연의 황폐에 있다는 사실을 부정할 이는 아무도 없을 것이다.

따라서 우리에게 필요한 것은 세계관[23]의 근본적인 전환이다. 나뭇잎이 없는 나무는 존재하지 않고, 나무 없는 숲은 생각할 수 없다. 인간이라는 잎이나 나무를 떠나서 자연이라는 나무나 숲을 언급할 수 없다. 그러나 거꾸로도 마찬가지다. 나무를 떠난 잎은 죽은 잎이요, 숲을 떠난 나무는 미아가 된 나무다. 이제부터라도 인간이란 나뭇잎만을 보지 말고 나무라는 생태계를 보고, 생태계란 나무만 보지 말고 자연이란 숲을 보아야 한다. 우리의 환경, 생태계의 문제를 풀어가기 위해서는 먼저 현실을 총체적이고 객관적으로 파악해야 하며, 그러자면 전체만을 거시적으로 엉성하게 보기 전에 각각의 세부를 근시안적으로 세밀하게 알아야 하며, 마찬가지로 부분만을 근시안적으로 세밀히 분석하기 전에 그 부분들을 구성하는 전체를 거시적으로 볼 줄 알아야 한다.

---

22 각성(覺性, awakening) : 잘못을 깨달아 정신을 차림.
23 세계관(世界觀, a view of the world) : 세계 및 거기에 사는 인간에 대하여 통일적, 체계적으로 파악한 견해.

논술 실전

❖ 다음 두 글은 인간중심 사회에 대한 비판의 목소리를 담고 있다. (가) 글의 서술자가 비판하고 있는 사회현상이 (나) 글의 '경쟁적인 시장 이데올로기'와 어떻게 연관되는지 밝히고, '이타성'과 '협력'이라는 덕목이 이 문제를 해결하는 데 기여할 수 있는 가능성과 한계를 논술하시오.

나무 밑동24을 잔혹하게 토막 내고 있는 미친 전기톱의 악쓰는 소리인지, 주살25되고 있는 나무들이 질러대는 비명인지 구별할 수 없는 그 소리에서 녹즙기가 토해낸 듯한 짙푸른 생즙이 줄줄 흘렀다. 금방까지 살아 꿈틀거리던 나무들이 광란하는 전기톱날의 공격으로 말미암아 객혈26을 하며 울부짖었다. 에키에엥, 이끼이잉, 으끄아앙, 쎄에엥, 씨리끼리이잉…… 그 울부짖음이 하늘과 땅과 바다를 흔들고 온 세상에 푸른 피칠을 하고 있었다. 단말마27의 경련 같은 전율이 한순간에 지구를 일곱 바퀴 반 돈다는 섬광28처럼 세상을 한꺼번에 구겨버리려고 아드득 움켜잡고 있었다.

---

24 밑동(the lower part) : 줄기에서 뿌리에 가까운 부분.
25 주살(誅殺, an arrow with a string attached to its nock) : 죄인을 죽임.
26 객혈(喀血, hemoptysis) : 기도(氣道)에서의 출혈이 원인이 되어 입으로 혈액을 토하는 일. 객혈을 했을 때는 우선 안정을 취하고 가슴에 얼음찜질을 하며, 의사의 지시를 받아야 한다.
27 단말마(斷末魔, death agony) : [불교에서] '숨이 끊어질 때의 괴로움'을 이르는 말. 산스크리트 마르만(marman)의 발음을 그대로 옮겨 쓴 것으로, 말마는 관절이나 육체의 치명적 부분, 즉 급소를 의미한다. 이 말마를 자르면 죽음에 이른다고 하며, 말마를 얻어맞으면 발광(發狂)한다고도 한다. 또 이 부분이 물건에 부딪치면 심하게 아파서 목숨이 끊긴다. 사람이 죽을 때는 수(水)·풍(風)·화(火) 삼대(三大) 중에서 한 종류가 유달리 많아지고, 그것이 말마와 부딪쳐 목숨이 끊어진다는 것이다. 인간이 죽기 바로 직전 빈사 상태에서 괴로워하는 것을 '단말마의 고통'이라고 한다.
28 섬광(閃光, schillerization) : 어떤 방향에서 광물의 결정(結晶)을 볼 때, 표면에서 반사되는 빛이 아니고,

땅 끝의 매실농장 한복판에서, 바야흐로 그 거역29과 파괴의 주살행위가 벌어지고 있었다. 그 현장을 젊은 수컷 박새30 한 마리가 늙은 백양나무31의 가지 위에 앉은 채 진저리를 치며 보고 있었다. 아, 안타깝다. 전망이 좋은 땅, 맑고 짙푸른 하늘, 쪽빛32으로 출렁거리는 바다, 무성한 백양나무숲, 가슴 속을 수런거리게 하는 소금기 어린 바람…… 다 좋은데, 여기에는 평화가 없다. 우리의 둥지를 틀 만한 곳이 아니다. 다른 곳으로 가보자. 아니, 여기서 더 머무르며 지켜보자. (중략)

아무리 족보가 있는 귀족 나무들이라 할지라도, 저 매실농장 땅이 호화찬란한 유락지33로 개발이 된다면, 이 백양나무숲도 저 농장의 매실나무들과 운명을 같이할 수도 있는 것이다. 젊은 수컷 박새는 자기가 생각해낸 그 개발이란 말 때문에 진저리가 쳐졌다. 이 세상에서 가장 무서운 존재는 이것저것을 닥치는 대로 개발하려 드는 사람들이었다. 그의 아버지가 그에게 사람들을 조심하라고 유언을 했었다.

내부에서 비치는 푸르스름한 흰빛을 가리킨다. 섬광이 보이는 결정의 각도 범위는 별로 넓지 않다. 섬광이 보이는 예로서는 미(微)퍼다이트 또는 잠(潛)퍼다이트 구조를 가진 알칼리장석·고동휘석(古銅輝石) 등을 들 수 있다. 섬광이 비치는 하나의 이유는, 미세한 유색광물이 섬광면을 따라 배열되었기 때문이라고 생각된다.

29 거역(巨役) : 거창한 역사(役事). 큰 공사.

30 박새(great tit) : 몸길이 약 14cm이나. 머리와 목은 푸른빛이 도는 검정색이고 뺨은 흰색이다. 아랫면은 흰색을 띠며 목에서 배 가운데까지 넥타이 모양의 굵은 검정색 세로띠가 있어 다른 박새류와 쉽게 구분된다. 수컷은 이 선이 더 굵고 다리 위까지 이어진다. 등은 잿빛이다. 평지나 산지 숲, 나무가 있는 정원, 도시공원, 인가 부근에서 흔히 볼 수 있는 텃새이다. 4~7월에 나뭇구멍, 처마 밑, 바위 틈, 돌담 틈 또는 나뭇가지에 마른 풀줄기와 뿌리·이끼 등을 재료로 둥지를 틀고 한 배에 6~12개의 알을 낳는다. 특히 인공 새상자를 좋아해서 크기만 적당하면 정원에서도 둥지를 틀고 새끼를 기른다. 한국에서는 숲에 사는 조류의 대표적인 우점종이다. 곤충을 주식으로 하며 가을부터 겨울에 걸쳐 풀이나 나무의 씨앗을 주워 먹는다. 번식기가 지나면 무리생활을 하는데 쇠박새·진박새·오목눈이 등과 섞여 지낸다.

31 백양나무(白楊, a white poplar) : 사시나무라고도 한다. 산지에서 자란다. 높이 약 10m, 지름 약 30cm이다. 나무껍질은 검은빛을 띤 갈색이며 오랫동안 갈라지지 않고, 작은 가지와 겨울눈에 털이 없다. 잎은 어긋나고 둥글거나 달걀 모양이며 길이 2~6cm이다. 가장자리에 얕은 톱니가 있고 잎자루는 납작하며 턱잎은 일찍 떨어진다.

32 쪽빛(deep-violet blue) : 남색, 쪽빛이란, 쪽이라는 풀에서 나온 색인데, 이 색은 하늘을 담은 색이다.

33 유락지(遊樂地) : 놀고 즐기는 곳.

사람들은 변덕이 심했다. 자기들이 하려고 생각을 하는 것이면 무엇이든지 하는 것이었다. 바다도 메우려고 생각을 하면 메우고 산도 허물어버리려고 하면 허물어버리는 것이었다. 어이없게도 그들은 이 세상의 모든 것들이 자기들만을 위하여 존재한다고 믿었다. 모든 것들이 그렇게 존재하도록 신이 마련했다고 생각하였다.

젊은 수컷 박새는 인간의 그런 허황34된 생각이 위험하다는 것을 잘 알고 있기 때문에, 전망 좋은 곳에 자리를 잡아 이사를 하자는 아내를 늘 달래곤 했다. 지금의 둥지는 연안35 뒷산의 북편 골짜기 안쪽 외틀어진36 키 작은 늙은 소나무 가지에 있었다. 이 둥지가 얼마나 조용하고 아늑하고 안전한가. 여기서도 얼마든지 행복을 누리면서 튼실한 아들딸을 얼마든지 낳을 수 있다. 당신이 꿈꾸는 세상을 만들어갈 수 있다.

인간을 경계37해야 한다고 아내에게 말했다. 인간들이 사는 곳 옆에 둥지를 틀려면 보통으로 세심한 주의가 요망38되는 것이 아니다. 사람들의 풍수지리에 능통39하지 않으면 안 된다. 그들의 관광지로서의 요건과 상업적인 가치까지도 따져보아야 한다. 만일 그들이 그 백양숲과 매실농장을 콘도나, 유락지나, 호텔 부지로 개발할 가능성이 손톱만큼이라도 있겠다 싶으면 피해야 한다.

하긴 박새로서는 정력에 좋다는 것이면 지렁이까지도 다 잡아먹는 그악스러운40 인간들이 고맙기도 했다. 자기들의 둥지로 기어 올라와서 알들을 먹어

---

34 허황(虛荒, absurdness) : 거짓되고 근거가 없음. 들떠서 황당함.
35 연안(沿岸, the coast, the shore) : 바다·호수·하천 등과 접해 있는 육지 부분. 각각 해안(海岸)·호안(湖岸)·하안(河岸)이라고 부른다. 그러나 수륙의 경계를 이루고 선(해안선이나 호안선 등)을 기준으로 어느 정도까지를 연안으로 보느냐에 대해서는 분명한 기준이 없다.
36 외틀어지다(twisted) : 한쪽으로 또는 왼쪽으로 비뚤어지다.
37 경계(警戒) : 범죄나 사고 등 좋지 않은 일이 일어나지 않도록 미리 마음을 가다듬어 조심함.
38 요망(要望, demand) : 어떻게 해주기를 바람.
39 능통(能通, be versed[well up] in~) : 어떤 일에 환히 통달함.
40 그악스럽다(tough) : 지나치게 심하다. 사납고 모질다. 억척스럽게 부지런하다.

치우는 꽃뱀과 살무사와 구렁이와 독사들의 씨를 말려주었다. 만일 눈엣가시[41] 같은 존재가 있고, 그것들의 씨를 말리고 싶으면 하느님이나 부처님이나 악마 한테 그것들을 없애달라고 빌 필요가 없었다. 인간들에게, 그것의 어떤 부위가 정력에 좋다는 귀띔을 하면 간단히 멸종시킬 수가 있는 것이었다. 박새는 하느 님과 부처님한테 축복을 받은 셈이었다. 그들의 알이나 그들의 살코기나 그들 의 깃털이 인간들의 정력 북돋우는 일과 무관하다고 알려져 있기 때문이었다.

— 한승원[42], 「연꽃바다」에서

오늘날 우리들은 터무니없이 엄청난 규모의 생태위기[43]에 둘러싸여 있다. 이 위기는 외견상 지구를 무자비하게 오염시키고 착취한 결과로 등장한 것이 다. 우리는 이러한 위기의 사회적 원인이 경쟁적인 시장 이데올로기[44]에 있음 을 알고 있다. 이 시장 이데올로기는 인간을 포함한 생명체들의 세계를 상업 화[45]할 수 있는 대상에 불과한 것으로 가격표를 부착[46]한 채 이윤과 경제 팽 창을 위해 팔려질 상품에 불과한 것으로 그 의미를 축소시켰다. 이러한 이데올 로기는 악의에 찬 시장 격언 "성장하지 않으면 죽음이다"로 표현되어 있다. 이

---

41 눈엣가시(an eyesore) : 몹시 미워 늘 눈에 거슬리는 사람.
42 한승원 : 1939년 전남 장흥에서 태어났다. 1966년에 「가증스런 바다」로 데뷔를 하였고 그 외에 「물보라」,
「멍텅구리배」, 「연꽃바다」, 「해산 가는 길」 등이 있다.
43 생태위기(生態危機) : 생물이 자연계에서 생활하기가 위험한 상태.
44 이데올로기(ideologie) : 인간·자연·사회에 대해 품는 현실적이며 이념적인 의식의 제형태. '관념형태'
또는 '의식형태'로 번역되기도 하나 원어 그대로 사용되는 경우가 많다. 일반적으로 사상이나 관념형태의
내용을 순수하게 내면적으로 이해하는 방법을 이데아적 견해라 한다. 이에 대하여 관념형태를 본인의 사
회적 기반과 관련시켜 그 이해를 반영하는 것으로 생각하는 방법을 이데올로기적 견해라 한다. 이데아적
견해는 자칫하면 인간의 의식형태를 현실 생활에서 분리하여 관념론으로 흐르게 하기 쉬운 것이었으나,
중세의 봉건사회가 변혁되어 F.베이컨이나 T.홉스에 의하여 이데아의 신비성이 부정된 결과 이데올로기
적 견해가 유력해졌다.
45 상업화(商業化) : 상품을 팔아 이익을 얻는 것을 목적으로 하는 쪽으로 방향을 바꿈.
46 부착(附着, sticking) : 들러붙어서 떨어지지 아니함.

격언은 무제한적인 성장을 '진보'와 동일화하였고 '자연의 지배'를 '문명'과 동일화하였다. 이러한 착취와 오염의 물결이 야기한 결과는 지구의 멸망을 예언할 만큼 음울한 것이었다. 토양, 산림, 물, 대기의 오염과 유실은 우리 종(種)들의 역사에서 그 유래가 없었던 것이다.

역사 속의 다른 사회들과 대조해볼 때, 우리의 시장 지향적인 사회는 독특한 사회다. 이 사회는 성장과 이기주의에 전혀 한계를 설정하지 않는다. '난폭한 개인주의'가 사회 진보의 일차 동기를 제공해 주고, 경쟁은 사회를 발전시키는 '동력기'라는 반사회적인 원칙들이 이 사회를 지배하고 있다. 이는 과거 시대와는 명료하게 대조되는 원칙들이다. 이전에 이타성은 인간적 품위의 속성으로, 협력은 사회적 덕목의 증거로 가치를 부여하였다. 우리의 시장 사회는 결과적으로 초기 사회의 가장 사악한 특성들을 가장 존경스럽고 명예로운 가치들로 만들었다. (중략)

사회 생태학이 지닌 특징 중 가장 중요한 것은 우리가 자연 세계와 인간 세계의 진화에 대해 전통적으로 가져왔던 거친 이미지들을 거부한다는 것이다. 그래서 인간성 그 자체와 인간의 마음을 자연이란 맥락에 포함시키고, 자연사적인 관점에서 이를 탐구한다. 이는 사고와 자연, 주체와 객체, 마음과 육체 그리고 사회적인 것과 자연적인 것 사이의 설정된 균열을 극복하기 위함이다.

─ 머레이 북친[47], 「사회 생태론」에서

유의 사항 ●●●●●●●●●●●●●●●●●●●●●●●●●●●●●●●

1. 두 제시문이 공유하는 관점이 무엇인지 분석한 내용을 반드시 포함할 것.
2. 시장 이데올로기가 무엇인지에 대한 자신의 견해를 전제로 하여 논지를 전개할 것.
3. 글의 길이는 띄어쓰기를 포함하여 1,200자 내외가 되도록 할 것.

---

47 머레이 북친 : 1921년 뉴욕에서 출생하였다. 사회 생태론의 개념 및 이론을 창시하였다. 주요 저서로는 『생태 사회를 향하여』, 『자유의 생태학』, 『현대의 위기』, 『사회 생태론의 철학』 등이 있다.

논술 해결의 길잡이

✪ 논제 살피기

전 세계적으로 인류 문명을 가장 심각하게 위협하고 있는 문제 중의 하나는 환경오염과 생태계 파괴의 위기일 것이다. 이데올로기의 대립이 더 이상 세계를 양분하지 않는 상황에서, 국가의 경제적 성장과 경쟁력만이 힘의 우위를 보장하는 현시점에서 우리의 지구는 또 다른 몸살을 앓고 있다. 이러한 생태계의 위기는 인류가 현재와 같이 지속적인 성장을 최대의 목표로 물질 문명의 추구에만 집착한다면 앞으로 더욱 심화될 것은 자명하다.

이 논제는 현대 사회의 문제적인 특성을 나름대로 파악하고, 그에 합당한 대안의 창출을 위한 논술을 요구하고 있다. 논술 작성자는 글 (가)가 소설이라는 점을 고려하여 제시문에서 비유적으로 말하고자 하는 비가 무엇인지를 파악하고 그것이 현대사회의 '경쟁적인 시장 이데올로기'와 어떻게 연관되는지를 유추적으로 이끌어내야 한다. 그리고 시각을 확대하여 인간의 '성장 제일주의'가 가진 한계와 인간중심주의의 견고로 발생하게 되는 생태 위기의 문제를 논술하여야 한다.

또한 고전적 가치인 '이타성'과 '협력'이라는 덕목이 이러한 문제를 드러내고 해결하는 데 어떻게 적용되어야 할지 예를 들어 설명하고 한계점을 제시하여야 한다. 이 때 논술 작성자는 자신의 논지를 충분히 보충해줄 수 있는 논거를 제시하고 논지에 구체적으로 반영시켜야 한다.

두 제시문은 모두 근대 이후 우리가 망각해 가던, 사물을 보는 또다른 하나의 관점, 즉 자연과 인간을 분리하지 않고 내면적으로 깊이 결부시켜 파악하는 관점을 일깨워주고 있다. 글 (가)는 인간의 입장이 아닌 박새나 백양나무와 같은 인물을 통해 무엇이든 개발하려고 하는 인간의 오만과 허황된 생각을 반어적으로 표현하고 있다. 글 (나)는 사회 생태론자인 북친(Murray Bookchin)의 글에서 일부 발췌한 것인데, 북친은 현재 생태 위기의 사회적인 원인이 '이타성'과 '협력'을 상실한 '경쟁적인 시장 이데올로기'에 있음을 지적하고 인간을 자연사적인 관점에서 탐구하여 자연과 인간 사이에 설정된 균열을 극복하고자 한다.

글 (가)가 문학작품으로서의 특성을 살려 풍부한 상징과 비유, 상상력을 펼침으로써 인간의 편견과 무지함을 일깨워 주고 있다면, 글 (나)는 주제의 선명성을 드러내기 위해 논리적인 구조와 논증을 통해 사회 생태학의 가능성을 제시하고 있다.

❂ 해결 과정 생각하기

① 먼저, 인간중심주의의 특성을 살펴본다.

인간중심주의의 가장 기본적인 명제는 인간이 다른 모든 존재들과는 본질적으로 구별된다는 신념으로서, 특히 인간이 우월한 이유는 그들이 다른 자연의 생물체들과는 달리 형이상학적 사고를 할 수 있는 이성을 가지고 있기 때문이라는 것이다. 즉 인간중심주의적 세계관에서 볼 때 "인간은 모든 사물 현상들과는 물론 모든 동물들과도 본질적으로 구별"된다. 인간은 그 어떤 존재보다 뛰어나고 고귀한 존재로서, 다른 모든 존재를 자신이 추구하는 바를 실현하기 위한 도구나 수단으로 "지배하며 소유하고 조작하거나 이용할 권리"를 갖는다. 이처럼 인간은 자신들을 자연의 일부로서 인정하거나 혹은 자연계 전체의 시각에서 스스로를 보지 않고 그들이 주인이 된 입장에서 "자연을 인간의 목적 대상"으로만 보고 있음을 특징으로 한다.

"인간이 만물의 영장이요, 모든 가치의 근원이요, 모든 사물의 척도"라고 하는 인간중심주의는 바로 배타적인 독선이고, 이는 여성에 대한 남성의 성차별주의처럼 다른 모든 생명체에 대한 인간들의 극단적인 배타주의를 낳는다.

② 경쟁적인 시장 이데올로기의 문제점을 논의한다.

논술 작성자는 경쟁적인 시장 이데올로기의 문제점을 구체적으로 비판하여 이를 토대로 자연과 인간의 평화로운 공존 가능성을 제시하여야 한다. 인간의 진보에 관한 무한한 믿음과 이를 실천하는 성장 제일주의에 대해 나름대로 자신의 시각을 가지고 기술문명과 시장경제의 무한 경쟁주의를 비판하여야 한다.

경제적 의식주의 해결, 질병으로부터의 해방은 모든 인간에게 있어서 생물학적 존속의 기본조건이다. 기술문명은 이러한 조건충족을 위한 가능성을 크게 넓혀주었고, 인간의 이기심에 호소한 시장경제는 물질적 부를 창출하는 데 가장 효과적인 장치로 기능해 왔다. 이러한 사실은 현대 기술정보사회가 지구적 차원에서 생산해 낸 놀라운 부는 물론 사회주의와이 오랫동안 치열한 싸움에서의 자본주의의 승리를 설명하는 여러 가지 열쇠 중에서 가장 중요한 것일 수 있다.

그러나 무제한한 자유경제에 기초한 시장경제가 생산한 부는 많은 경우 인간의 건강한 복지를 증진시키는 데 유용되지는 않았다. 낭비되거나 숫제 원래의 목적을 위해서 사용되지 않은 경우가 많다.

엄청난 부를 효율적으로 대량생산하는 시장경제 체제에서 부익부 빈익빈

현상이 날로 심해가고 있다. 한 사회에서 놀라운 양의 절대 대부분의 부가 극소수의 손에 들어가 있고, 극히 소수의 재벌과 권력자의 그늘에는 적지 않은 수의 구성원이 빈곤에 허덕이고 있다. 세계적 차원에서 볼 때도 세계의 부와 권력은 일부 국가에 집중되어 있다.

이러한 상황에 대한 진단은 간단히 답을 얻을 수 있는 것이 아니다. 자연과 생태의 균형에서 생태적 지혜를 배우고 경쟁과 성장이 아닌 조화와 안정을 되찾을 때만이 가능한 것이다.

③ 해결의 가능성과 한계를 논의한다.

경쟁적인 시장 이데올로기의 문제점을 논의했으면 이를 바탕으로 제시된 '이타성'과 '협력'이라는 두 덕목을 가지고 가능성과 한계를 논의하여야 한다. 사회는 분명 생물학의 세계와는 다르고, 인간은 동물과 다르며, 개인은 포괄적인 의미에서 인류와 다르다. 그러나 이러한 다름과 특성은 절대적인 것이 아니다. 그것들은 독특하지만 공통의 연속체이며, 과정 속에서 상호 연관된 형상들이다. 때문에 그물망처럼 서로 연결된 이 세계에서 '이타성'과 '협력'은 자신과 남을 함께 생각하는 개념이 된다.

그런데 이 두 가지 덕목은 경우에 따라 달리 해석될 수 있다. 즉 인간이 '이타성'을 발휘하고 '협력'의 자세를 취하는 대상이 또다른 인간인지 자연인지가 명확하지 않은 것이다. 그러나 명확하지 않다는 것은 불분명함이 아니고 의미의 풍부함으로 이해할 수 있다. 인간을 대상으로 하는지, 자연을 대상으로 하는지의 선택 여부에 따라 논지는 달라질 수 있기 때문이다. 그리고 '이타성'은 인간과 인간 사이의 관계로, '협력'은 인간과 자연 사이의 관계로 설정할 수도 있다.

그렇다면 그 한계는 무엇이겠는가? '이타성'과 '협력'이 인간적 품성의 문제라는 점이다. 즉 개인 하나하나가 그러한 품성을 지니면 생태 위기가 해결될 수 있을까? 그리고 현대 사회에서 과연 모든 개인들이 그러한 품성을 가질 수 있을까? 한 개인의 품성 차원을 넘어서는 포괄적이고 구조적인 문제에 대한 거시적인 접근이 필요하다 하겠다. 다시 말해 한 개인으로 하여금 이기심과 경쟁을 부추기는 요인에 대한 통찰이 필요한 것이다. 그러한 통찰이 있다면 '이타성'과 '협력'의 한계도 도출될 수 있을 것이다.

✪ **주제문 작성**

생태 위기는 시장이 부추긴 무한한 욕망을 충족하고자 한 결과로서, 이를 극복하기 위해서는 인간을 중심에 두는 사고에서 벗어나야 한다.

✪ **주제어: 시장, 욕망, 경쟁, 이타적 자세, 협력, 인간 중심주의.**

✪ **개요 작성(1,200자)**

서른(180자) : 현내 사회에서의 시장의 기능.

　　　　　　　－물질적·정신적 욕구의 충족을 위한 공간.

본론(770자) 1. 욕망을 자극하는 시장 : 필요 이상의 상품을 구매하도록 함.

　　　　　　2. 인간 욕망의 무한성과 경쟁적인 시장 이데올로기.

　　　　　　3. 이타적 자세와 협력의 의의.

결론(250자) : 인간 중심주의의 한계.

  시장은 일차적으로 물품과 화폐를 교환하는 공간이다. 물품의 공급자는 더 나은 성능과 외양을 지닌 물품을 생산하여 최대한의 이익을 얻고자 하며, 소비자는 그런 물품을 소비함으로써 물질적 욕구를 충족시키고자 한다. 그런데 오늘날에는 시장이 단순히 물질적 욕구만을 충족시켜 주는 공간이 아니라, 정신적 욕망까지도 충족시키기에 이르렀다.(185자)

  오늘날 생산자는 소비자가 필요로 하는 상품을 수동적으로 생산하는 데 머무르지 않고, 오히려 소비자의 욕구와 욕망을 자극하고 충동질하여 자신들의 부가가치를 높이고자 애쓰고 있다. 그리고 소비자들은 단순히 생존을 위한 물질적 욕망뿐만 아니라 문화적 욕망의 충족을 긴급한 요구로 내세우고 한 사람의 사회적 지위를 보장해주는 모피 코트나 대형 자동차는 실제로는 일종의 문화적 욕망의 충족을 위한 장식품에 불과한 것이다.(230자)

  그런데 인간의 욕망이란 무한하기 때문에, 그 충족을 위한 희생과 경비도 무한해질 수밖에 없다. 그래서 인간은 자연이 주는 혜택을 '소극적으로' 받아들이는 것으로 모자라, 과학 기술의 힘으로 '적극적으로' 개발해 나가기 시작한 것이다. 이렇게 해서 인간은 우주의 삼라만상을 모두 상품화할 수 있을 것으로 믿게 되었고, 시장은 그러한 상품의 진열장으로 변해 갔으며, 그 결과 인간은 생태 위기를 만나게 되었던 것이다. 이런 점에서 경쟁적인 시장 이데올로기란 인간을 우주의 중심으로 간주하는 오만한 태도의 반영에 불과하다 하겠다.(293자)

  이처럼 생태 위기가 인간 이기주의를 바탕으로 한 경쟁적인 시장 이데올로기에 의해 발생했다면, 그 해결은 당연히 자연에 대한 이타적인 자세와 환경과의 협력을 통해 이루어질 수 있다. 개인이 아닌 공동체의 전체적인 이익을 꾀하는 자세는 필연적으로 개인의 사사로운 욕망을 포기하게 만들 수 있다. 그리고 타인보다 앞서감으로써 생존에서 살아남고 타인을 도태시키는 경쟁 이데올

로기의 지양은 협력을 통한 공동체 지향적인 삶을 가능하게 할 것이다.(243자)

　　그러나 문제는 이러한 이타성이나 협력도 결국 인간을 중심에 둔 사고이어서 인류의 위기를 해결하기에는 적절하지 않다는 점이다. 인간이 소비하는 만큼 자연이 공급할 수 없으므로, 자연이 공급하는 만큼만 인간이 소비해야 한다는 발상은 진정한 이타성이라 하기 어렵다. 백양나무 한 그루나 새 한 마리의 생명과 인간의 생명이 지닌 무게가 동일함을 인정할 수 있을 때, 우리는 인류가 부닥친 생태 위기에서 벗어나 '우주 공동체'를 실현할 수 있을 것이다.(249자)

(총1,205자)

✪ 강평

　　이 논술문에서는 이타성과 협력의 대상을 자연으로 설정했다. 전체적으로 논제가 요구하는 바를 단계를 세워 요약적으로 논술하고 있다. 인간의 욕망을 중심축으로 논제를 풀어 나갔는데 물질적인 욕망뿐만이 아니라 문화적인 욕망까지 고려하여 관점의 포괄성을 확보하고 있다. 그러나 인간의 무한한 욕망 추구가 불러온 '경쟁적인 시장 이데올로기'를 해명하는 데 너무 많은 분량을 할애한 결과 상대적으로 '이타성'과 '협력'의 가능성 및 한계를 지적하는 데 소홀했나. 이는 개요에 따라 계획적으로 논술하지 못했기 때문인 것으로 보인다.

개념 심화 1

이타성(利他性, altruism)

이타주의 혹은 이타성의 영어 표현인 altruism은 1851년 프랑스의 철학자이자 사회학의 창시자로 알려진 오귀스트 꽁뜨(Auguste Comte)가 처음으로 제안한 용어다. 꽁뜨의 이타주의는 남을 위해 사는 삶 속에서 발견하는 행복이야 말로 삶의 궁극적인 목표이며 인류 전체를 위한 희생이야말로 가장 고귀한 종교 행위라는, 이를 테면 윤리와 종교를 바탕으로 한 개념이다. 그리고 그것은 심리의 수준에서 의식적으로 남에게 좋은 일을 하는 것을 의미한다.

생물학에서는 이타성을 자신에게는 해가 될 수 있고 남에게는 도움이 되는 일종의 자기파괴적 행위로 정의한다. 그리고 그 손익계산은 번식적응도(reproductive fitness), 즉 생산 가능한 자식의 수로 가능한다. 이타적으로 행동하는 개체는 남을 도와 그로 하여금 더 많은 자식을 낳아 기를 수 있게 하고 자신은 원래 낳아 기를 수 있는 자식의 수 보다 적게 낳게 된다. 생물이란 모름지기 번식을 하기 위해 태어난 존재임을 생각하면 스스로 자신의 번식을 줄이며 남의 번식적응도를 올려주는 행동이 어떻게 진화할 수 있을지 설명하기란 결코 쉬운 일이 아니다.

이타주의적인 행동이 어떻게 기본적으로 이기적인 개체들로 구성된 사회에서 진화할 수 있는가에 대한 논리적인 설명을 처음으로 제공한 사람은 영국의 생물학자 윌리엄 해밀튼(William Hamilton) 이었다. 포괄적응도 이론(inclusive fitness theory) 또는 혈연 선택론(kin selection theory)으로 알려진 해밀튼의 이론은 개체 수준에서는 엄연한 이타적 행동이 유전자 수준에서 분석해 보면 사실상 이기적인 행동에 지나지 않음을 보여준다. 결국 해밀튼의 이론에 의하면 번식이란 유전자들이 자신들의 복사체들을 퍼뜨리기 위한 수단이라는 것이다. 그러나 혈연관계도 없고 심지어는 종도 다른 개체들간에 벌어지는 이타적인 행동의 진화를 설명하는 보완적인 이론이 있다. 바로 호혜성 이타주의(reciprocal altruism)이론이다. 호혜주의에 입각한 이타성이 진화하려면 혈연관계에 상관없이 평생 한 번 이상 만나는 관계이며 그 만남을 기억해야만 한다. 사회의 구성원들이 서로 자주 만나며 과거에 이타적으로 행동하지 않은 '얌체' 혹은 '배신자'를 색출하고 처벌할 수 있는 능력만 갖추고 있으면 호혜성 이타주의가 진화 할 수 있다 .

하지만 우리 인간은 분명히 이 두 이론들로 쉽게 설명하기 어려운 수준의 어찌 보면 지나치게 이타적인 행동을 보인다. 입양·헌혈·장기기증 등이 좋은 예이다. 자신의 자식을 낳기보다 남의 자식을 입양하여 길러주는 행동은 번식성공도의 척도로 가늠하면 진정한 이타적 행동이다. 누구의 생명을 구하게 될지 전혀 알지 못하는 상황에서 내 몸의 일부를 기꺼이 기증하는 일 역시 진정한 이타주의의 표현이다. 이 같은 '진정한' 이타주의를 '생물학적 이타주의'에 대비하여 '심리적 이타주의'라고 부르기도 한다 .

인간 이타성의 독특한 속성을 설명하기 위해 최근 '강한 호혜성(strong reciprocity)' 이론이 등장했다. 이 이론은 다른 동물들과 달리 인간은 좋은 사회적 평판의 이득이 거의 없는 큰 집단 내에서 또 다시 만날 확률이 지극히 낮은, 그리고 유전적으로 아무런 관련이 없는 사람들과도 협동을 하며 산다는 사실에 주목한다. '강한 호혜성 이론'에 따르면 인간은 이타적 보상 외에도 이타적 처벌의 성향을 지니고 있다. 자신에게 아무런 이득이 없거나 약간은 손해가 되더라도 기꺼이 배신자나 얌체를 가려내어 처벌하는 경향이 인간만의 독특한 협동을 진화하게 만들었다는 것이다 .

이렇듯 복잡한 인간의 이타성을 어릴 때부터 발달시키기 위해서 어떠한 노력이 필요할까?

이타싱은 아동기의 또래집단뿐만 아니라 성인이 된 후에도 인간관계에서 어떻게 남에게 존경받고 수용될 수 있는지를 결정하는 중요한 요인이다. 남을 행복하게 하려는 마음에서 자신의 행복과 창조성 또한 풍성해지기 때문이다. 이타성이 행동으로 나타날 때 그것을 흔히 '친사회적 행동(prosocial behavior)'이라고 하는데 협동이나 나눔, 봉사, 돕기, 위로하기, 보살피기, 협조하기 등이 있다. 이러한 이타성의 발달 과정을 보면 2~3세의 유아들도 고통을 받는 사람에게 동정심을 보이기는 진정한 의미에서의 자기 희생적 반응인 자발적인 자기 희생적 행동은 드문 일이다 .또한 이 시기의 아이들은 예전에 자기에게 장난감을 주었던 친구가 장난감이 없다는 것을 발견하면 호의를 되돌리는 상호성을 보이지만, 이전에 어떤 친구로부터 장난감을 나눠갖기를 거절당한 경우, 모든 유아들은 자신이 장난감을 갖게 되었을 때에도 그 친구에게 장난감을 나눠주지 않았다.

이러한 결과들은, 영유아기가 호혜적이고 상대에 대한 배려행동이 나타나는 시기이자 동시에 타인을 위한 진정한 자기 희생적 행동은 나타나기 힘든 시기임을 이해하는 것이 우선되어야 함을 의미한다 하겠다. 따라서 유아들에게 진정한 의미의 이타성을 기대하기 보다는 이러한 행동 특성이 건강하게 발달하는 과도기적 시기로 바라보고 일상생활에서 꾸준히 아이의 이타성 발달을 위해 노력해야 할 것이다.

이런 친사회적 행동을 잘 육성시키려면 부모는 자녀에게 남의 입장을 생각할 수 있도록 가르쳐야 하는데 이것을 조망수용능력 신장이라고 한다. 또한 조망수용능력과 함께 키워야 할 것은 '공감'이다. 남의 정서를 함께 경험하고 느끼려는 마음을 갖게 하는 것이다. 남의 어려움을 보면서 나도 그런 어려움을 겪을 수 있다는 것을 알아야 한다.

이타성을 키우는 가장 효과적인 방법은 바로 '관찰학습'이다. 이타적 행동을 권유하는 성인모델을 보이면서 유사한 행동을 하도록 유도한다. 동시에 아동들에게 언어적 권유를 할 때, 특히 아동과 따뜻한 관계를 갖고 있는 모델이 이타적 행동을 해야 하는 근거를 설명하고 말로 한 바를 실제 행동으로 실천하는 모습을 보일 때 아동의 모방은 크게 증가하였다.

이런 것을 '모방학습효과'라고 한다 .

개념 심화 2

생태계(生態系, ecosystem)

1. 생태계의 사전적 의미

어떤 지역의 생물 공동체와 이것을 유지하고 있는 무기적 환경이 종합된 물질계 또는 기능계라는 뜻이 생태계의 사전적 의미이다. 생태계는 영국의 **A.G.**탠슬리에 의하여 1935년에 제창된 용어로 자연의 있는 그대로의 상태를 인식하기 위해서는 이것들 상호 간의 관계를 지닌 생물과 무기적 환경을 하나로 통합해야 한다는 것이 탠슬리가 제창한 개념이다.

생태계의 크기는 여러 가지이다. 작은 연못의 생태계에서부터 크게는 지구 전체의 생태계까지 생각할 수 있다. 생태계 중에서 생물체는 기능적으로 생산자(녹색식물), 소비자(동물), 분해자(세균 또는 미생물)로 구분된다. 그리고 생물공동체와 무기적 환경 사이에는 물질교대와 에너지교대가 이루어진다. 생태계에서 물질교대와 에너지교대를 밝히는 것은 생태계의 성질을 이해하는 데 있어 가장 중요한 일이므로 현재 이것이 생태학의 주요 과제이기도 하다. 생태계에서 물질교대와 에너지교대는 그 양상이 다른데 물질은 생태계 내를 순환하지만 에너지는 생태계 내를 순환하지 않는다. 이런 차이로 인해 생태계에서는 물질순환, 에너지 흐름이라는 표현을 쓴다.

무기적 환경 가운데 생물에 필요한 물질은 우선 생산자에 의한 유기물의 합성이다. 그 일부는 생산자 자신에 의하여 쓰여지고 다시 무기물이 되어 환경으로 되돌아온다. 나머지 일부는 먹이연쇄를 통하여 저차 소비자에서 고차 소비자에게로 운반되고, 그 과정에서 이용되어 무기화되어 간다. 생산자, 소비자의 배출물이나 유체는 분해자에 의하여

분해되어 다시 무기물이 되어 환경으로 되돌아온다. 이러한 물질은 무기화 → 유기화 → 무기화로 변화하면서 생태계 내를 순환한다.

2. 생태계 파괴 현상

최근 인류는 지난 50년 동안 과거 어느 시기보다도 급속하고도 광범위하게 생태계를 변화시켜 왔다.

인류가 아무 생각 없이 무절제하게 내놓는 에너지들은 엔트로피의 증가 방향(무질서의 방향)으로 이어져 태양에너지가 수행한 엔트로피 감소 방향으로 이루어진 질서 정연한 생태계를 파괴하고 있다. 지구 생태계 자원의 60%가 악화 또는 고갈됐고, 이런 손실은 앞으로 50년 동안 더욱 악화될 것이다. 30일 발표된 '유엔 밀레니엄 생태계 평가보고서'는 "물, 식량, 목재, 공기와 기후 등 인류에게 필요한 기본적인 생태자원들이 심각한 위협을 받고 있다"며 "생태계의 악화가 계속된다면 인류는 빈곤과 기아의 퇴치, 보건증진, 환경보호를 위한 진보의 발걸음을 한 발자국도 내디딜 수 없을 것"이라고 경고했다. 생태계의 균형이 파괴되면 결국 최종 소비자인 인간도 피해를 입게 될 것이다.

3. 디지털 생태계의 의미

현대사회에서 생태계라는 용어는 우리가 흔히 생각하는 생물학적인 의미보다 더 광범위하게 사용되고 있다. 기업생태계, 기술생태계, 디지털생태계 등이 그 예이다. 그 중 가장 활성화 된 개념이 바로 디지털생태계인데 생물과 무생물을 통틀어 생물공동체와 이것을 유지하고 있는 무기적 환경이 종합된 물질계를 생태계라고 하는 점에서 생태계는 '공존'의 질서와 '지속가능성'의 개념을 포함하고 있다고 할 수 있다. 인간에 의해 만들어진 또 다른 환경인 정보사회는 디지털에 기반하고 있다. 수많은 아날로그 정보들은 디지털로 변환되며 디지털이라는 숫자의 조합은 인간의 삶에 중요하게 부각되고 있다.

이러한 인위적인 환경은 인간사회를 새롭게 디자인하는 질서이며 디지털의 총합인 '정보'는 곧 권력을 의미하기도 한다.

　디지털생태계에서는 생산자(공적정보, 프라이버시적 정보, 재산권적 정보, 공유적인 정보, 쓰레기적인 정보 등), 유통자(정보의 유통, 재가공 등), 소비자(정보이용, 가공 등), 분해자(정보의 사장, 사멸, 삭제, 정보환경)들이 존재한다. 생명을 가진 인간은 무생명인 매체의 연결로 디지털화 된 정보를 소통하게 된다. 이 관계는 궁극적으로 인간과 인간, 인간과 공동체간의 질서이다.

　디지털 생태라는 개념은 인간과 인간이 만들어 놓은 인위적인 정보사회의 존재에 관한 관점이다. 정보세계는 하나의 생산자가 유통자, 소비자, 분해자의 역할을 동시에 수행할 수 있는 큰 특징을 가지고 있다. 디지털 생태라는 관점에서 개인은 매우 중요한 위치에 있다. 이 질서는 네트워크라는 관계 속에서 거대하게 확장된다. 인간의 행위에 의해 만들어진 디지털의 생태적 환경은 개인의 삶과 삶들과의 관계에서 계급과 계층, 국가와 국가로 확장되며 개인과 공동체는 오프라인상의 수많은 기존의 질서들이 디지털로 복제되고 자생적으로 만들어 지면서 자유의 공간과 더불어 억압구조를 만들게 된다. 개인과 공동체에 대한 속박은 어쩌면 인간 사회구조의 일반적인 현상일 것이다. 이 일반성의 무분별한 확장이 정보 흐름 안에 이입되는 것을 디지털 생태의 훼손이라고 부른다. 이러한 훼손은 궁극적으로 개인과 공동체에 대한 억압과 통제를 낳는 것으로 디지털 생태계를 감시하는 것은 운동적 정당성을 가지게 된다. 억압이 있는 곳에 저항과 감시가 있는 것이다.

개념 심화 3

세계관(世界觀, world view)

세계관이란 :
자연, 사회, 인간에 대한 일관된 하나의 체계를 이루고 있는 견해를 말한다.

세계관 속에는 '우주란 무엇이며, 어떻게 발생했으며, 어떻게 발전해 가는가?' '인류는 어떻게 생겨나고 발전되어왔으며, 인류의 미래는 어떠한가?', '삶의 본질과 의미는 무엇인가?' '우리는 어떤 태도로 살아야 하는가?', '인간의 정신과 문화는 어떤 가치를 가지는가?' 등과 같은 근본적인 문제에 대한 답이 포함되어 있다. 세계관은 지적 측면뿐만 아니라 실천적, 정서적 측면까지를 포함한 포괄적 세계 파악을 목적으로 한다.

1. 세계상과 구별되는 세계관

19세기 초부터 '세계관'이라는 말은 '세계상(世界像)'이라는 말과 구별되는 특별한 의미로 사용됐다. 세계상이란 보통 개별 과학이 보여주는 세계에 대한 단편적인 모습을 가리킨다. 물리학의 세계상, 천문학의 세계상, 생물학의 세계상 등을 예로 들 수 있다. 반면에 세계관은 각 과학 분야의 성과들을 통일된 생각으로 종합하고 철학적으로 반성해 세계 전체에 대한 체계적인 관점을 제공한다. 그리고 더 나아가 그 속에서 인간이 차지하는 위치를 정해준다. 세계관은 단순하게 세계를 있는 그대로 서술하는 것이 아니라 세계에 의미를 부여한다. 이로써 세계관은 우리가 어디에 가치를 두고 어떻게 행동해야 하는가를 정해준다.

2. 과학과 대립되는 세계관

세계관이라고 하면 세계의 바깥쪽에서 세계를 대상적으로 바라보면서 이해하는 것처럼 생각될지도 모르지만 사실은 그렇지 않다. 아무리 초월적인 관점에서 세계를 바라보는 사람이라 하더라도 그 자신이 세계를 구성하는 한 부분임을 부정할 수는 없기 때문이다. 세계관을 형성하는 인간도 또한 현실 세계의 움직임 속에 존재하는 것이며 그는 창조함으로써 세계를 보고 반대로 세계를 봄으로써 창조해나간다. 세계관은 역사적 현실 속에서 이루어지나 또한 끊임없이 역사를 바꾸어 나간다. 이런 의미에서 세계관에서의 주체적, 실천적 요소가 자주 강조되기도 한다.

이에 반해 과학은 사물의 상호관계를 관찰하고 법칙적으로 기술할 뿐, 그런 방법으로 세계를 보는 인간의 주체적 현실을 고려하지 않는다. 과학은 관측이 가능한 현상의 객관적 기술에만 시종하기 때문에, 세계를 통일적으로 파악하고 해석할 수 없다. 그래서 과학은 우리에게 세계상을 줄 수는 있지만 세계관을 줄 수는 없는 것이다. 이에 반해서 세계관은 객관적으로 대상을 이해하는데 그치지 않고 보는 주체의 실천적 파악을 목적으로 한다. 따라서 세계관은 세계에서의 인간의 위치를 분별할 뿐만 아니라, 어떠한 방향으로 나아가야 하는가 또 어떻게 살아야 하는가를 반성하는 경지에까지 이른다. 다시 말해서 세계관은 근본적으로 인생관과 관련되었다고 할 수 있다.

3. 세계관의 성립과정

세계관의 구조는 심적 법칙성에 의하여 규정되는 것으로 '현실파악', '생의 평가', '목적 설정'의 세 의식 상태를 통과하는 데서 성립된다. 기본적인 단계는 대상을 감정적으로 파악하는 단계이다. 이것은 내적 현상과 외적 대상을 관찰하고 느끼는 데서 성립되는 기본적인 제1층이다. 이러한 기본적인 구조에서 성립되는 것이 세계상이다. 이 세계상은 생의 평가와 세계의 이해의 기초가 된다. 이러한 단계를 지나면 세계관 구조의 제2의 층이 성립된다. 제2층 구조 위에 의식의 최고 상태인 이상, 즉 최고선을 가미시키면 세계관이 형성되어 우리의 행동을 촉진시키게 된다. 이와 같이 인생 계획, 행위의 최고 규범, 개인 생활과 사회화의 형성 이상 등의 목적을 설정하는 데서 성립되는 제3층이 성립되는 데서 세계관의 구조는 완성된다. 따라서 세계관은 사유의 산물이거나 인식의 단순한 의지로부터 생겨나는 것이 아니라 생에 근거하고 있다. 세계관의 궁극의 뿌리를 생이라고 보고, 각 개인의 여러 가지 생활 경험을 토대로 여러 가지 세계관이 성립된다.

4. 다양한 철학자들의 세계관에 대한 입장

세계관은 흔히 시대에 따라, 또는 국민에 따라, 종족에 따라, 계급에 따라 다르다고 말한다. 또 철학자의 머릿수만큼 서로 다른 세계관이 있을 수 있다고 말하기도 한다.

① W.딜타이

생의 철학자 W.딜타이는 세계관이 형성되는 근원에는 각각 다른 생의 체험이 있다고 생각하여 세계관의 유형을 종교, 시, 형이상학으로 대별하고 형이상학적 세계관을 자연주의, 자유의 관념론, 객관적 관념론으로 분류하였다.

첫 번째, 자연주의 세계관은 사람도 자연에 불과한 것으로 보며 모든 세계를 물리적, 기계적, 과학적 입장에서 보려는 세계관으로 대표적인 학자로 데모크리토스, 에피쿠로스, 포이어바흐, 콩트 등이 있다. 두 번째, 자유의 관념론의 세계관은 자유를 주장하는 관념론자들의 세계관이다. 자유의 관념론은 세계라는 수수께끼의 보편타당한 해결의 근거를 의식 속에서 발견하려 하였고, 플라톤, 아우구스티누스, 칸트, 피히테 등이 주장하였다. 세 번째, 객관적 관념론은 우주를 주관적, 개인적, 정신적이라고 보는 것이 아니라, 객관적 절대적 정신의 발전으로 보는 세계관이다. 대표적인 철학자로 헤라클레이토스, 브루노, 스피노자, 라이프니츠, 괴테, 셸링, 헤겔 등이 있다.

② K.야스퍼스

K.야스퍼스는 스스로 세계관을 정립하려고 하는 예언적 철학과 세계관의 여러 유형을 비교 고찰하는 '세계관의 심리학'을 구별하여 요해 심리학 또는 정신 병리학적 관점에서 근대적 세계관의 분류를 시도하였다.

③ 그 밖에 J.C.F.실러가 유대적·기독교적·그리스적·자연 과학적이라는 세 가지 유형을 구별하고, F.W.니체가 아폴론적과 디오니소스적이라는 두 가지 유형을 생각한 것은 잘 알려진 사실이다. 유물론자들은 계급적 견지에서는 부르주아적과 프롤레타리아적, 철학적 견지에서는 관념론과 유물론이라는 대립을 설정하려고 한다.

우리는 이러한 여러 가지 세계관 중에서 공통적이며 가치 있는 세계관을 추려낼 수 있을 것이다. 그리하여 인간의 체험 중 가장 존귀하며, 세계에 대한 과학상 중 가장 신뢰할 수 있는 것을 토대로 하여, 사회적으로 가치가 있고, 우리의 생활의 향상과 발전에 이바지할 수 있는 세계관을 세울 수 있을 것이다. 그리고 올바른 세계관이 서서 그 시대를 움직이고 지도하여 나갈 때에 우리는 비로소 안정된 기분에서 살 수 있을 것이다. 세계관은 어떠한 개인의 두뇌에서 만들어진다기보다 그 시대의 과학적, 사회적, 문화적 조건을 토대로 하여 우러나는 것이기 때문에 위대한 세계관을 형성하기 위하여 당대의 과학자, 예술가, 종교가, 철학자들의 공동적인 연구의 협력을 필요로 한다. 그러나 이것은 역사적, 사회적 현실을 근거로 하는 시대적, 사회적 세계관이고, 또한 각 사람의 생활과 지식을 토대로 하는 개인의 세계관이 있게 될 것이다.

논술 첨삭

논술 원고지

3학년 (　　　)반　이름(　　　　　)

지구 상의 많고 많은 종들 중 하나에 지나지 않는 ①인류가, ②어쩌면 이제는 앞으로 지구의 수명을 할 수 있게 되기까지 물과 몇백년이라고 하는 짧은 시간이 걸렸다. ③터같은 건설, 사람 벌채, 간접 사연으로 자연을 이용해 이익을 ④야금야금 자연을 괴롭혀 온 것이다. 하지만 ⑤먼 옛날 아니었다. ⑥그에 따르는 하나의 사회적 원인 ⑦즉 사상적 기반이라고 할 수 있는 것이 시장의 형성, 그리고 ⑧시장이데올로기의 형성이다.

자급자족이 당연시되며 평화롭게 살던 때, 그리고 농경생활로 약간의 잉여생산물이 발생해 교환이 나 매매가 시작된 소규모의 시장이 형성되었을 때까지만 해도 오늘날과 같은 지경에까지 이를 것이라고 예상하지 못했을 것이다. 그러나 산업혁명이 일어나고 공장이 지어지면서 대량 생산이 이루어졌다. 비제에러라 인간들은 과거와는 비교도 할 수 없을 대규모 만큼 많은 잉여 생산물을 이용한 본격 모의 거래를 시작하였는데 그것이 적 의미의 시장이다.

⑨있다른 시장에서 많은 자본을 축적하게 되어 개발을 이익을 추구하기 시작한 인간은 될 수 있다면 무한히 성장해야 한다는 ⑩이 로를 필 바대에 ⑪갈고서 였다. 시장에서는

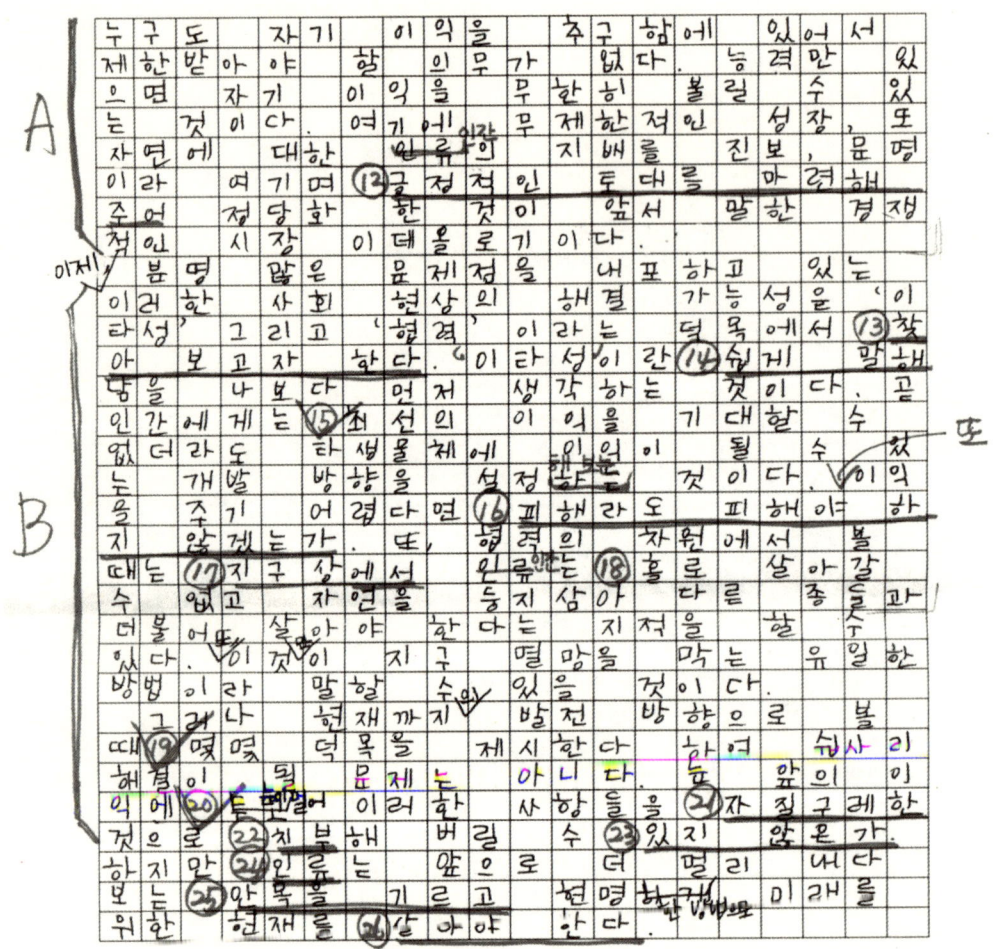

① 이 글의 '인류'를 '인간'으로 바꿈.(이 글에서는 본 논술의 맥락에서 '종(種)'의 개념으로 사용하고 있고, 이후 자연과 맞선 존재로 논의되고 있으므로 '인류'보다는 '인간'이 적절한 표현으로 생각함.)

② (②-1) 시제호응이 부자연스러움.('어쩌면 이제는 앞으로의 행보에 따라~'와 '시간이 걸렸다'의 호응에 시제의 불일치를 보임. 내용 정돈의 필요)

(②-2) '불과'라는 단어의 사용과 관련하여 문맥 재조정 필요

(②-3) '어쩌면 이제는'을 문맥 정돈을 통해 '마음먹기에 따라'로 교체 표현

→ ~마음먹기에 따라 전 지구의 운명을 좌지우지 할 수 있게 되기까지 걸린 시간은 불과 몇 백 년이었다.

③ 문장의 시작에 바로 예를 열거하는 것보다는 글의 서두에 해당하므로 주어를 먼저 쓰면 내용의 흐름이 편하게 전개됨. → 그동안 인간은 터널건설, 산림절채, ~

④ '야금야금'의 사전적 의미는 '탐내어 조금씩 가지거나 소비하는'의 의미를 가진 의태어임. 따라서 '야금야금 ~이익을 챙기다'는 호응에 부자연스러움이 있음.

    → 자신만의 이익을 챙기며

⑤ 어디에서 언급되었다는 것인지 분명히 확인이 안 됨(자신의 글 서두에서인지, 제시문에서인지? 서두에서는 명확히 확인이 안 되고 있으며, 제시문이라면 제시문이라고 밝히는 것이 좋음). 빼어도 무관함.

⑥ '그에 따르는'의 의미 내용이 정확하지 않음. 의미를 잡아주는 표현으로 고침.

    → 이러한 현실에 도달한

⑦ '즉'을 중심으로한 앞뒤의 내용이 동일 의미가 아니기 때문에 '또는'으로 고침.

⑧ (⑧-1)한 문장에 동일한 단어가 두 번 씌어지면 표현이 매끄럽지 못함. 뒤의 '형성'을 '의식'으로 바꿈. → 시장 이데올로기의 의식이다.

    (⑧-2) 제시문의 내용을 고려하여 '시장 이데올로기' 앞에 '경쟁적인'을 삽입하여 내용을 보장함.

⑨ '잇다른'을 '잇따른'으로 고침.

⑩ 엄밀히 말하면 '이론'이라고 말할 수는 없음. → '사고'로 고침

⑪ '깔고서였다'를 '깔고 있다'로 고침.

⑫ 내용이 모호해질 우려가 있으므로 내용을 살려 표현을 다시 함. → 자연개발에 대한 긍정적인 평가를 토대로 그것을~

⑬ '~해 보고자 한다'는 흔히 서론에서 쓰는 표현임. 이 부분은 해결의 시점이므로 '찾아볼 수 있다'는 표현으로 고침.

⑭ '쉽게 말해' 대신 '개념적으로'로 대치함.(논술문에서는 가능하면 개념어를 씀)

⑮ 문맥적 의미를 살리기 위해 '설령'을 삽입함.

⑯ 문맥을 고려하여 '적어도'를 삽입함.

'피해라도 피해야~'는 동일음운(발음)이 겹치므로 표현을 바꿔주면 좋음.

→ 피해는 주지 않아야~.

⑰ 조사 '에서'는 흔히 행동서술어와 호응되므로, '지구상에 존재하는'으로 바꿈.

⑱ 문맥을 강화하기 위해 '결코'를 삽입함.

⑲ 문맥적 의미를 정확하게 잡아주기 위해 '이 사회 현실의 극복에'를 추가함.

⑳ 문맥의 흐름에 살려 '또는 순전히 개인적인 잇속에'를 추가함.

㉑ '자질구레한'을 개념어로 바꾸어 '사소하고 무가치한'을 고침.

㉒ '치부'의 사전적 의미는 '마음속에 잊지 않고 새겨두거나 그렇다고 여김'의 의미임.

→ '차치'(내버려두고 문제삼지 않음)으로 고침.

㉓ 앞 문장과의 내용 연결성을 고려하여 '차치해 버릴 수 있는 경우도 많겠기 때문이다'로 고침.

㉔ 이 부분은 결론의 마지막 문장으로서 인간 나아가 고도의 세련된 정신력을 가진 인간 집단으로서의 의미로 확장하여 '인류'라는 단어를 써도 될 것 같음.

→ '인간, 아니 우리 인류는'

㉕ 결론의 내용임을 고려하여 '안목을 기르고'보다는 '안목에서'로 고침.

㉖ 강조하는 표현 연구의 차원에서 '살아야 한다'보다는 '살아야 하지 않겠는가!'를 비교해 보면 좋을 듯함.

〈총평〉

논제를 분석하여 반드시 답안에 들어가야 하는 내용은 크게 두 가지이다.

A. (가)의 서술자가 비판하고 있는 사회현상(무엇이든 개발하려고 하는 인간의 오만과 허황된 생각)이 (나)의 '경쟁적인 시장 이데올로기'와 어떻게 연관되는지 밝히는 내용

B. '이타성'과 '협력'으로써 이 문제를 해결할 수 있는 가능성과 한계의 논(論).

이 글은 논제에서 제시하는 답안의 내용을 비교적 잘 포착하여 답안의 방향을 잘 잡아가고 있다. 다만 어휘의 개념에 대한 정확한 이해와 용법이 서툰 점이 있고, 문장의 구성과 의미적 연결이 문맥의 자연스러운 흐름에 어긋나는 부분이 있다. 이러한 잘못은 관심 있고 진지한 자세로 몇 번 반복하여 훈련하면 많이 고쳐질 수 있을 것으로 기대한다.

논술 수정 원고

지구상의 많고 많은 종(種)들 중 하나에 지나지 않는 인간이 마음먹기에 따라 전지구의 운명을 좌지우지 할 수 있게 되기까지 걸린 시간은 불과 몇 백 년이었다. 그동안 인간은 터널건널, 산림벌채, 간척사업 등 자연을 이용해 자신만의 이익을 챙기며 자연을 괴롭혀 온 것이다. 하지만 초창기의 인간은 그런 모습이 아니었다. 이러한 현실에 도달한 사회적 원인 또는 사상적 기반이라고 할 수 있는 것은 시장의 형성, 그리고 경쟁적인 시장 이데올로기의 의식이다.

자급자족이 당연시 되며 평화롭게 살던 때, 그리고 농경생활로 약간의 잉여 생산물이 발생해 교환이나 매매가 시작된 소규모의 시장이 만들어졌을 때까지만 해도 오늘날과 같은 지경에까지 이를 것이라고 예상하지 못했을 것이다. 그러나 산업혁명이 일어나고 공장이 지어지면서 대량 생산이 이루어졌다. 그에 따라 인간들은 과거와는 비교도 할 수 없을 만큼 많은 잉여 생산물을 이용한 대규모의 거래를 시작하였는데 그것이 본격적인 의미의 시장이다.

시장에서 많은 자본을 축적하게 되어 잇따른 이익을 추구하기 시작한 인간은 개발을 시작하였다. 그런데 그것은 이익만 될 수 있다면 무한히 성장해야 한다는 사고를 바탕에 깔고 잇다. 시장에서는 누구도 자기 이익을 추구함에 있어서 제한받아야 할 의무가 없다. 능력만 있으면 자기 이익을 무한히 불릴 수 있는 것이다. 여기에 무제한적인 성장, 또 자연에 대한 인간의 지배를 진보, 문명이라 여기며, 자연개발에 대한 긍정적인 평가를 토대로 그것을 정당화 한 것이 앞서 말한 경쟁적인 시장 이데올로기이다.

이제 분명 많은 문제점을 내포하고 있는 이러한 사회 현상의 해결 가능성을 '이타성' 그리고 '협력'이라는 덕목에서 찾아볼 수 있다. '이타성'이란 개념적으로 남을 나보다 먼저 생각하는 것이다. 곧 인간에게는 설령 최선의 이익을 기대할 수 없더라도 타생물체에 이익이 될 수 있는 개발 방향을 설정해 보자는 것이다. 또 이익을 주기 어렵다면 적어도 피해는 주지 않아야 하지 않겠는가. 또 '협력'의 차원에서 볼 때, 지구상에 존재하는 인간은 결코 홀로 살아갈 수 없고 자연을 둥지삼아 다른 종들과 더불어 살아야 한다는 지적을 할 수 있다. 이것만이 지구 멸망을 막는 유일한 방법이라 말할 수 있을 것이다.

그러나 현재까지의 발전 방향으로 볼 때 이 사회 현실의 극복에 몇몇 덕목을 제시한다 하여 쉽사리 해결이 될 문제는 아니다. 눈앞의 이익에 또한 순전히 개인적인 잇속에 눈이 멀어 이러한 사항들을 사소하고 무가치한 것으로 차치해 버릴 수 있는 경우도 많겠기 때문이다. 하지만 인간 아니 우리의 인류는 앞날을 더 멀리 내다보는 안목에서 현명한 방법으로 미래를 위한 현재를 살아야 하지 않겠는가!

제2장

경제와
인간

논술 기법

☻ 논제 분석의 중요성과 방법

1) 논제 분석의 중요성

논술 고사에서의 논제는 시험에서의 발문 내용과 같다. 시험 문제를 풀어갈 때 가장 먼저 확인하고 정확히 이해해야 할 부분이 바로 발문 내용이다. 여기에서는 단순히 무엇을 묻고 있는가만 중요한 것은 아니다. 어떤 전제하에서, 또는 어떤 범위에서, 또는 어떤 측면으로의 고찰에서 접근하라는 것인지가 부여되어 있고, 이것을 바탕으로 해서 궁극적으로 특정 내용의 발문에 답하라는 것이 논제이다. 발문 내용은 흔히 한 줄, 혹은 두 줄 정도의 문장으로 주어져 있지만, 그 내용들은 총체적으로 쉽게 한 눈에 쓱 보고 넘어갈 일은 아니다. 왜냐하면, 시험 문제의 발문은 그 짧은 발문 내용을 주고 선택지 5개 중에서 한 개를 고를 때, 전국의 다양한 학생들에게 오직 정해진 한 개의 답 외에는 그 어느 것도 답이 될 수 없다는 설득력을 가질 수 있는 발문 내용이어야 하기 때문이다. 만약 선택된 답지에 대해서 재론의 여지가 있다면 그것은 잘된 발문은 아니며, 그 이유는 발문 구성이 제대로 되지 않았음을 입증하는 것이다. 이것을 바꾸어 생각해 보면, 문제 출제자는 그 어떤 학생도 출제자 자신의 출제 의도에 어긋나지 않게 생각하도록 만들고자 하는 준비가 이미 발문 내용에 내포되어 있다는 사실이다.

이렇게 중요한 시험 문제의 발문 내용에 해당하는 것이 논술 고사에서는 논제이다. 논제는 두 줄 또는 석 줄로 되어 있다. 이것을 순간 읽어가면서 '아!, 이 내용을 쓰라는 뜻이구나!' 하고 지나치는 사람은 올바른 논술을 작성할 수 없을 것이며 결론적으로 좋은 점수를 얻을 수 없다.

논제는 반드시 치밀하게 분석해야 할 것이고, 그 분석한 내용대로 글을 써 내려가야 한다. 논제 분석을 치밀하게 하다 보면 제시문을 읽지 않았어도 자신의 논술문 구성에 대한 기본 개요가 만들어질 수도 있다. (물론 자세한 내용상의 개요는 제시문을 읽은 후에 만들어짐) 이러한 방식으로 글을 쓰게 되면 적어도 시험으로서의 논술의 채점 기준에서 크게 벗어나는 글은 작성하지 않을 것이다.

2) 논제 분석의 방법

논술 고사를 치를 때 보통 가장 먼저 눈에 접하게 되는 것이 논제이다. 긴장도 되겠고 시간에 대한 강박관념을 떨치지 못하기 때문에 흔히 서둘러 논제를 접하게 되는 경우가 많다. 그러나 논제를 제대로 이해하고 그에 따라 글의 흐름을 잡는 것은 올바른 방향으로의 글쓰기의 핵심이기 때문에 시간이 걸리더라도 논제의 이해와 분석은 매우 필수적이다. 논제의 분석 없이 글을 쓰는 것은 뼈대 없이 집을 짓기 시작하는 것과 같아서 잘 지어질 수도 없거니와 설령 지었다 할지라도 곧 무너지게 된다.

논제 분석을 할 때는 단어의 개념을 하나하나 음미해 가야하며, 의미의 마디를 서술어에 주목하여(서술어는 흔히 출제가가 논술자에게 논술상의 중요 행위를 지시하는 경향이 높다) 제시대로 논술해 가려는 준비로 이어져야 한다. 다음의 예시를 가지고 논제 분석을 시도해 보자.

〈논제 1〉

①(가)를 읽고, ②자연 상태에서 ③소유권은 어떻게 성립하며, ④소유의 한계는 무엇인지, 그리고 ⑤사유화에는 어떤 제한이 있는지에 관한 ⑥저자의 생각을 기술하시오.

〈논제 2〉

①(나)에 언급된 정보의 특성들로 인해, (가)에 제시된 ②재산권 정당화 논의의 조건(들) 가운데 무의미해지는 조건들이 있다. 그 ③조건(들)을 들고 그 이유를 설명하시오.

〈논제 3〉

①(가)와 (나)를 토대로, ②(다)의 카피라이트와 카피레프트에 대한 ③자신의 입장을 밝히고 그 입장을 ④정당화하시오.

〈2005년 서울대학교 정시모집 논술 고사 예시문항〉

일단, 위 예시 논제는 총체적인 하나의 논술문을 요구하는 것이 아니므로 논제 1, 2, 3을 단계적으로 접근해 가면서 마치 문제를 풀듯이 내용을 정확하게 기술해 주는 것이 중요하다.(보통의 경우는 해당 논제마다 기술 분량이 제시되어 있으므로 그 분량을 고려하여 작성하는 것도 중요함.)

먼저 논제 1에서 우리가 제시 내용에 따라서 기술하고자 할 때 고려하거나 염두에 두어야 할 것은 6개 항목으로 분석된다. ①은 제시문 (가)에 근거를 두고 (가)글 내에서 기술할 답을 정리해야 함을 뜻한다. 일단 자기의 생각이나 배경 지식보다는 주어진 (가)글의 내용에 충실해야 함을 말한다. ②의 경우는 '자연 상태'가 구체적으로 어떤 상태인지 제시문 (가)에 있음을 암시하고 그 자연 상태가 어떤 경우인지를 정확히 이해할 마음의 준비를 갖는 것이 필요하다.(물론 기존 배경 지식으로 알고 있다 하더라도 일단 주어진 제시문에서 모든 것을 해결하려고 하는 자세는 필요함) ③, ④, ⑤의 경우는 비교적 편하게 기술할 수 있는 내용이다. 이 경우는 분명히 어떤 방법으로든 제시문 (가)에 노출되어 있을 것이기 때문이다. 그런데 ⑥의 경우는 논술 1의 총체적인 지시 사항으로서, 저자의 생각을 기술하라는 주문이다. 물론 제시문의 이해 난이도에 따라 이 문제는 쉬워질 수도 있고 어려워질 수도 있다. 그리고 표면적으로 이해될 수 있을지 아니면 치밀한 독해력에 의존해 내면적 이해로 접근해 가야 할지는 제시문을 읽은 다음에 해결해야 할 문제이다. 다만 논제 1의 답안 작성은 <저자의 생각>을 삽아내어야 한다는 초점을 인식해야 한다는 데 중요성이 있다.

논제 2는 제시문 (가)와 제시문 (나)를 연결지어 이해해야 답안 작성을 할 수 있는 문제이다. 무작정 제시문을 접하는 것보다는 이 제시문에서 무엇을 찾아내야 할 것인가의 초점을 가지고 제시문을 대하면 답안 기술에 필요한 정보를 더 집중력 있게 정확히 찾아낼 수 있는 이점이 있다. 논제 2를 면밀히 검토해 보면, 먼저 제시문 (가)에는 재산권을 정당화시킬 수 있는 논의의 조건들이 여러 개 있음을 전제하고 있다. 먼저 (가)에서는 그러한 조건들을 찾아 줄을 긋고 나름대로 번호를 붙여가면서 정리할 필요가 있다. 그런 다음 제시문 (나)를 읽을 때는 그 속에 담긴 정보를 정리하면서 이 정보들이 (가)의 재산권 정당화의 조건과 부합되기도 하고 상충되기도 한다는 것을 염두에 두고 읽어가야 한다. 그러면서 상충되는 조건들을 표시하면서 그 이유를 생각하여 해당 조건 옆에 메모를 해 두는 것도 유익한 방법이다.

위 논제에서 가장 포괄적이고 종합적인 문제는 논제 3이다. 이 부분이 흔히 학생들이 생각하는 논술문의 유형이다. 왜냐하면 제시문을 읽고 자신의 입장 또는 견해를 밝히라는 것이기 때문이다. 이러한 유형의 논제를 학생들이 대하면 다짜고짜 제시문에서 주제를 선정하여 자신의 글을 써 내려가기가 쉬운데, 이 부분에서도 우리는 논제 분석을 철저히 해야 할 필요가 있다. 먼저 논제 3에 해당하는 논술문의 주제는 제시문 (다)에 근거한 카피라이트와 카피레프트에 대한(②) 자신의 입장(③)을 정해서 써 내려가야 하는 것이다. 그리고 또 주의해야 할 것은 자신의 입장을 정하는 데 있어 (가)와 (나)글을 토대로 해야(①) 한다는 점이다. 따라서 자신의 입장을 정리할 때 직접적으로 (가)와 (나)글의 내용을 부분적으로 언급하면서 기술하면 매우 좋다. 마지막으로 자신의 입장에 대하여 정당화(④)하라는 제시가 따로 나와 있기 때문에 자신의 입장이 정당하다는 논리적 근거를 찾아 준비해야 한다.

이제 위 논제와는 유형이 약간 다른 예시문에 대하여 다시 한 번 간략히 접근해 보자.

다음 ①제시문에 담긴 '세월의 흘러감'에 대한 생각을 ②'욕망'과 연관시켜 분석하고 ③자신의 의견을 논술하시오.(첫머리에 자신의 ④주장을 반영한 제목을 달 것. ⑤1,800자 안팎)

〈2005년 연세대학교〉

위의 논제를 읽고 바로 생각할 수 있는 것은 제시문의 내용이 '세월이 흘러감'에 대한 생각을 담은 글(①)이라는 것이다. 그리고 제시문을 읽을 때 학생들은 필자의 '세월이 흘러감'에 대한 생각이 어떠한지를 찾아내는 데 중점을 둘 준비를 해야 한다. 그리고 순발력이 있다면 그 생각을 줄을 긋든 연필로 메모를 하든 해 가면 서 그때그때 '욕망'의 개념으로 분석(②)해서 필자의 생각을 검토하고 평가해야 한 다. 결국 이 분석과 검토와 평가가 ③의 자신의 의견이 되는 것이다. 이 논제는 전 형적인 논술문의 형태를 요구하기 때문에 분석 검토한 필자의 생각을 자료로 '세 월의 흘러감'에 대한 자신의 의견을 한 주제로 만들어 내어야 한다. 그리고 이 주 제를 주장화 시켜 제목으로 만들면 된다. 이러한 전형적인 논술문 형태는 구조적인 글쓰기로 실현되어야 하기 때문에 반드시 개요 작성을 해야 한다는 점을 또한 명심 해야 한다. 개요를 작성할 때는 전체 글의 분량이 1,800자이기 때문에 이 분량을 제 대로 맞추겠다는 의지도 매우 중요하다.(제시된 분량에서 어긋나면 감점 대상임)

이렇듯 논제 분석은 절대로 소홀히 할 것이 아니며 이 단계가 잘 되면 글은 모 범 답안에서 크게 벗어날 수 없다. 그리고 분석된 내용을 염두에 두고 다음 제시 문을 읽으면 필요한 핵심 정보를 집중력 있게 더 잘 포착할 수 있는 장점도 있다.

 **읽을거리 1**

우리 사회의 세 가지 위기

오늘날 우리 사회는 크게 세 가지의 열병을 앓고 있다. 첫째는 실업 문제를 비롯한 고용 위기라는 열병이고, 둘째는 스트레스나 산업재해 등으로 나타나는 노동 소외라는 열병이며, 셋째는 흔히 우리 주변의 생활 환경에 대한 파괴를 포함한 인간의 생활 방식, 사고 방식 자체의 위기로 나타나는 생태계 파괴라는 열병이다. 이 병들은 서로 얽혀 더 큰 병을 만들어 내기도 한다. 한마디로, 온 사회가 3차원의 합병증[1]을 앓고 있다.

첫째, 대량 실업 문제 등으로 나타나는 고용 위기라는 열병은 역사적으로 기업의 경영 합리화[2]나 산업의 구조 조정, 생산 입지[3]의 변화, 불경기의 도래나 공황[4]의 발생 등 각 계기마다 수시로 등장한 문제였지만, 자동화와 정보화, 그리고 자본운동의 세계화가 고도로 진척되고 있는 오늘날만큼 암담한 전망을 보인 적은 없다. 다가오는 21세기의 전망과 관련해 '정보사회' 이론가들의 여러 장밋빛 낙관에도 불구하고, 현실에서는 살아갈 권리마저 더이상 행사할 수 없게 된 사람들이 대량 생산되는 "20 : 80의 사회"가 도래하고 있지 않은가.

둘째로 노동 소외라는 열병은 특히 18세기 산업화 이후로 지금까지 수많은

---

1 합병증(合倂症, a complication) : 어떤 질병에 관련하여 생긴 다른 질환. 원병을 치료하지 않고 방치한 경우나 생체의 저항력이 약해졌을 때에 발생하기 쉽다. 종종 생체에 대하여 중대한 영향을 미치고, 원병 그 자체를 악화시켜 예후를 불량하게 하는 일이 많다.
2 경영합리화(經營合理化) : 경영이 그 목적 달성의 유효성을 높이기 위해서 재래의 여러 상태를 개혁하는 일.
3 생산 입지(生産立地) : 산업 생산을 위한 자연적, 인위적 제반 조건 또는 바탕.
4 공황(恐慌, panic) : 갑자기 맞게 된 부정적 상황(불경기 등)에 대하여 대처하지 못하고 어쩔 줄 몰라함.

사람들에 의해 부단히 제기되어온 문제이긴 하나, 기껏해야 그 장기적 실효성이 의심스런 몇몇 노동생활의 질(QWL)향상 프로그램 같은 것 외에는 아직도 이렇다 할 해결책이 없다. 원래 소외(Entfremdung)[5]라는 말은 우리 자신의 내면(노동)이 외화되어 점점 멀리 떨어져 나간 뒤에 나중에 가서는 우리 자신에게 매우 낯설게 다가오는 것을 말한다. 이것은 노동의 소외[6]에도 적용될 수 있는데, 그것은 노동의 산물이 노동을 행한 자신의 것이 되지 못하고 오히려 자신에게 매우 낯설게 다가와 나중에 가서는 억누르기까지 한다는 사실을 일컫는 것이다. 이러한 노동 소외 현상은 노동의 결과물뿐만 아니라 직접적인 노동과정에서도 광범위하게 발견되며, 그 현실적 모습은 직무 불만족, 스트레스, 산업재해와 직업병, 과로사 등으로 표현된다. 따라서 이러한 노동 소외에 대처하기 위해 경영 측에서는 노동생활의 질 향상 프로그램이나 제안 제도[7], 소집단 노동, 팀 제도, 경영 참가 제도, 산업민주주의[8] 등과 같은 시도에 일정한 투자를 하였으나 이것이 결코 견고한 신념과 지속적 실천에 의해 뒷받침되지는 못했기에, 자본의 수익성 향상에 별다른 도움이 되지 않으면 곧잘 철회[9]되었다. 그래서 갈수록 많은 사람들이 더 이상 자신의 일 속에서 보람을 찾기보다는 가급적 노동

---

5 소외(疎外, estrangement) : 사회학적 의미로, 사람들이 억압적이거나 자신의 통제를 뛰어넘는 사회제도와 상호작용하게 될 때 경험하게 되는 무의미감 또는 무력감.

6 노동소외(勞動疎外) : 맑스의 노동소외는, 프롤레타리아(무산 노동자 – 생산수단이 없는 노동자) 계급의 노동이, 노동을 함으로써 노동의 본질과 무관하게 노동의 본질에서 소외된다는 의미. 여기서 말하는 노동의 본질이란 노동에 의해 생성되는 가치가 노동을 직접 한 자의 몫이 되는 것임.

7 제안 제도(提案制度) : 경제에서 종업원으로 하여금 기업이 생산하는 제품, 작업방법, 설비기계 및 작업 환경의 개선이나 원가절감을 가능하게 하는 개선방법 내지 아이디어를 제안하도록 권고하고 그것이 채택된 경우에는 기여도에 따라 표창하는 제도. 이는 직접적으로 생산성의 향상, 판매촉진 내지 원가절감을 위한 종업원의 협력을 얻으려는 목적이었으나 오늘날에는 인간관계 관리의 관점에서 '아래로부터 위로 이루어지는 상향식 의사소통'을 원활히 하기 위해 실시되고 있어 제안을 통한 종업원의 기업 참가에 그 목적을 두고 있음.

8 산업민주주의(産業民主主義, industrial democracy) : 정치상의 민주주의만으로는 근로자의 참 자유와 평등은 달성되지 않는다고 보고 산업의 관리·운영에 관한 노사간의 관계나 문제를 민주적으로 해결하기 위한 조건이나 제도의 정비를 주장하는 입장 또는 사상. 직접 참여하는 기회가 주어지는 데에 의의가 있다.

9 철회(撤回, withdrawal) : 일단 낸 것이나 보낸 것을 도로 거두어들임.

노동 시간을 줄여 노동과정의 울타리 '밖에서' 삶의 의미를 찾고자 하는 것이다.

셋째로 범지구적 생태계 파괴는 기존의 성장과 개발, 물질적 가치, 인간 이익 중심의 경제 발전 패러다임10이 더 이상 지속될 수 없음을 경고하면서 우리 모두에게 새로운 가치와 전망에 기반한, 그리하여 지금까지와는 전혀 다른 사회경제 발전 패러다임을 모색할 것을 시급히 요구하고 있다. 그것은 경제(economy)라는 것이 원래 먹고 사는 것(oikos), 살림살이를 뜻하는 것인데도 불구하고 경제 성장의 과정이 역설적이게도 바로 우리 삶의 토대를 파괴하는 모순을 드러내고 있기 때문이다. 나아가 인간 삶의 토대인 지구 자체가 단지 우리만이 소유하고 처분할 수 있는 사유 재산이 아니라, 멀리 우리 선조들로부터 물려받아 또다시 뒤따르는 후손들에게 대대로 물려주어야하는 공동재산이기 때문이다. 지구는 인간의 생존을 위해서는 충분히 넓은 공간이지만, 한없는 욕망을 채우기에는 아주 부족하다는 말도 있지 않은가. 한 걸음 더 깊이 생각하면, 우리 삶의 토대인 자연은 하나의 '재산'이기에 앞서 인간 스스로 그 일부에 불과한, 그리하여 우리 모두의 삶을 긴밀하게 엮어 주는 위대한 생명체 그 자체가 아니던가!

---

10 패러다임(paradigm) : 어떤 한 시대 사람들의 견해나 사고를 지배하고 있는 이론적 틀이나 개념의 집합체. 하나의 패러다임이 나타나면 경쟁적인 새로운 패러다임이 나타난다. 그러다 한 시대를 지배하던 패러다임은 완전히 사라지고, 경쟁관계에 있던 패러다임이 새로운 패러다임으로 자리를 대신하게 된다. 따라서 하나의 패러다임이 영원히 지속될 수는 없고, 항상 생성·발전·쇠퇴·대체되는 과정을 되풀이한다.

읽을거리 2

노동 사회의 탄생 과정

이미 110여 년 전인 1883년에 폴 라파르그는 『게으를 권리』, 또는 『어유로움을 즐길 권리』라는 책을 지어, '노동 중독증'에 사로잡힌 자본주의 사회의 노동자들이 주장하고 실천하는 '노동의 권리'를 통렬[11]하게 비판한 바 있다. 그렇다면 우리는 도대체 인간이 청교도[12]나 캘빈주의[13]처럼 왜 노동을 신성시하고, 또 사랑하기까지 하는가라고 묻게 된다. 차분히 역사를 살펴보건대 그것은 한마디로, 긴 사회적 과정에서 '만들어진' 것이다. 이때의 노동이란 역사를 뛰어넘는 개념이 아니라 하나의 역사적 범주[14]로 자본주의와 함께 등장한 하나의 삶의 양식이다. 이러한 노동은 '뭐든 해낼 수 있다', 또는 '모든 것이 통제 가능하다'는 망상적 패러다임에 기초하고 있다. 이 패러다임은 따지고 보면 유럽에서 르네상스 이후 계몽주의[15]의 한 산물로 나온 것으로, 그 역사적·사회적

---

11 통렬(痛烈, trenchant) : 몹시 매섭고 가차 없다, 맹렬하다.

12 청교도(淸敎徒, Puritan) : 16~17세기 영국과 아메리카의 뉴잉글랜드에서 칼뱅주의의 흐름을 이어받은 프로테스탄트의 개혁파를 일컫는 말. 1559년의 엘리자베스 1세가 내린 통일령에 순종하지 않고 국교회 내에 존재하고 있는 로마카톨릭적인 제도·의식의 일체를 배척함.

13 캘빈주의(칼뱅주의, Calvinism) : 프랑스의 종교개혁자 칼뱅에게서 발단한 프로테스탄트 사상. 구원을 받는 자와 멸망에 이르는 자는 영원한 옛날부터 신에 의해 결정되어 있다고 하는 예정설(豫定說), 신앙생활에 있어서는 자기를 신의 영광을 위한 도구로 보는 활동주의적 경향을 가진다. 저항권을 인정하고 국가에 대한 교회의 자유를 확보하였다. 칼뱅주의는 근대 서유럽 문화 형성에 커다란 역할을 함.

14 범주(範疇, category) : 근본적 개념, 최고 유개념의 뜻으로 사용되며, 일상어로는 부문의 뜻인 철학용어. 아리스토텔레스의 『오르가논』에서는 술어의 형식으로서 실체·양·질·관계·장소·시간·위치·상태·능동·수동 등 10개의 범주를 들었다.

15 계몽사상(啓蒙思想, enlightenment) : 18세기 프랑스 사상의 주류를 이루고, 프랑스혁명에 원리를 제공한 사상. 계몽이란, 아직 미자각 상태에서 잠들고 있는 인간에게 이성의 빛을 던져주고, 편견이나 미망에서 빠져나오게 한다는 뜻. 계몽사상은 루소에 의해서 인간성의 전가치체계로 완성되었으며, 18세기뿐만 아니라 널리 근대 시민사회에까지 영향을 미쳤다.

과정은 인간이 외적인 지배나 종속에서 벗어나는 인간 해방의 한 특수 형태라 할 수 있다. 그 이후 이것이 자본주의의 확대, 심화와 함께 온 세계로 퍼진 것이다. 따라서 여기서 우리가 '노동 사회'라 하면, 이것은 곧 자본주의를 뜻한다고 할 수 있다.

초기 자본주의의 발전 과정에서 상업이나 수공업 중심 도시의 성장은 마침내 자연을 토대로 한 봉건 사회16를 해체한다. 그리하여 이제 인간은, 최소한 현상적으로는 자연으로부터도 독립적으로 되었다. 왜냐하면 인간이 토지에 더 이상 얽매이지 않는 것처럼 보이기 때문이다. 이 자연으로부터의 독립은 본질상, 자신의 내적 자연으로부터의 독립도 의미한다. 그리하여 한편으로 외적 자연은 더 이상 모든 삶의 원천이 아니라 단순히 인간 의지의 대상 또는 객체로 변하고, 다른 편으로는 내적 자연도 존재 그 자체로서의 자아로부터 분리되어 노동력의 모습으로 거래되는 대상(상품)이 되고 말았다. 즉 인간은 종교 개혁17, 지리상의 발견18, 계몽주의, 그리고 시민 혁명을 거치면서 '외적인 자율성'을 획득하는 대신, 단순히 지배자만 신에서 인간으로 교체하고 말았다. 나아가 모든 개인들이 자신을 제외한 여타 세상을 객체로 인식, 서로 살벌한 경쟁이 되었다.

---

16 봉건사회(封建社會, feudal society) : 중세 서유럽에서 전형적으로 발전한 사회발전상의 유형. 영주 대 농민의 관계였던 농노제와 봉건영주 내부의 관계인 봉건제를 특징으로 한다. 영주는 대내적으로 토지소유를 기초로 하여 농민을 직접적·인격적으로 지배하였고, 봉건 지대(地代)를 징수하였다. 대외적으로는 독립적인 권력주체인 귀족 상호간에 장원을 물질적 매개로 한 쌍무적인 주종관계가 맺어졌다. 이 단계에서는 아직 생산력이 낮았고 발전이 정체되어 있었으며, 공동체를 중심으로 한 봉쇄적 현물 자급경제체제였다.

17 종교개혁(宗教改革, Reformation) : 16~17세기 유럽에서 일어난 그리스도 교회의 혁신운동. 이를 통해 오늘날 프로테스탄트라 부르는 교파가 생겼다. 로마 가톨릭교회는 아비뇽 교황의 대립으로 생긴 분열 결과, 14세기경부터 그 안팎에서 쇠퇴의 기미를 보이고 있었다. 이 난국을 타개하기 위해 공의회운동이 활발히 추진되었으나 문제의 해결을 보지 못한 채 무위로 끝났다. 한편, 프랑스·영국 등 유럽 각국은 근대 국민국가로의 길을 걷기 시작하여 중세적 그리스도교 세력은 점차 쇠퇴해 갔다.

18 지리상의 발견(地理上-發見, geographical discoveries) : 15~17세기에 이루어진 지리적인 발견. 15세기 초 포르투갈의 엔리케 왕자의 아프리카 항로 개척을 시작으로 하여 15세기 말 콜럼버스의 아메리카 대륙 발견을 거쳐 16세기에서 17세기 초에 이르는 유럽 각국민의 탐험 및 항해시대를 가리킨다. 이러한 새로운 지식과 경험을 토대로 하여 비서구지역에 대한 정치지배·교역통상 등의 체계가 이루어져 식민지화의 길을 걷게 되었다.

그런데 본격적인 자본주의가 발전하기 위해서는 역사적으로 최소한 두 가지 조건이 필요하였다. 첫째, 소농이나 수공업자와 같은 소상품 생산자들과 그들의 생산 수단(토지나 작업장, 원료, 작업 도구 등)을 '상호 분리'시켜 나가는 것이다. 둘째, 나아가 토지나 작업 도구 등 생산 수단으로부터 분리된 이들 소농이나 수공업자들이 그들의 노동력을 기꺼이 시장에 들고 나와, 화폐와 생산 수단 및 생활 수단을 가진 사람들과 서로 '교환'을 하게 되는 과정이 필요한 것이다. '노동력의 상품화'가 이루어지기 위한 이 두 가지 중요한 역사적·사회적 전제 조건은 곧바로 자본이 화폐로부터 떨어져 나와 자기 발로 서게 되는 과정과 동전의 양면을 이루고 있다.

이러한 역사적 전제 위에 엄청나게 단순한 경제적 세계관이 정립되었고, 이 세계관은 오늘날까지도 영향력을 끼치고 있다. 그것은 한 마디로 모든 사람은 자신의 이익을 극대화하고자 한다는 것이다. 그리고 이러한 개별 행위의 독립성은 생산자들 상호간에, 또 소비자들 상호간에 경쟁을 일으켜 전체적으로는 좋은 결과를 초래한다는 것이다. 왜냐하면 경쟁은 생산자로 하여금 원가와 가격을 저하시키게 강제하고 품질을 향상하게 하며 개선된 생산 방식과 제품을 도입하게 만든다고 보기 때문이다. 따라서 소비자에게는 지속적으로 더 많고 더 좋은 상품과 서비스를 추구하게 하며, 마침내 안락함과 생활수준을 끊임없이 개선시키게 된다는 것이다.

이 입장은 어느 정도까지 타당하다고 볼 수 있다. 그러나 이것은 단지 부분적으로만 그러하다. 왜냐하면 이러한 시장 모델 입장은, 자연에 대한 고려와 같은 사회 윤리적 요구 앞에서는 거의 그 기능이 마비되기 때문이다. 이 좌절의 한 이유를 오늘날 우리는 이 모델이 근거하고 있는 인간관의 결정론[19]적 특성 속에서 찾을 수 있다. 즉 자본주의 사회에서 사람들은 인간의 행동이 단순히

---

19 결정론(決定論, determinism) : 인간의 행위를 포함하여 이 세상에서 일어나는 모든 일은 그것이 정해진 때와 장소에서 일어나도록 미리 정해졌다고 생각하는 입장.

효용[20]극대화의 계산속에서 '합리적'으로 결정된다고 본다. 그래서 고전파 경제학자[21]들은 인간 사회도 자연과 같이 규칙에 따라 움직이는, 따라서 제대로 인식하기만 하면 모두 통제 가능한 과정으로 파악하고자 하였다. 그래서 경제학은 이에 따라 개인의 사회적 행위에 대해 일반 법칙을 정식화하고자 노력하게 된 바, 이는 모든 개인은 동일한 형태의, 반복적인 합리성에 따라 움직인다는 가정에 기초하고 있는 것이다. 그러나 불행히도 바로 그 모델에서는 진정으로 자율적이고 책임성 있는 행위는 체계적으로 제외되게 마련이다. 이 입장은 단지 외적인 자유나 외적인 자율 개념에 묶여 있기 때문이다.

---

20 효용(效用, utility) : 경제학에서 소비생활에 대한 만족도의 수치적 지표로서 효용의 개념을 고안하여 사용해 오고 있다.
21 고전경제학파(古典經濟學派, classical economics) : A.스미스를 시조로 하고, 『인구론(人口論)』의 T.R.맬스, 『지대론(地代論)』의 D.리카도 및 J.B.세로써 대표되며, J.S.밀에 이르러 완성된 고전경제학파. 영국에서 농업혁명·산업혁명에 수반하여 자본주의 경제가 성립하는 역사적 정황을 배경으로 중상주의와 중농주의의 학설을 비판하면서 성립하였다. 자유경쟁을 전제로 하고 노동가치설을 택하며, 시장을 매개로 하는 생산분배의 입체적 분석을 추진함으로써, 경제학을 거의 하나의 과학으로 체계화하는 데 성공하였다.

읽을거리 3

올바른 경제 성장을 위한 경제 윤리

경제 윤리는 경제 행위를 하는 모든 주체들에게 요구된다. 최소한의 경제 윤리는 법적인 제도를 통해 관철[22]된다. 경제 행위에 관한 법적인 제도는 그 사회의 경제 체제가 어떠하느냐에 다라 달라진다. 자본주의 체제인가 아니면 사회주의 체제인가에 따라 다르고, 자본주의 체제 중에서도 경제 행위에 대한 국가의 간섭이 강한가 약한가에 따라 다르다. 철저히 자유주의를 옹호하는 사람들은 애덤 스미스의 '보이지 않는 손[23]'을 내세워 경제 행위에 대한 국가의 간섭을 최대한 줄여야 한다고 주장한다. 또한 경제 행위를 개인간의 자유로운 무한 경쟁에 맡겨 놓아서는 안 된다고 주장하는 사람들은 사회 복지나 부의 균등한 분배를 위해 경제 행위에 대해 국가가 최대한 간섭해야 한다고 주장한다. 아무튼 법적인 제도가 올바르다고 볼 경우, 최소한의 경제 윤리는 법적인 제도를 통해 실현된다.

그렇다면 어떤 내용의 경제 윤리를 어떤 방식으로 법적으로 정착시켜야 할 것인가? 경제 윤리는 우선 경제 정의를 이루는 것이어야 한다. 경제 정의의 핵심은 많은 정치가들이 말하듯이 열심히 일하는 사람들이 잘 살도록 하는 것이다. '일하지 않는 자는 먹지도 말라'는 성서의 구절이 있듯이 성실하고 정직하게 일한다는 것은 기본적인 덕목이다. 이 덕목을 따르는 자들에게 행복한 삶이 보장될 수 있는 사회가 경제적으로 정의로운 사회이다.

---

22 관철(觀徹, penetrate into) : 사물을 꿰뚫어 봄.
23 보이지 않는 손(invisible hand) : 영국의 고전파 경제학자인 애덤 스미스가 사용한 말로서 개개의 모든 이해(利害)는 궁극적·자연적으로 조화를 이룬다는 사상.

물론 개인차가 있겠지만 한 사람이 일해서 만들어낼 수 있는 사회적인 가치는 어느 정도 정해져 있다. 특별히 어떤 사람이 자기 몫으로 다른 사람과 비교도 안 될 정도로 많은 소득을 올린다는 것은 다른 사람들에게 그만큼 소득이 덜 가도록 하지 않고서는 거의 불가능하다. 최대한 부의 공정한 분배가 이루어질 수 있도록 법적인 장치를 마련해야 한다. 그리고 모든 경제 주체들이 그러한 법적인 제도에 따라 저절로 경제 윤리를 실행할 수 있도록 해야 한다.

이와 더불어 경제 윤리는 물질적인 가치보다는 인간을 인간답게 만드는 가치를 중히 여기는 것이어야 한다. 가능하다면 인간을 인간답게 만들고 사회를 더욱 살기 좋은 아름다운 사회로 만드는 데 많은 일을 한 사람이 그만큼 더 많은 소득을 얻을 수 있도록 해야 한다. 물질적인 것보다 정신적인 것이 사회적으로 훨씬 더 높은 가치를 갖도록 해야 한다. 또한 사회 전체가 그 같은 정신적인 가치를 위해 물질적인 가치를 소비할 수 있도록 해야 한다. 바로 이 같은 일이 이루어질 수 있도록 최대한 법적인 장치를 마련해야 한다.

경제 성장과 경제 윤리는 서로 대립적일 수도 있고 상보적일 수도 있다. 경제 성장을 단순히 물질적인 성장으로만 볼 경우 경제 성장과 경제 윤리는 서로 대립적이기 쉽다. 그러나 경제 성장을 국민 개개인의 삶의 질을 향상시키는 것으로 볼 때 경제 성장과 경제 윤리는 서로 보완적인 관계에 놓이게 된다. 경제 성장의 목적이 무엇인가를 묻는다면, 국민 개개인의 아름답고 행복한 삶을 그 해답으로 제시할 수 있다. 그런데 경제 윤리가 빠져 버린 경제 성장은 맹목적[24]으로 굴러가는 눈덩이처럼, 혹은 맹목적으로 부풀어 오르기만 하는 풍선처럼 우리의 참다운 삶을 오히려 위협하게 될 것이다.

그러므로 가능하면 경제 성장, 혹은 국민 총생산을 추산하여 수치화하는 방법을 완전히 바꿀 필요가 있다. 국민의 삶의 질을 부정하고 파괴하는 방향으

---

24 맹목적(盲目的, make a fetish of) : 어떤 사물에 대하여 올바른 판단을 내릴 수 없게 된 상태.

로 이루어진 생산이나 혹은 그에 따른 부작용을 메우는 생산이나 노력들은 따로 분리해 내어 수치화할 필요가 있다. 설혹 거기에서 현실적으로 소득이 생겼다 하더라도 이는 국민의 삶의 질을 깎아 내리면서 생긴 소득이기 때문에 진정한 의미의 경제 성장에서 빼야 한다. 이같이 국민의 삶의 질과 궤를 같이 하는 경제 성장을 전사회적으로 추진해 나가야 할 것이다.

논술 실전

❖ 다음 두 제시문은 경제 발전 및 생산력 향상이라는 문제에 대하여 유사한 관점을 취하고 있다. 제시문의 분석을 바탕으로 하여 바람직한 경제 사회를 이루기 위해 요구되는 인간관에 대해 논하라.

가

성북동 산에 번지가 새로 생기면서
본래 살던 성북동 비둘기만이 번지가 없어졌다.
새벽부터 돌 깨는 산울림에 떨다가
가슴에 금이 갔다.
그래도 성북동 비둘기는
하느님의 광장 같은 새파란 아침 하늘에
성북동 주민에게 메시지나 전하듯
성북동 하늘을 한 바퀴 휘돈다.

성북동 메마른 골짜기에는
조용히 앉아 콩알 하나 찍어 먹을
널찍한 마당은커녕 가는 데마다
채석장 포성이 메아리쳐서
피난하듯 지붕에 올라앉아
아침 구공탄 굴뚝 연기에서 향수를 느끼다가

산 1번지 채석장에 도로 가서
금방 따낸 돌 온기에 입을 닦는다.

예전에는 사람을 성자(聖者)처럼 보고
사람 가까이
사람과 같이 사랑하고
사람과 같이 평화를 즐기던
사랑과 평화의 새 비둘기는
이제 산도 잃고 사람도 잃고
사랑과 평화의 사상까지
낳지 못하는 쫓기는 새가 되었다.

- 김광섭, 「성북동 비둘기」

노동이란 자연과 인간이 교류하는 과정으로서 인간이 자신의 삶의 문제를 해결해 나가는 방식이다. 그러나 이러한 노동이 資本主義[25] 사회에서는 자본가에 의한 노동력 상품의 소비라는 모습으로 등장하게 되었다. 형식적으로 자유로운 인간의 일부인 노동력이 상품이라는 형태로 노동 시장에 등장하고 또 그 노동력이 시장에 팔릴 상품을 대량으로 생산해야지만 노동자가 먹고 살 수 있는 사회, 이를 '노동 사회'라 한다.

한나 아렌트가 이미 1960년에 '노동 사회에서 노동이 사라지고 있다'고 주장한 이래 노동 사회의 위기 문제에 대한 논의가 이어지고 있다. 사실 이 논의가

---

25 資本主義(자본주의, capitalism) : 자본가 계급이 노동자 계급으로부터 노동력을 사서 생산활동을 함으로써 이익을 추구해 나가는 경제 구조, 또는 그 바탕 위에 이루어진 사회 제도.

모든 이의 관심을 *끄는* 이유는 오늘날 자본주의 사회에서 대부분의 사람들이 그 물질적 재생산을 일자리에 의존하고 있고, 개인주의화 경향이 계속 진행되면서 노동이라는 것이 개인의 사회적 正體性26을 매개해 주기 때문이다. 바로 이것이 노동 사회의 특징이다.

그런데 곰곰이 따져 보면, 현대 자본주의 사회에서는 경쟁을 통해 보다 값싸고 질 좋은 財貨27와 서비스를 공급하여 모두의 효용을 極大化28한다는 패러다임 속에서 각종 생산조직체들이 신기술의 발전과 작업 조직의 혁신을 통해 살아 있는 인간 노동력을 갈수록 많은 일터로부터 逐出29하고 있다. 이른바 생산력의 발전을 통해 인간을 행복하게 만들어보겠다는 패러다임 자체가 위기에 처한 것이다. 바로 이러한 위기의 반영이 오늘날 우리가 고민하는 '고용 위기'로 나타나고 있다.

일자리의 수량 문제뿐만 아니라 노동의 내용도 문제다. 즉 일자리를 갖고 있는 사람들이 구체적으로 어떻게 일하고, 또 무엇을 만들어 내느냐 하는 것과 관련해서도 심각한 문제가 드러나고 있다. 갈수록 많은 사람들이 자신의 노동 내용이 공허하거나 단조로우며 자아 실현과는 거리가 멀다고 얘기하고 있고, 나아가 생산하는 내용이 갈수록 의미 없는 것, 쓸데없는 것, 또는 필요 이상으로 넘치는 것, 또는 파괴적인 것─인간과 자연을 병들게 하고 죽이는 것─이 되어가고 있지 않나 의심스러워하고 있다. 사실상 이러한 측면은 우리 사회가 인간을 포함한 生態系30에 대해 가지는 파괴적인 관계를 직접적으로 표현하는

---

26 正體性(정체성, identity) : 본디의 참모습. 본체(本體).
27 財貨(재화, goods, commodities) : 인간의 복지에 도움이 되는 수단으로서 그 효용(效用)을 가지고 있는 모든 물체와 물질.
28 極大化(극대화, maximize) : 더없이 크게 함.
29 逐出(축출, expel, eject) : 쫓아 몰아냄.
30 生態系(생태계, an ecosystem) : 일정한 지역의 생물 공동체(유기체)와 이들의 생명 유지의 근원이 되는 무기적(無機的) 환경이 서로 복잡한 상호 의존관계를 유지하면서 균형과 조화를 이루는 자연의 체계.

것이다. 생태적인 관점에서 보더라도 현재의 패러다임은 되돌릴 수 없는 위기에 빠지고 있는 것이다.

결국 노동 사회란 외적 자율성은 획득했으되, 자연과 인간의 파괴를 통한 이윤 추구라는 내적 타율성이 강화된 사회라고도 할 수 있다. 나아가 노동자들은 노동 사회에서 노동의 '主體'[31]라기보다는 대안적인 삶을 살지 못하고 자본의 기획과 통제 속에 갇혀 있는 '對象'[32]이기 때문에 이들은 외적으로도 종속적이고 내적으로도 종속적으로 되었다고 할 수 있다. 요컨대 우리는 노동 사회의 위기를 내·외적인 종속성과 타율성의 심화, 삶의 질의 피폐화라고 요약할 수 있을 것이다.

— 강수돌, 「작은 풍요」에서

유의 사항 ●●●●●●●●●●●●●●●●●●●●●●●●●●●●●●●●●●●●

1. 두 제시문이 공유하는 관점이 무엇인지 분석한 내용을 반드시 포함할 것.
2. 경제의 본질이 무엇인지에 대한 자신의 견해를 전제로 하여 논지를 전개할 것.
3. 글의 길이는 띄어쓰기를 포함하여 1,600자 내외가 되도록 할 것.

---

31 主體(주체, the subject) : 사물의 중심 또는 행동의 핵심 세력이 되는 부분.
32 對象(대상, the object) : 행위의 목표가 되는 것.

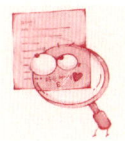

논술 해결의 길잡이

✪ 논제 살피기

논술 답안에 포함되어야 할 논제는 사실상 두 가지다. 그 하나는 경제 발전 및 생산력 향상이라는 문제에 대해 두 제시문이 취하고 있는 관점과 입장을 구체적으로 분석하는 것이고, 다른 하나는 이를 바탕으로 하여 바람직한 경제 사회를 이루기 위해 요구되는 인간관이 무엇일지를 논하는 것이다. 여기서 중요한 것은 두 논제 사이의 연결 고리를 마련하는 일이다. 그런데 제시문 분석을 충실히 해 보면, 경제적 측면에서 현대 사회가 어떤 지향을 가지고 있었는지, 그리고 그와 같은 지향의 결과 어떤 문제가 초래되었는지가 초점화될 수 있을 것이다. 또한 그러한 초점화의 결과는 자연스럽게 바람직한 경제 사회의 상에 대한 논의로 이어지게 될 것이다.

이 지점에서 유의사항 2번 항목이 의미 있는 실마리를 제공할 수 있음을 간파하는 것도 중요하다. 유의사항 2번 항목에서는 경제의 본질이 무엇인지에 대해 자신의 견해를 정리해 볼 것을 요구하고 있다. 경제적 측면에서 현대 사회가 지향하고 있는 방향이 대단히 문제적이라는 점은 제시문의 분석을 통해 귀납적으로도 입증될 수 있지만, 경제의 본질에 관한 설득력 있는 견해를 전제로 하여 연역적으로도 입증될 수 있기 때문이다.

두 차원의 입증 과정에서 유의해야 할 것은 인간에 대한 관점의 문제를 비판의 핵심에 놓아야 한다는 점이다. 현대 사회에서 경제를 바라보는 관점이 어떤 인간관과 맞물려 있는지를 직시하고 이를 중심으로 그 관점에 대한 비판을 초점화하면, 바람직한 경제 사회를 이루기 위해 요구되는 인간관의 문제로 논의가 자연스럽게 진행될 수 있기 때문이다.

이 논제를 해결하기 위해서는 현대 사회에서 경제를 바라보는 지배적 관점인 경제 발전 및 생산력 향상의 논리에 대한 비판적 시각이 요구된다. 경제적 발전의 추구와 생산력 향상에의 노력이 물질적 측면에서 현대 사회에 비약적인 변화와 발전을 가져다 준 것은 사실이다. 그러나 그와 같은 물질적 부의 증가와 발전 이면에는 몇 가지 본질적 문제가 도사리고 있다. 제시문 (가)와 (나)는 그와 같은 문제들이야말로 인간이 주목하고 해결해야 할 중요한 문제라고 보면서, 발전 일변도의 논리에 대해 비판적 관점을 취하고 있다.

따라서 먼저 두 제시문의 관점에 대해 꼼꼼하게 분석하고 이해해 볼 필요가 있겠다. 그런데 시 텍스트인 제시문 (가)는 산문인 (나)의 경우와는 달리 비판적 견해를 직설적으로 제시하지 않고 상징적 형상화를 통해 간접적으로 제시하고 있기 때문에 다양한 해석의 가능성이 있다. 그러므로 논제에서 '두 제시문이 경제 발전 및 생산력 향상이라는 문제에 대해 유사한 관점을 취하고 있다'고 밝힌 점에 입각하여, 제시문 (나)를 기준으로 두 제시문이 공유하는 바를 분석해 가는 것이 효율적일 수 있다. 제시문 (가)는 명료한 개념어로 비판의 지점을 드러내고 있지 않지만, 형상화된 시적 대상인 비둘기의 모습이 상징하는 바를 해석해 가는 과정에서 제시문 (가)의 내용과 맞물리는 비판의 지점을 의미화할 수 있을 것이다. 이 작업이 바로 논제에서 요구하는 제시문의 분석에 해당한다.

그런데 논제에 부합하는 논술 답안을 작성하기 위해서는 여기서 더 나아가 바람직한 경제 사회를 이루기 위해 요구되는 인간관에 대한 논의가 이어져야 한다. 어떻게 보면 이 새로운 논제는 제시문 분석과 상당한 간극이 있는 것으로 보여 논술의 개요를 구상하는 데 난점으로 작용할 수도 있다. 그러나 또 어떻게 보면 다양한 문제의식으로 확장될 수 있는 제시문의 분석을 일관성 있는 논지로 수렴할 수 있는 큰 논의 틀이 되어준다고도 볼 수 있다. 여기에 유의사항 2번 항목 또한 중요한 논의의 단서가 되어 준다. 지금까지의 경제가 지향했던 바와는 달리 본질적으로 경제란 무엇이어야 하며, 이는 인간과 어떤 관련을 갖고 있는지의 문제로 논의가 수렴되면, 바람직한 경제 사회를 위해 요구되는 인간관에 대한 논의가 자연스럽게 도출될 수 있기 때문이다.

✪ 제시문 파악하기

논제에 명시되어 있는 것처럼 주어진 두 편의 제시문은 경제 발전 및 생산력 향상이라는 문제에 대하여 유사한 관점을 취하고 있다. 그런데 제시문 (가)의 경우는 시 텍스트이기 때문에 그와 같은 가이드라인이 없다면 매우 다양하게 해석될 수도 있다. (가) 시에서 비둘기는 산업화와 도시 개발 과정에서 보금자리를 잃은 가엾은 모습으로 형상화되어 있는데, 독자들은 이를 바탕으로 현대 문명에 대한 시인의 비판 의식을 읽어낼 수도 있고, 자연이 파괴되는 현실에 대한 우려를 읽어낼 수도 있으며, 산업화되기 이전의 인간적인 세상에 대한 향수를 읽어낼 수도 있는 것이다. 따라서 논제에 명시된 논의의 범주인 '경제 발전 및 생산력 향상'의 문제에 대한 시인의 관점을 중심으로 논의를 진행하여야 무리가 없게 된다.

이런 관점에서 보면, '성북동 산에 번지가 새로 생'긴 것이나, '돌 깨는 산울림', '채석장 포성', '메마른 골짜기' 등은 모두 경제 발전 및 생산력 향상의 논리에 의해 생태계가 파괴된 모습을 형상화한 것으로 이해할 수 있다. '번지가 없어'지고, '피난'할 수밖에 없는 비둘기의 모습 역시 이와 같은 생태계 파괴의 결과를 생생하게 보여주기 위한 구체적 형상에 해당한다. 또한 3연에 묘사되고 있는 것처럼 사람으로부터 멀어진 비둘기의 모습은 경제 개발의 논리 속에서 인간과 자연의 공존 관계가 훼손된 상태를 구체적으로 보여주고 있다.

그러나 이 시가 비판적으로 형상화하고 있는 내용이 생태계 파괴의 문제에만 국한된다고 보는 것보다는 여기서 한 걸음 더 나아가 인간 본연의 가치 상실까지도 문제 삼고 있다고 파악할 때 논의가 한층 심화될 수 있다. 이 시에서 비둘기는 파괴된 자연의 대표물이면서 동시에 본연의 가치를 상실한 인간의 상징물로 해석될 수 있기 때문이다. 이 시에서 형상화된 비둘기의 모습은 인간적 삶의 가치와 인간의 본성을 도외시한 개발의 과정에서 삶의 터전과 삶의 의미를 상실한 소외된 인간의 모습을 떠올리게 한다. 따라서 제시문 (가)의 분석 과정에서 이와 같은 시의 이중적 의미를 모두 포괄한다면 훨씬 깊이 있는 답안을 작성할 수 있을 것이다.

이에 비하면 제시문 (나)를 이해하는 작업은 한결 수월하다. 이 글에서는 '노동'이 키워드이기는 하지만, '노동 사회에서 노동이 사라지고 있다'는 표현에서 알 수 있듯이 이 글은 현대의 자본주의 사회가 노동 본연의 의미를 퇴색시키고 인간을 노동으로부터 소외시키고 있을 뿐 아니라, 인간과 자연의 조화로운 관계까지도 훼손시키고 있음을 문제 삼고 있다. 따라서 제시문 (나)의 분석 역시 경제에 대한 왜곡된 관점이 제시문에 명시된 '고용 위기'와 '생태계 위기' 등의 위기를 인간 사회에 초래하였다는 점을 중심으로 서술하면 무리가 없을 것이다.

① 경제 발전 및 생산력 향상 문제에 대해 두 제시문이 취하고 있는 관점을 분석한다.

제시문 (가)와 (나)는 언뜻 보기에 상이한 주제를 다루고 있는 글로 보일 수 있다. (가)는 비둘기라는 소재를 취해 문명에 대해 비판하고 있는 시라고 널리 알려져 있고, (나)는 현대 자본주의 사회가 초래한 노동의 위기 문제를 개진하고 있는 글로 파악될 수 있기 때문이다. 그러나 논제에 명시된 사항을 중심으로 두 제시문을 꼼꼼히 읽어 보면, 두 제시문이 비판하고 있는 지점이 크게 다르지 않음을 알 수 있게 된다. 제시문 (가)에서 형상화된 비둘기와 인간의 위기도 결국은 발전과 문명을 추구하는 현대 사회의 흐름에서 야기된 문제이고, 제시문 (나)에서 개진되고 있는 '고용 위기'와 '생태계 위기'도 결국은 생산력의 발전을 통해 인간을 행복하게 만들어보겠다는 현대 자본주의의 경제 패러다임이 초래한 문제인 것이다.

이에서 한 걸음 더 나아가 (나) 글의 문제의식을 기준으로 (가) 시를 분석해 보면, 두 제시문이 비판하는 문제의 원인뿐 아니라, 두 제시문이 바라보는 위기의 지점 역시 유사함을 알 수 있게 된다. (가) 시에서 문제시되고 있는 비둘기의 모습은 경제 개발의 과정에서 보금자리와 존재의 가치를 훼손당한 자연의 모습이면서 동시에 인간의 모습인 바, 이는 (나)에서 문제 삼고 있는 '고용 위기'와 '생태계 위기'의 문제와 상당 부분 겹쳐있는 것이라 할 수 있다.

물론 답안 작성 과정에서는 두 제시문이 비판하고 있는 문제의 원인, 즉 현대 사회에 심각한 문제를 초래한 것은 다름 아닌 경제 개발 일변도의 논리라는 점에 대해서만 분석해도 무방하다. 그러나 두 제시문이 현대 사회의 위기의 실체로 제시하고 있는 상황의 유사성까지 분석할 수 있다면 제시문 분석 측면에서 훨씬 좋은 평가를 받게 될 것이다.

② 제시문의 분석을 바탕으로 하여 바람직한 경제 사회의 상에 대해 생각해 본다.

두 제시문이 공히 경제 발전 및 생산력 향상만을 목표로 하는 현대 사회에 대해 비판하고 있다면, 바람직한 경제 사회는 이와는 다른 관점에서 추구되어야 할 것이다. 다시 말해 인간이 경제 행위를 하는 목적은 단순한 양적인 발전과 풍요에만 그치는 것이 아님을 분명히 해야 한다. 유의사항에서 경제의 본질에 대해 생각해 볼 것을 요구한 것도 이러한 맥락에서이다.

인간이 경제 행위를 하는 목적은 경제 발전 및 생산력 향상 자체가 아닐 것이다. 경제란 인간을 위해 존재할 때에만 의미 있는 것이라는 점을 고려한다면 인간의 삶을 피폐화하고 인간을 소외시키는 경제 행위는 무의미하리라는 판단이 자연스럽게 이어지게 된다. 따라서 인간이 추구하여야 할 바람직한 경제 사회는 물질적 풍요와 번영을 제1의 목적으로 하는 사회가 아니라 인간 삶의 질 향상을 제1의 목적으로 하는 사회라는 요지의 논의가 전개되는 것이 자연스럽다.

③ 바람직한 경제 사회를 이루기 위해 추구해야 할 인간관의 문제로 논의를 초점화 한다.

논제에 충실하게 논의를 마무리 짓기 위해서는 본질적으로 경제라는 것이 인간과 어떤 관계에 놓여 있는 것인지를 다시 한번 강조할 필요가 있다. 앞서 언급하였듯이 경제란 인간을 위해 존재할 때만 의미가 있는 것인데도 불구하고, 발전 일변도의 경제 논리나 생산성 향상의 논리는 인간의 자율성과 주체적 생명력을 도외시한 채 물질적 부를 확대하는 데만 급급했기 때문에 필연적으로 인간을 소외시키고 수단화하게 되었음을 분명히 하여야 한다. 경제에 대한 이와 같은 관점이 갖는 한계는, 그러므로 궁극적으로는 그 패러다임이 갖는 인간관의 한계라고 볼 수 있다.

따라서 중요한 것은 인간을 배제한 양적 풍요가 아니라 인간을 경제 활동의 주체이자 목적으로 하고 영위되는 경제 활동이라는 점이 강조되어야 한다. '작은 풍요'라는 제시문 (나)의 제목 역시 이와 같은 인간 이해의 연장선상에서 의미 있게 이해될 수 있다. 경제 활동의 결과로 얻을 수 있는 물질적 풍요의 규모는 다소 작아지더라도 인간의 행복과 삶의 자율성의 규모는 확대되는 사회야말로 바람직한 경제 사회이자 바람직한 사회의 모습일 것이라는 점이 그 제목에 내포되어 있음을 파악했다면 논의를 마무리하는 데 큰 어려움이 없을 것으로 보인다.

논술 답안에 포함되어야 할 논제는 사실상 두 가지다. 그 하나는 경제 발전 및 생산력 향상이라는 문제에 대해 두 제시문이 취하고 있는 관점과 입장을 구체적으로 분석하는 것이고, 다른 하나는 이를 바탕으로 하여 바람직한 경제 사회를 이루기 위해 요구되는 인간관이 무엇일지를 논하는 것이다. 여기서 중요한 것은 두 논제 사이의 연결 고리를 마련하는 일이다. 그런데 제시문 분석을 충실히 해 보면, 경제적 측면에서 현대 사회가 어떤 지향을 가지고 있었는지, 그리고 그와 같은 지향의 결과 어떤 문제가 초래되었는지가 초점화될 수 있을 것이다. 또한 그러한 초점화의 결과는 자연스럽게 바람직한 경제 사회의 상에 대한 논의로 이어지게 될 것이다.

이 과정에서 유의해야 할 것은 인간에 대한 관점의 문제를 비판의 핵심에 놓아야 한다는 점이다. 현대 사회에서 경제를 바라보는 관점이 어떤 인간관과 맞물려 있는지를 직시하고 이를 중심으로 그 관점에 대한 비판을 초점화하면, 바람직한 경제 사회를 이루기 위해 요구되는 인간관의 문제로 논의가 자연스럽게 진행될 수 있기 때문이다.

✪ 주제문 작성

현대의 바람직한 경제 사회는 인간의 삶 자체에 발전에 기여하는 모델로 인간 중심의 경제 체제를 이루어야 한다.

✪ 주제어: 경제 문제, 생태계, 인간 소외, 행복, 인간관, 인간 중심 경제

✪ 개요 작성(1,600자)

서론(200자) : 현대 사회에서 경제가 문제가 되는 이유.

본론(1,100자) : 1. 경제 문제가 초래한 인간의 위기.

　　　　　　 ―제시문 (나) : 고용의 위기, 생태계의 위기.

　　　　　　 ―제시문 (가) : 생태계의 위기, 인간 소외.

　　　　　 2. 경제의 본질―인간 행복에의 기여.

　　　　　 3. 바람직한 경제 사회를 이루기 위해 요구되는 인간관.

결론(300자) : 삶 자체의 발전에 기여하는 인간 중심의 경제.

✪ 예시 답안

현대 사회에서 경제는 발전과 생산력 향상을 최우선의 가치로 삼는 영역이 되었다. 최소의 비용으로 최대의 생산을 이루고자 하는 효용 극대화의 원리가 그 어떤 가치에도 우선하는 절대적인 가치가 된 것이다. 그로 인해 경제 발전의 과정이 인간을 행복하고 풍요롭게 만드는 과정이 아니라, 인간을 건강한 경제 생활로부터 소외시키고 인간 세계를 훼손시키는 과정이 되었다.(201자)

제시문 (가)와 (나)는 이와 같은 현실에 대한 비판적인 관점을 잘 보여주고 있다. 특히 제시문 (나)는 현대 자본주의 경제 시스템을 '노동 사회'라는 말로 요약하면서, 현대의 노동 사회가 처한 두 가지 위기를 제시함으로써 비판을 구체화하였다. 생산력의 발전을 통해 인간을 행복하게 만들어 보겠다는 경제의 패러다임이 오히려 인간을 일터로부터 쫓아내는 결과를 초래하였을 뿐 아니라, 인간과 자연을 병들게 하였다는 것이 그 비판의 핵심이다. 다시 말해 현대의 '고용 위기'와 '생태계 위기'가 사실은 경제 발전 패러다임에서 비롯되었다는 것이다.(302자)

제시문 (가)의 시 역시 이와 유사한 관점을 취하고 있다. 이 시는 일차적으로 경제 개발의 과정에서 자리를 잃고 '가슴에 금이 간' 비둘기의 모습을 통해 제시문 (나)에서 비판하고 있는 것과 마찬가지로 경제 발전의 패러다임이 초래한 생태계 파괴의 문제를 비판적으로 형상화하고 있다. 또한 그 이면에서는 비둘기로 상징되는, 경제 개발의 과정에서 삶의 터전과 인간 본연의 가치까지도 상실해버린 소외된 인간의 모습을 떠올리게 함으로써 세상의 참다운 의미와 가치가 무엇인가를 다시금 생각하게 하기도 한다.(278자)

경제란 가만히 따지고 보면 '먹고 사는 것'의 문제이다. 그렇다면 과연 잘 먹고 잘 산다는 것은 어떤 의미일까. 그것은 결코 물질적 욕망을 무한정으로 추구하는 것은 아닐 것이다. 제시문에서 문제 삼고 있는 발전 일변도의 경제 논리나 생산성 향상의 논리는 바로 이와 같은 무한정한 욕망 추구의 연장선상에 놓여 있는 것이라 할 수 있다. 그러한 욕망 추구의 과정에서 인간은 잘 먹고 잘 살게 되었다기보다는 오히려 스스로 소외되거나 타인의 삶과 생태계까지도 훼손하는 결과를 초래하였다. 그러나 진정으로 잘 먹고 잘 사는 것은 아마도 이웃이나 자연과 더불어 정겹고, 건강하게, 그리고 여유롭게 사는 것일 터이다.(339자)

그러므로 경제라는 삶의 영역이 이처럼 참다운 의미에서 인간의 행복에 기여하는 영역이 되기 위해서는 놓치지 말아야 할 원칙이 있다. 그것은 바로 경제 활동이 물질적 부의 생산이 아니라 인간 자체를 위해 영위되어야 한다는 점이다. 다시 말해 인간이 경제 활동의 수단이 아니라 목적이 될 때 그 상태를 바람직한 경제 사회의 모습이라고 할 수 있는 것이다.(197자)

이러한 인간관이 바탕이 될 때 경제는 인간을 위한 영역으로 존재하게 되며, 인간이 경제 활동을 하는 구체적 모습인 노동 역시 인간이 사신의 삶의 문제를 해결하기 위해 자율적으로 사회 및 자연과 교류하는 본연의 주체적 모습을 되찾게 될 것이다. 인간이 경제 활동의 주체이자 목적이 될 때에만, 인간이 가진 주체적 생명력, 창의성과 자율성, 삶의 활력 등이 발현될 수 있으며, 그것이야말로 사회의 진정한 발전과 삶의 질 향상을 위한 근본적 동력이 될 것이기 때문이다.(261자)

(총1,585자)

✪ 강평

이 답안에서는 문제가 요구하는 두 가지 논점을 자연스럽게 연결하여 논의를 선개한 섬이 돋보인다. 논의의 심노와 수순은 다 다르겠지만, 적어도 많은 학생들이 제시문을 분석하는 데는 커다란 어려움이 없었을 것이라 생각된다. 두 제시문이 관점을 공유하는 지점이 논제 자체에 명시되어 있기 때문이다. 그리고 이 글은 경제가 인간에게 어떤 의미를 가져야 하는지를 중심으로 경제의 본질을 따져 들어갔기 때문에, 인간의 문제를 어떻게 고려하고 이해해야 하는지에 대한 논의를 무리 없이 펼쳐갈 수 있었던 것으로 보인다.

그러나 제시문 (나)에서 거론한 '고용 위기'라는 문제가 제시문 (가)에서 분석된 '인간 소외'의 문제와 어떤 관련을 갖는지를 명징하게 논리화하지 못했다는 점에서 다소 아쉬움이 남는다. 그밖에도 서론—본론—결론의 진행 과정에서 다소간의 동어반복으로 논의가 늘어지는 인상을 준다는 점과 '것이다'라는 표현을 지나치게 많이 사용한 점 등 몇 가지 아쉬운 점이 눈에 띈다. 1600자의 논술은 논의를 심도 있게 펼치기에는 그리 길지 않은 분량이라는 점을 염두에 두고, 퇴고 시에 논의가 충분히 전개되고 있는지, 불필요하게 같은 논의를 하고 있지는 않은지, 그리고 표현상의 군더더기는 없는지 등을 중점적으로 살펴보도록 하자.

개념 심화 1

경제(經濟, economy)

1. 경제의 어원

'가정 관리, 가정 경영'이라는 그리스어 oikonomia가 라틴어로 유입되어 oeconomia로 쓰였고 이것이 1530년경 economy라는 형태로 영어에 도입된다. oikonomia를 분석해 보면 '집'을 뜻하는 oikos에 '관리, 경영'을 뜻하는 nomos가 붙어서 만들어진 '집사'를 뜻하는 oikonomos로부터 파생된 말이다. 1651년부터 political economy(정치경제)라 해서 '가정'에서 '국가' 단위로 확장하여 '한 국가의 자원 관리'라는 의미가 생겼다. 이것이 현재의 'economy'라는 말의 첫 번째 쓰임이 된다.

경제(經濟)는 경세제민(經世濟民) 즉, '세상을 경륜하고 인민을 구제한다'에서 나온 말로 일본에서 economy를 번역할 때 중국의 고문헌을 참고해 만들어낸 말이다.

세상을 다스리고 백성을 다스린다는 뜻으로 『장자(莊子)』의 제물론(齊物論)편에서 처음으로 찾아 볼 수 있는 말이다. 세상을 다스린다는 것은 정치를 의미하며 경국 또는 제민과 거의 같은 말이다. 경세제민을 줄여서 경제라고도 한다. 한국에서의 경제라는 말은 이것에서 비롯하나 현재 경제가 의미하는 것과는 차이가 있다.

2. 경제의 개념

의식주 등 물재(物財)의 생산·유통·소비에 관련되는 인간관계의 전체. 사람은 생활해 나가는 데 있어서 여러 가지 욕망을 만족시켜야만 하는데 그 욕망을 만족시키기 위해서 요구되는 외계의 물자 또는 타인의 활동을 재화(財貨) 및 용역(用役)이라 하고, 재화 및 용역에 대한 요구충족, 즉 재화 또는 용역을 지배하는 것을 소비라고 한다. 그러나 재화 및 용역은 언제나 사람의 요구를 곧 만족시켜 줄 수 있는 완성재의 형태로 존재하는 것이 아니고 대개는 재료로서만 존재한다. 그러므로 이러한 재료를 적당히 결합하여 재화 및 용역을 만들어내야 하는데, 재화를 만들기 위한 재료를 자원(資源)이라 하고 자원을 결합 또는 배분함으로써 재화를 산출하는 것을 생산이라고 한다. 이와 같은 재화 및 용역의 소비와 생산에 관한 활동이 경제생활이며, 경제생활에서 요구대상이 되는 재화 및 자원은 대개가 부족한 상태에 있는 데 반해 재화 및 용역에 대한 요구는 무한하다. 따라서 요구와 재화 간에는 언제나 긴장된 상태 또는 모순된 상태가 존재하게 되며, 인간생활을 원활히 하기 위해서 이러한 모순을 끊임없이 극복 또는 완화해야 한다. 여기에서 요구와 재화, 요구와 자원 간에 합리적인 선택을 하게 되고 그 결과로 질서가 이루어진다. 질서라는 것은 목적달성을 위한 여러 수단이 조화를 이루는 것을 말하며 경제생활에 있어서의 질서는 재화 및 용역에 대한 요구충족을 위하여 필요한 소비 및 생산 활동의 질서를 뜻한다. 미국의 경제학자 P.A.새뮤얼슨은 어떠한 사회든 반드시 다음과 같은 기본적 경제문제, 즉 ① 무슨 재화를 얼마나 생산할 것인가 ② 어떠한 재화를 어떻게 생산할 것인가 ③ 누구를 위하여 생산할 것인가 등을 해결해야 한다고 했다. ①, ②는 생산에 관한 문제이고 ③은 소비에 관한 문제이다. 한사회의 성원(成員)이 생명의 유지, 생활의 영위를 위해서는 이상의 세 가지 문제를 그 사회가 해결함으로써 그 사회내의 성원의 소비와 생산을 보장해 줄 수 있는 것이다. 이상과 같은 기본적 경제문제의 해결이라고 할 수 있는 사회의 경제생활은 동일한 문제의 해결이면서도 시대와 국가에 따라서 반드시 동일하지는 않다.

3. 경제학의 종류

경제학의 정의는 경제학의 계보(系譜)에 따라 달리할 수 있겠지만, 인간의 욕망을 충족시키기 위한 수단이 항상 제한되어 있다는 사실(자원의 희소성)에 직면하여, 그 제한된 수단을 가장 유효하게 활용하고자 선택을 하는 과정에서 인적 및 물적 자원이 어떻게 배분되고 소득이 어떻게 처리되는가를 관찰함으로써 이들에 관한 일반적인 법칙을 구명하며, 그 자원의 배분 과정에서 야기되는 경제적·사회적 문제를 적절히 해결할 수 있는 방법을 찾아내고자 하는 학문이라고 할 수 있다.

경제학에는 경제현상의 연구목적과 방법에 따라 실증경제학(實證經濟學, positive economics)과 규범경제학(規範經濟學, normative economics)의 두 가지 측면이 있다.

실증경제학은 현실의 경제사회에 존재하는 경제법칙의 구명을 목적으로 경제현상을 사실(what is) 그대로 기술하고 분석한 결과로 얻은 일련의 체계적 지식이다. 즉, 실증경제학이란 현실 경제사회의 여러 경제변수(예: 재화의 가격·수요량·공급량과 같은 미시변수와 물가수준·고용·국민소득과 같은 거시변수) 사이에 존재하는 함수관계를 발견하고 그 성질을 구명하는 것을 내용으로 한다.

흔히 경제학 또는 경제이론이라고 할 때는 이 실증경제학을 가리킨다. 한편, 규범경제학은 마땅히 있어야 할 경제상태(What ought to be)가 무엇인가에 대한 판단을 내리는 기준에 관한 이론으로, 가치판단을 하는 것을 전제로 한다. 그런데 경제학자나 다른 사회과학자들은 그들의 연구과정에서 가치판단을 해서는 안 된다는 의견이 지배적이다.

그러나 경제학을 연구하는 목적이, 첫째, 어떤 경제현상에 대한 진상을 구명하여 그것에 대한 정확한 지식을 가지고자 하는 것이고, 둘째, 적극적으로 경제사회의 모순을 제거하고 사회를 옳은 방향으로 유도하자는 실천적 동기(實踐的 動機)에 있다고 한다면, 당연히 그 사회의 통념과 양식에 비추어 가치판단을 해야 할 것이나. 다만, 이 가치판단은 확고한 실증적 연구와 결론에 입각해 있어야 한다는 것이며 경제학은 이와 같은 실천적 측면을 가지고 있는 것이다.

경제학은 경제현상의 인식 방법의 차이에 따라, 이론경제학·경제사(經濟史)·경제정책의 셋으로 전통적으로 나누어 왔다. ① 이론경제학(theoretical economics) : 경제현상에 적용되는 원리를 그 인과관계에 의하여 관찰하고 거기에 작용되는 공통적인 법칙성을 밝히는 것, ② 경제사(economic history) : 경제현상에 대한 인과관계를 역사적인 특수성에 의하여 파악하려는 것, ③ 경제정책(economic policy) : 장래에 있어서 형성되어야 할 경제현상을 대상으로 하는 것으로서, 당위(Sollen)의 문제, 즉 가치판단이 개입되게 된다. 경제정책의 학문적 대상과 방법론에 대해서는 많은 논의가 있다.

보통 경제학이라고 하는 경우는 흔히 이론경제학을 말하며, 다시 그 대상을 기준으로 경제현상의 일반적인 문제를 다루는 경제학원리(principle of economics)와 경제생활의 주체에 따른 정부의 경제행동에 관한 재정학(財政學), 기업의 활동에 관한 경영학(經營學·經營經濟學), 가계의 행동에 관한 가정학(家政學), 국제경제를 대상으로 하는 국제경제학(國際經濟學) 등으로 분류된다.

현대 경제학은 연구대상의 범위와 방법에 따라 미시경제학(微視經濟學, micro-economics)과 거시경제학(巨視經濟學, macro-economics), 또는 가격론적 경제학과 소득론적 경제학으로 크게 구별된다.

4. 경제학의 역사

경제학은 보통 이론·역사·정책의 세 부문으로 분류되지만 경제학설사가 다루는 것은 경제이론의 역사이다. 그러나 사회과학으로서의 경제학은 이론과 역사 사이, 그리고 이론과 정책 사이에 불가분의 연관성이 있으므로, 경제학설사의 연구는 경제사 및 경제정책과의 관련 속에서 고찰하지 않으면 안 된다. 경제학설사의 내용을 이루는 주요학파의 계보를 약술하면 다음과 같다. 경제사상이 종교·철학·윤리사상의 하위체계(下位體系)로 취급되던 서양의 고대·중세 및 19세기까지의 동양사회에서는 독립체계로서의 경제학설이 성립되기 이전이었으므로 좁은 의미의 경제학설사에서는 다루지 않는다.

초기자본주의의 원시축적기(原始蓄積期)에 전개되던 중상주의(重商主義)의 학설은 17～18세기에 걸쳐 전개된 학설이며, 18세기 중기에 프랑스의 F.케네가 제창한 중농주의(重農主義)의 학설은 그의 저서 『경제표(經濟表)』가 중심이 되어 있다. 18세기 후반부터 약 100년 동안 주로 영국을 무대로 전개된 고전파경제학은 시민사회 성립과 산업혁명을 시대적 배경으로 하여 전개된 학파로, 이를 고전파 또는 정통파(正統派)라고 하는 까닭은 경제학이 이들에 의해서 비로소 자율적이고 통일적인 이론체계로서 확립되었으며, 이기간 동안 이 학파는 비단 영국뿐만 아니라 세계의 경제학계에 지배적 영향을 끼쳐 왔기 때문이다. 이 학파의 대표적 학자로는 A.스미스, D.리카도, T.R.맬서스, J.S.밀 등을 들 수 있고, 이들은 생산비가치론·노동가치론·가격론·분배론·임금기금설·자본축적론 등의 거시적·동태적 이론체계로써 당시의 경제정책에도 지대한 영향을 끼쳤음은 물론이다. 그 중에서도 특히 스미스의 '보이지 않는 손(invisible hand)'은 공익(公益)과 사익(私益)의 예정조화설(豫定調和說)과 작은 정부론(small government)을 내용으로 하는 경제적 자유방임주의(自由放任主義)의 시초가 되었다. K.마르크스도 리카도의 노동가치설을 계승했다는 점에서는 넓은 의미의 고전파에 속한다고 볼 수 있다.

19세기 중엽부터 현실경제의 움직임에 대한 고전파 이론의 설명력이 약화되자, 정통이론에 대한 비판경제학의 조류가 나타났다. 몇 부류의 학파가 탄생되었는데, 이들에게 공통적인 것은 정통이론이 경제현상을 가격기구(價格機構)에 바탕을 두고 설명하려는 데 반해서, 이들은 모두 이를 비판하고 있다는 점이다. 가령 독일에서 F.리스트 이래 W.로셔, B.힐데브란트, K.G.크니스 등으로 이어져온 역사학파에서는 가격기구 대신 민족의 역사적 단계 또는 국가에 바탕을 두어 경제학을 확립해야 한다는 입장을 내세우게 되었으며, 마르크스 학파에서는 계급관계에 모든 경제현상의 설명원리를 뿌리박고자 하였고, 좀 뒤늦게 19세기 말 미국에서 탄생된 제도학파(制度學派)는 진화하는 제도와 그 배경으로서의 사회심리학적 요인들에 입각해서 경제학을 재구성할 것을 주장하였다.

이와 같이 가격기구에 신뢰를 두지 않는 비판경제학이나 비주류의 경제학파들은 19세기 말을 거쳐 오늘날까지 이어오는 것도 있다. 예를 들면, 역사학파는 19세기 말 A.바그너, G.슈몰러, L.브렌타노 등 후기 역사학파(신역사학파)로서 그 역할이 끝났지만, 마르크스 학파는 K.카우츠키, R.힐퍼딩, R.룩셈부르크, E.베른슈타인 등의 독일어권 내의 각 파가 마르크스의 계승자임을 자처하며 논쟁을 벌이던 중 러시아의 레닌이 사회주의혁명으로 정권을 장악하고 정통 마르크스주의를 내세워, 여타의 모든 마르크스주의는 수정주의(修正主義)나 이단으로 몰아세웠다. 따라서, 마르크스 경제학을 하나의 학설로서 과학적·객관적으로 비판하는 학문적 연구대상이 아니라, 정권을 장악하는 이데올로기 또는 특정 정당의 선전활동의 도구로 전락시키고 말았다. 오늘날 사회주의권 내에서 독자적 경제이론이 발달하지 못하게 된 것도 이 같은 경향과 관계가 있는 것이다. 다음으로

T.B.베블런이 창시한 미국의 제도학파는 J.R.커먼스, W.C.미첼, J.M.클라크 등의 초기단계에서 아이레스, J.K.갤브레이스, K.G.뮈르달 등의 신제도학파에 이르기까지 현대에서도 활기 있는 비판경제학의 한 계류(系流)를 이루고 있다.

이상과 같이 비주류의 각 학파가 고전파 몰락 이후 전개되어 왔지만, 이들이 경제학의 주류를 이루지는 못하였다. 가격기구의 역할을 새로운 가치인 효용가치론(效用價値論)에 입각하여 경제학의 정통성을 재확립한 것이 신고전파(新古典派) 경제학이다. 1870년대 W.S.제번스가 창시하고 A.마셜이 완성하였다고 볼 수 있는 영국의 케임브리지학파(신고전학파), 같은 시기에 M.E.L발라가 창시하여 V.F.D.파레토, E.바로네 등으로 이어져 온 로잔학파, 그리고 C.멩거를 시조(始祖)로 E.뵘바베르크, F.비저 등으로 계승된 오스트리아학파가 오늘날 신고전파 경제학의 골격을 형성한 한계주의(限界主義) 경제학을 생성·발전시킨 주역들이다. 그런데 수리적인 분석방법에 의한 미시이론(微視理論)이 1930년대 대공황에 대한 설명력 상실로 인해 나온 것이 케인스혁명이며, 이로써 거시경제학(巨視經濟學)의 시대가 열리게 되었다. 그러나 J.R.힉스와 P.A.새뮤얼슨에 의해 케인스경제학은 이론적으로는 발라의 일반균형 이론체계(一般均衡理論體系) 속에 통합된 형태로 이해됨으로써 현대경제이론을 여전히 신고전파경제학이라고 통칭하게 된 것이다.

현대경제학의 이와 같은 주류에 대해서 케인스혁명을 정치경제적으로 재해석해야 한다는 케임브리지학파의 J.V.로빈슨과 케인스적(的) 재정정책을 불신하는 시카고학파의 M.프리드먼, 그리고 주관가치이론을 재인식하고 균형이론적 결정론을 불신하는 신(新)오스트리아학파의 F.A.하이에크 등의 도전에 현대의 신고전파 경제학이 어떻게 대처할 것인지의 무거운 짐을 짊어지고 있다.

5. 경제체제

통일기준을 어디에 두는가에 따라 여러 가지 경제체제로 구별한다.

그 중 W.좀바르트가 '근대 자본주의'의 연구에서 사용한 경제의 유형개념(類型槪念)을 가리킨다. 좀바르트는 경제체제를 구성하는 경제질서·경제의식·기술의 3요인이 갖가지로 조합되어 여러 가지 경제체제의 유형이 생기는 것이라 생각하고, 인류의 역사를 크게 전(前)자본주의적 경제체제·자본주의적 경제체제·사회주의적 경제체제 등으로 구분하였다.

① 전통적 경제체제
전통적인 관습이나 신념에 따라 경제 문제를 해결했으며 자원 개발이나 기술 발전이 제한적이었다.

② 자본주의 경제
경제생활은 원시사회·고대사회·봉건사회를 거쳐 근대사회의 경제생활로 발전해왔다. 18세기에 영국에서 발생한 산업혁명의 결과로 새로 발생하게 된 근대사회의 경제를 자본주의 경제라고 하는데, 화폐경제 또는 상품경제라고 할 수 있다. 자본주의 경제는 산업혁명의 결과 기계의 이용에 의한 대량생산이 가능해졌으며, 이로 인해 자급자족을 위한 생산이 아닌, 상품으로서 팔기 위한 생산이 행해지게 되었다. 따라서 교환이 빈번해졌고 이에 따라 일반적 교환수단이 화폐를 사용하는 매매의 형태를 취하게 되어 화폐 사용이 일반화되었다. 자본주의 경제에서는 자본과 노동이 분리되어 자본이 노동을 지배하게 되었다. 공장에서 대량생산이 행해짐에 따라 몰락한 종래의 수공업자와 상품경제의 발달 및 토지의 상실로 빈곤해진 농민들이 공장노동자로 바뀌어 갔다. 이에 따라 근대적 생산설비를 소유하는 소수의 자본가와 노동을 유일한 생산수단으로 하는 노동자가 발생하게 되었고, 생산수단을 가진 자본가가 노동자를 지배하게 되었다. 이러한 자본과 노동의 분리는 또 필연적으로 생산자와 소비자의 분리를 초래하였다. 자본주의의 또 하나의 주요한 특질은 개인의 경제활동의 자유가 인정된다는 점이다. 즉 개인의 경제활동에 대해서 정부는 일절 간섭을 하지 않는다. 개인은 자신의 이익을 최대화하기 위하여 자기 책임 하에 생산 및 소비를 행하므로 여기서는 사유재산이 인정되고 보장된다. 그리고 직업 선택의 자유가 인정되어 있으므로 노동자의 고용에 있어서는 고용주와 노동자가 평등한 지위에서 계약을 맺을 수 있도록 법률에 의하여 <계약자유의 원칙>이 규정되어 있다. 또 소비에 있어서는 요구의 표현과 이 요구를 충족시켜 줄 수 있는 재화의 선택을 정부의 간섭을 받지 않고 소비자 자신이 할 수 있는 권리, 즉 <소비자주권>이 인정된다. 이상과 같은 특징을 가진 근대 자본주의 경제는 생산수준과 소비수준을 끌어올렸지만 다음과 같은 폐해도 가져왔다. ① 자본가계급과 노동자계급간에는 불공정한 분배가 행해져서 빈부의 차가 격심해졌고 여기서 노동문제가 빈번히 발생하게 되었다. 생산과잉으로 침체·공황을 일으켜 파산하는 기업이 속출하고 이에 따라 실업자가 증대하는 혼란이 일어나게 되었다. ③ 거대한 자본이 집중되어 각 산업 부문에 독점이 성립되었다. 일단 독점이 성립되면 그것은 독점자로 하여금 독점이윤을 획득하게 할 뿐 아니라 생산제한으로 실업자를 배출하고 또 가격의 인상으로 소비대중을 압박한다. 이러한 자본주의의 내재적 모순을 극복하기 위한 노력의 하나는 자본주의의 테두리 안에서 생산수단의 사유를 인정하고 개인의 창의와 자유를 살려나가는 한편 중요한 산업·금융에 대해서 정부가 통제를 가하고 노사관계를 정부가 조정해 나가는 이른바 <수정자본주의>이고, 또 하나는 자본주의의 테두리를 벗어나 생산수단을 공유하여 노사간의 대립을 해소하고 정부의 계획적인 경제활동에 의하여 소비와 생산의 수준을 향상시키려는 이른바 <사회주의 경제>이다. 세계의 경제는 크게 이 사회주의 경제와 자본주의 경제로 나누어진다.

다음은 시장 경제체제의 발전을 대략적으로 나타낸 것이다.

① 상업자본주의(13~14C) : 절대 왕정 체제의 중상주의 하에서 상업자본의 성장, 화폐 경제의 발달, 보호 무역주의 체제 인클로저운동 전개, 공장제 수공업 및 선대제 발달.

② 산업 자본주의(18C~) 산업혁명 : 증기 기관 및 방직기의 발명, 생산량의 비약적 증가, 공장제 기계 공업 발달, 자유방임주의 체제 발달 - 정부의 역할은 치안 유지에 한정, 개인과 기업의 자유로운 경제 활동을 중시 - 순수 시장 경제 체제, 작은 정부, 야경국가, 소극적 국가 성립.

③ 독점 자본주의(19C 중엽~) : 기술 혁신으로 인한 생산력 증대와 과잉 생산으로 기업간 경쟁의 격화 - 도산하는 기업을 흡수 합병시킨 독과점 기업 등장.

　　빈부격차 심화, 노동자 계급과 자본가 계급의 본격적 대립, 식민지 개척을 도모하는 제국주의적 침략 등장.

④ 수정 자본주의(1930년대~) 세계 대공황 : 독점 자본에 의해 과잉 공급과 유효

수요 부족 – 풍요 속의 빈곤 발생.

　미국은 뉴딜 정책을 채택하여 정부의 적극적인 시장 개입을 통해 위기를 극복. 큰 정부, 복지국가, 적극적 국가, 행정국가, 혼합경제체제, 수정(복지)자본주의 등장.

⑤ 신 자유주의(1970년대 후반～) : 1970년대 석유 파동으로 스태그플레이션 발생 – 정부 역할에 대한 한계 인식 영국병(복지병, 선진국병) 현상 발생 – 무분별한 복지 정책의 부작용에 대한 문제 인식, 정부 실패현상의 해결을 위해 다시금 정부의 역할을 축소하려는 움직임 등장.

6. 사회주의 경제

　사회주의 경제가 처음 모습을 나타낸 것은 1917년 10월의 러시아혁명 이후 N. 레닌이 지도하는 노농정권이 탄생하면서부터이다. 그 후 제2차 세계대전이 끝난 뒤 동유럽과 아시아의 국가들이 사회주의의 길을 가게 되면서 사회주의 경제가 형성되기 시작하였다. 사회주의 경제는 생산의 수단, 즉 토지·삼림·수리·지하 매장물·원료·생산용구·생산용건물·교통통신기관 등이 자본주의에서와 같이 개인의 사적 재산이 되지 않고 사회 성원 전체의 소유가 되는 것을 그 특징으로 한다. 사회주의 경제는 생산수단과 노동력의 계획적인 배분과 이용을 통해 운용되는 이른바 계획경제이다. 거기서는 자유경제가 인정되지 않는다. 동시에 사회주의 경제는 공산주의 경제와도 구별된다. 1952년 I.V.스탈린은 소련의 사회주의는 생산력의 미발달로 말미암아 콜호스적·협동조합적 소유형태가 고유 형태와 병존하고 또한 노동자의 교양이나 생활수준이 낮기 때문에 사회주의에서 공산주의로 이행하려면 이러한 문제들이 해결될 필요가 있다고 지적함으로써 사회주의와 공산주의를 구별하였다. 소련의 사회주의적 경제발전의 시기는 역사적으로 다음과 같이 나눌 수 있다. ① 10월 러시아혁명기(1917～18), ② 외국의 무력간섭과 국내 전쟁기(1918～20), ③ 국민경제부흥기(1921～25), ④ 공업화의 시기(1926～29), ⑤ 농업집단화의 시기(1930～34), ⑥ 사회주의사회건설의 완성기(1935～37)가 그것이다. 그러나 1960년대에 들어와 소련·동유럽의 경제발전 속도는 둔화되었고 따라서 그때까지의 외연적·물량적 발전에서 집약적·질적 발전으로의 정책전환이 불가피해졌다. 종래 각국의 경제계획·관리제도는 1930년대 소련의 방식을 답습한 것으로 그것은 물동적(物動的)·중앙집권적 계획기구에 의한 것이었다. 생산력이 일정한 단계에 이르면 농촌의 혼재적 노동력이 차례로 고갈되게 되고 설비투자가 대규모화함에 따라 노동생산성이나 투자효율이 큰 관심사가 되었다. 또한 계획화이론이나 기술이 컴퓨터의 발달에 따라서 비약적으로 발전하여 소련과 동유럽제국에서는 경제관리를 보다 더 분권화하고 기업단위로 재정상의 상대적 자립성을 강화하는 방식, 말하자면 행정지도방식에서 경제적 자극을 보다 더 중시하는 방식으로 전환하게 되었다. 소련·동유럽제국(알바니아 제외)은 모두 1965~1968년에 전면적으로 이 개혁을 도입하였다. 한편 중국은 소련의 평화공존정책이 민족해방을 위한 투쟁을 억압하는 결과를 가져온다는 이유에서 이에 반대하고, 또한 소련의 대국주의적 태도에 대한 반발도 겹쳐서 소련과의 대립이 점점 심화되었다. 이 과정에서 사회주의 경제의 과도적 성격에 관한 문제, 공업과 농업의 균형문제, 공산주의로의 점차적 이행에 관한 경제정책 등 격한 논쟁이 진행되었다.

개념 심화 2

자본주의(資本主義, capitalism)

현재 서유럽과 미국, 대한민국을 비롯한 많은 나라의 국민들은 '자본주의체제'라는 경제체제 아래서 경제생활을 영위하고 있다. 이와 같은 체제가 발생한 것은 인류의 유구한 역사에서 볼 때 비교적 오래지 않은 일이다.

이 경제체제는 16세기 무렵부터 점차로 봉건제도 속에서 싹트기 시작하였는데, 18세기 중엽부터 영국과 프랑스 등을 중심으로 점차 발달하여 산업혁명에 의해서 확립되었으며, 19세기에 들어와 독일과 미국 등으로 파급되었다. '자본주의'라는 말은 처음에 사회주의자가 쓰기 시작하여 점차 보급된 용어인데, 자본주의란 무엇인가에 대하여는 명확한 정의가 있는 것은 아니다.

자본주의란 말은 사람에 따라 여러 가지 뜻으로 쓰이고 있다. 예를 들면 이윤획득을 위한 상품생산이라는 정도의 뜻으로도, 단순히 화폐경제와 동의어로도 쓰이며(이 경우 부분적으로는 고대와 중세에도 자본주의가 존재하였다고 가정), 사회주의적 계획경제에 대하여 사유재산제에 바탕을 둔 자유주의 경제라는 뜻으로 쓰이는 경우도 있다.

K.마르크스는 자본주의의 특징을 '이윤획득을 목적으로 상품생산이 이루어진다는 점, 노동력이 상품화된다는 점, 생산이 무계획적으로 이루어진다는 점' 등으로 보았다. W.좀바르트[33]는 자본주의체제란 '서로 다른 두 인구군, 즉 지배권을 가지며 동시에 경제주체인 생산수단의 소유자와, 생산수단을 소유하지 않은 노동자가 시장에서 결합되어 함께 활동하는, 그리고 영리주의와 경제적 합리주의에 의해서 지배되는 하나의 유통경제적 조직이다'라고 정의하였다.

M.베버는 근대자본주의는 '직업으로서 합법적 이윤을 조직적·합리적으로 추구하는

---

[33] 좀바르트(Sombart, Werner, 1863.1.19~1941.5.18) : 독일의 경제학자 사회학자.

정신적 태도'라고 정의하였다. 요약하면 자본주의란 상품생산에 의해서 이윤을 획득하려고 하는 정신적 태도를 말하며, 자본주의체제 또는 자본주의 경제란, 이와 같은 태도 하에서 상품생산이 이루어지는 유통경제조직을 말한다.

자본주의의 특징은 ① 사유재산제에 바탕을 두고 있다는 것, ② 모든 재화에 가격이 성립되어 있다는 것, ③ 이윤획득을 목적으로 하여 상품생산이 이루어진다는 것, ④ 노동력이 상품화된다는 것, ⑤ 생산은 전체로서 볼 때 무계획적으로 이루어지고 있다는 것 등을 들 수 있다.

자본주의 경제에서는 모든 재에 각기 가격이 성립되고, 그 가격을 기준으로 하여 재의 생산·교환 및 소비가 이루어진다. 재의 가격이 등귀하면 생산 또는 공급이 증가하고, 소비 또는 수요가 감소한다. 가격이 하락하면 공급은 감소하고 수요는 증가한다. 그러므로 가격은 그 가격에서 수요와 공급이 일치할 수 있는 높이로 결정된다.

이와 같이 자본주의의 경제적 질서는 가격의 성립에 의하여 유지된다. 상품의 가격은 수요와 공급의 관계에 의해서 결정된다는 설이 일반적이지만, 상품생산에 투하된 노동량에 일치 또는 비례한다는 설, 상품의 생산비에 평균이윤을 더한 선에서 안정된다는 설, 상품의 효용에 의해서 결정된다는 설 등이 있다.

국가는 원칙적으로 경제에 간섭하지 않는 자유방임[34](laissez-faire)정책을 취한다. 그런데 가격에 의한 질서에만 의존하게 되면 그 특징적인 경제적 무정부성에 의하여, 생산과 소비와의 모순이 생겨 자본주의 경제 특유의 순환적인 공황[35]이 발생하게 된다. 가난한 사람들의 생활이 더욱 어렵게 되고 실업자가 생기게 된다. 따라서 국가는 여러 방법으로 경제에 통제를 가하게 되었다. 오늘날 자본주의의 경제적 질서는 가격과 국가통제에 의해서 유지된다.

자본주의 경제의 장점은 첫째, 경제활동의 자유가 있다는 점이다. 사람들은 마음대로 직업을 선택하고, 마음대로 생산을 하며, 원하는 것을 소비할 수 있다. 둘째, 이윤획득을 목적으로 자유경쟁이 벌어지기 때문에 사람들은 창조적인 생각을 발휘하여 좋은 상품을

---

34 자유방임(自由放任, noninterference) : 각자의 자유에 맡겨 간섭하지 않음.
35 공황(恐慌, a financial panic) : 자본주의 경제 체제에서, 상품 생산의 과잉, 수요의 저하, 가격의 폭락, 실업의 격증, 기업의 도산 등으로 한때 모든 경제 활동이 혼란에 빠지는 상태.

풍부하게 저렴한 가격으로 생산하게 된다. 이것이 사회에 양질·풍부·저렴한 재를 공급하는 결과가 된다. 이것을 A.스미스[36]는 '보이지 않는 손'에 의해 인도되고 있는 것이라고 하였다. 반면 자본주의 경제의 단점은 첫째, 빈부의 차가 크다는 점이다. 하지만 최근에는 노동조합의 힘이 강화되고, 국가에 의한 소득재분배정책도 추진되기에 이르러, 분배의 불평등이 꼭 커지는 것만은 아니다. 둘째, 생산이 자유경쟁을 바탕으로 영위되기 때문에, 전체로서는 무계획적이 되어 공황이나 실업이 발생할 수 있는 경향이 있다. 자본주의 사회는 붕괴되고 사회주의 사회가 도래한다고 생각하는 사람도 있다. 마르크스는 자본주의 사회에 있어서 필연적으로 산업예비군[37]과 공황이 발생하여 노동자계급의 사회주의혁명이 성취된다고 주장하였다. 지금까지도 이 생각을 지지하는 사람이 있기는 하지만, 어느 선진자본주의국에 있어서도 사회주의혁명은 일어나지 않고 있다. 혁명은 오히려 후진국에서 빈발하고 있다. 선진국은 일반적으로 자본주의를 수정하여 복지국가를 지향하고 있다. 한국은 중진국 선두 그룹에 속해 있으며, 선진복지국가에의 길을 걷고 있다.

---

[36] A.스미스(Smith, Adam, 1723.6.5~1790.7.17) : 영국의 경제학자, 철학자.
[37] 산업예비군(産業豫備軍, an industrial reserve army) : 자본주의 사회의 고도화에 따라 생기는 완전 실업자나 반실업자 따위의 과잉 노동 인구.

개념 심화 3

욕망(欲望·慾望, desire)

1. 욕망의 개념

욕망이란 단어를 한자로 풀어보면 欲(하고자할 욕) 또는 慾(욕심 욕)에 望(바랄 망)을 더해 이루어져 있다. 欲(하고자할 욕)을 사용할 때나 慾(욕심 욕)을 사용할 때나 욕망(欲望·慾望)은 무엇을 하거나 가지고자 하는 바람이나 누리고자 탐하는 마음, 부족을 느끼어 이를 채우려고 바라는 마음을 의미한다.

욕망에 대응하는 영어 단어로는 desire를 들 수 있다. desire은 「별(sidus)에서 대망(待望)하다」라는 어원에서 비롯된 말로 몹시 바라고 원한다는 뜻을 가지고 있다.

2. 욕망(欲望·慾望, desire)과 구분되는 욕구(欲求·慾求, demand)·요구(要求, need)

정신분석자 라캉에 의하면 욕망은 욕구나 요구와 구분되는 개념이다.

욕구(demand)란 특정한 대상을 지향하며 그것을 통해 만족을 얻으려 하는 것이다. 욕구는 그 자체로 추구되거나 충족될 수 있는 것이 아니다. '주체'는 그것의 충족을 위해 특정한 것을 요구하게 된다.

요구(need)란 다른 사람에게 욕구를 제시함으로써 정식화된다. 요구는 언어를 통해 이루어지며, 언어를 통해 욕구의 대상을 고정하는 것이다. 그것은 기표를 통해 작용하는 상징적 질서 안에서 이루어진다. 즉 상징적 질서가 요구의 한계인 셈이다. 따라서 욕구가 기표를 통해 요구로 되는 순간, 다시 말해 욕구가 요구에 흡수되는 순간 소외가 발생한다. 말로 되어 나온 요구를 통해서는 향유에 도달하지 못한다. 반대로 말 혹은 요구를 통과하면서 향유는 금지된 것으로 되고, 그것을 계속 추구하려는 한 거세(castration)에 직면하게 된다.

욕구와 요구 사이에는 하나가 될 수 없는 필연적인 갭이 존재하는데, 이러한 <u>욕구와 요구의 일치를 위해 나가고자 하는 에너지</u>가 욕망(desire)이라고 본다. 따라서 욕망은 욕구와 요구의 차로 정의된다. 욕망은 이런 점에서 충족되지 못함이며 결핍(manque)이다. 그것은 결코 충족될 수 없는 것이지만, 동시에 충족시키고자 하는 욕망이기에, 그 결핍을 메우리라 생각되는 대상이 무한히 치환되는 '욕망의 환유연쇄'가 나타난다. 즉, 요구와 욕구의 일치는 불가능한 것이므로 끝없는 욕망의 회로 속으로 미끄러져 가는데, 사르트르는 욕망의 정의를 자신에게 결핍되어 있는 것을 추구하여 결함이 없는 존재가 되고 싶어 하는 정신활동이라고 했다.

3. 욕망의 본성에 대한 두 가지 견해

욕망이란 만족의 원천이라고 상상하고 또 알고 있는 대상에 대한 탐구이다. 그러므로 욕망은 고통을 동반하며, 부족과 결핍의 감정이 따르고 있다. 그럼에도 불구하고 욕망은 자기만족을 거부하는 듯이 보인다. 왜냐하면 한 욕망이 겨우 채워지자마자 다른 욕망이 서둘러서 다시 생겨난다. 그래서 욕망은 욕망된 대상에 대해 다음과 같은 양가감정을 지닌다. 즉 욕망은 만족되기를 원하기도 하고 원하지 않기도 한다. 한 대상에서 다른 대상으로 이전하면서 욕망은 무한정적이고, 잴 수 있는 범위를 넘어서며, 심지어 숙명적으로 근본적인 불만족이다.

다른 방향에서 욕망을 고려할 수 있다. 긍정의 능력으로서 욕망은 인간의 본질 자체일 것이며, 인간 그 자체와 그의 작품의 창조자이다. 욕망은 작용하는 권능으로서 개체로서 인간을 생산하는 능력자로서 뿐만 아니라, 다른 사물(물체)에 대한 발명자이며 그 발명품을 이용하는 사물을 발명하는 능력자이다.

4. 부족(manque)으로서의 욕망-플라톤

만일 욕망이 단순한 필요를 넘쳐난다면, 욕망이란 근원적인 부족으로 진행하는 것일 것이다. 이미 플라톤을 이런 성격을 강조하면서, 『향연(Le Banpue)』에서 어머니 빈곤(Penia)과 아버지 풍요(Poros)의 아들인 에로스(Eros) 탄생의 신화적 이야기를 통하여 욕망의 기원을 묘사하고 있다. 궁핍과 풍요 사이에서 욕망은 탐색 중이며, 지혜의 사랑으로서 철학은 욕망의 진행이다. 그러나 만일 욕망이 근원적 부족이라면, 그것은 신적이고 충만한 세계에 대한 향수를 표현하는 것이다.

현대철학에서 만일 욕망이 부족과 부정성이라면 반대로 욕망이란 인간의 존재가 시간성 속에 투입한 증거라는 것이 된다. 사르트르는 욕망에 특별한 중요성을 부여한다. 왜냐하면 욕망에서 인간의 유한성, 다시 말하면 의식이 시간의 차원으로, 우리가 저 세상으로 지고 갈 초월성으로, 항상 또다시 인도할 다른 장소로의 개방성(열려진 의미)을 갖게 됨을 보았기 때문이다.

5. 긍정과 창조의 권능(puissance)으로서의 욕망
－스피노자, 들뢰즈, 프로이트

욕망이 부정과 부족이라는 전망에서 바라보는 것과 달리, 스피노자는 의심의 여지없이 욕망의 긍정성과 가치를 가장 열렬하게 확정한 학자이다. 이미 좋고 나쁜 욕망이 있을 거란 가정 하에, 욕망을 이미 욕망된(채워진) 사물의 가치에 종속시키는 것으로 생각하는 대신에 스피노자는 반대로 욕망을 가치의 생산자로서 간주한다. 게다가 욕망에 앞서서 존재하는 대상에 의해서 가치가 규정되는 것이 아니라, 욕망은 그 대상을 실행하고 생산하는 것으로 보았다. 이처럼 스피노자는 우리가 어떤 사물이 좋기(선하기) 때문에 욕망하는 것이 아니라, 우리가 그것을 욕망하기 때문에 좋다고 판단했다.

스피노자에 이어 들뢰즈도 욕망의 긍정적 성질을 강조한다. 그는 욕망을 실재성(본성)의 정교하고 근면한 생산자로 본다.

프로이트 역시 우리는 스스로 필요하여 욕망하는 대상보다 욕망이 지원하는 무의식적 환영을 탐색(갈망)한다고 본다. 환영은 금지(통제명령)의 위치에서 생겨나는 부족(결핍)에 뿌리를 내리게 된다. 달리 말하면 금지에 의해 생겨난 부족 때문에 욕망이 생겨난다.

6. 현대사회에서 욕망의 의미

우리는 소비 자본주의 사회에 살고 있다. 소비 자본주의 단계인 탈산업사회는 분화된 영역들 간의 경직된 구획과 벽이 전면적으로 해체되는 탈분화 사회이다. 이러한 소비 자본주의 사회에서는 일상적 삶의 모든 영역에 경제의 논리가 침투하고 있으며, 수요에 부응해서 공급이 이루어지는 것이 아니라 공급이 수요를 창출하는 시대이다. 자본의 욕망이 일상적 삶의 모든 영역에서 우리를 포획하는 '욕망의 시대'라 할 수 있는 것이다. 따라서 소비와 연결되는 욕망을 무한정 추구하도록 하는 현대 사회에서 '욕망'의 의미를 파악하는 것은 중요하다. 우리는 욕망의 긍정적 가치는 인정하되 무분별한 욕망의 추구는 자제하는 합리적인 태도를 갖추어야 한다. 욕망의 시대에 욕망을 부정적인 것으로만 간주하는 교육은 이러한 태도를 갖춘 인간을 만들 수 없다. 반대로 욕망을 방종으로 이어지게 하는 교육 역시 옳지 않다. 그러므로 욕망에 대한 다각적인 교육적 접근과 사회적 인식이 중요할 것이다.

제 3 장

교육 대중화와 민주주의

논술 기법

☺ 제시문 읽을 때의 주의점

모든 학생들은 주어진 제시문을 대할 때 그 글을 가능한 한 빠른 시간 내에 완벽히 소화하여 이해할 수 있기를 바란다. 그러면 주어진 글을 완벽히 소화하고 이해한다는 것은 무슨 뜻일까? 이것은 단어와 문장의 개념을 이해하는 수준만의 것은 아닐 것이다. 글의 이해는 적어도 필자의 글을 쓰고자 하는 의도와(사실은 이것이 가장 중요함), 그것의 표면적 의미와 더불어 그 속에 묻혀 있는 내면적 의미를 터득해 내는 것이 통합되어야 할 것이다. 글을 읽을 때 이런 수준의 고차원적인 이해는 시간을 무시하고 본다면 아마 대부분의 학생들이 가능할 것이다. 그러나 독해력이란 빠른 시간 내에 또는 한 번 읽고서 그 깊은 의미들을 최대한 끌어내는 힘인 것이다. 그리고 적어도 시험은 강력한 독해력을 토대로 자신의 의견을 내세울 수 있는 학생인지 아닌지를 판별해 내는 작업이다.

논술 고사는 주어진 시간 내에 완성된 글을 지시에 따라 전개해야 한다는 긴장 속에서 제시문을 읽어야 하기 때문에 그 치밀한 독해에 어려움이 있을 수도 있다. 그러나 필자의 의도를 살려 글을 이해하거나 이것을 이용해 글을 작성해야 하는 입장에서 제시문의 독해를 잘 할 수 있는 방법은 논제에서 언급되고 있는 제시문의 정보를 충분히 이용하는 것이다. 앞에서 살폈듯이, 논제는 제시문에서 반드시 논의하거나 해결해야 할 부분을 알려주기도 하며 그 제시문의 핵심 내용을 놓치지 않게 잡아주는 역할을 한다. 이러한 점을 염두에 두고 읽으면 논제에서 언급된 제시문의 내용이 좀 더 구체화되고 확고하게 되어 논제에 대한 재해석이 덧붙여질 수 있다. 다시 말하면, 이 단계에서는 제시문의 이해도 조목조목 잘 정리되면서 이로 인해 거꾸로 논제 분석이 더 치밀하게 완성되기도 하는 것이다. 다음의 예를 보자.

〈논제〉

제시문 (가)는 최근의 사회문제에 관한 글이다. 제시문 (나)의 관점에 따라 제시문 (가)에 나온 사례들의 원인을 분석한 수이다. 제시문 (다)에서 유추할 수 있는 구체적 해결책을 제시하고 그 한계를 비판하시오.

가

…〈전략〉…

최근에 발생한 몇몇 자살사례는 자살유형의 전형적인 모습을 담고 있다. 최근 여대생 2명이 극약을 먹고 자살하였다. 경찰조사 결과 죽기 불과 닷새 전

인터넷 자살사이트를 통해 알게 된 이들은 죽기 전날 밤 처음 만나 민박집에서 극약을 탄 소주를 함께 마신 것으로 밝혀졌다. 한 가장은 카드 빚 등으로 생활고에 시달리자 가족을 동반하고 자살했다. 이 가장은 자신의 아내와 아이들을 태운 승용차를 몰고 그대로 호수로 돌진했다. 한 회사원은 회사 공금 수억 원을 빼돌려 도박으로 모두 잃고 극약을 마시고 스스로 목숨을 끊었다. 한 농민운동가는 WTO 협상을 반대하며 시위 도중 자신의 왼쪽 가슴을 흉기로 찔렀다. 그는 세계 여러 나라에서 온 1만여 명의 시위대와 함께 WTO 각료회의 회의장 진입을 시도하다가 자살했다.

나

……(영문 지문)……

다

'죽은 사람은 다시 살아올 수 없는 법, 할 수 없으니 니 자식이나 잘 키워내리라.' 하고 어린아이 있는 것을 차례로 물어 동냥젖을 얻어 먹일 적에, …(중략)… "…댁 집의 귀하신 아기 먹이고 남은 젖 한 통 먹여주시오." 하니, 뉘 아니 먹여주리. 육칠 월 김매는 여인 쉴 참 찾아가서 애근하게 얻어 먹이고, 또 시냇가에 빨래하는 데도 찾아가면 어떤 부인은 달래다가 따뜻이 먹여주며 훗날 찾아오라 하고, 또 어떤 여인은 말하되, "이제 막 우리 아기 먹였더니 젖이 없노라." 하여, 심청이 젖을 많이 얻어 먹인 후에 아이 배가 불룩한즉 심 봉사 좋아라고 양지바른 언덕 밑에 쪼그려 앉아 아기를 얼렀다.

〈2004년 한양대 정시〉

먼저 논제에서 끌어낼 수 있는 제시문의 정보는 다음과 같다.
① 제시문 (가)는 사회문제에 대한 글이다.
② 제시문 (나)에서는 (가)의 사회문제의 원인을 유형화할 수 있는 관점을 찾아

야 한다.

③ 제시문 (다)에서는 (가)의 사회문제의 해결책을 유추해 낼 수 있다. 그리고 (다)의 내용을 (가)의 해결 방법으로 연결시킬 수 있는 가능성을 찾아 이해한다.

이제 이러한 정보를 바탕으로 제시문 (가)를 읽을 때는 (가)에 나타난 사회문제를 유형별로 정리하면서 읽을 준비를 해야 한다. 위의 경우는 논제에 (가)의 사례들에 해당하는 원인을 분석하라는 지시가 있으므로 (가)에서 유형별 사례를 정리하면서 그 원인도 생각해 가면서 읽는다. 특히 (가)는 위에 굵은 글씨로 표시되었듯이 사례별로 정리할 수 있도록 해 가면서 읽어 가면 체계적인 이해에 도움이 된다. 그리고 이 자살 사례의 공통점을 생활의 비극적 상황에서 유발된 것으로 볼 때 이것을 (다)의 내용과 결부시켜 보면, 아내가 죽고 없는 심 봉사의 처지와 다를 바가 없다는 것을 알게 되며, (다)에서 심 봉사의 처지를 주변 사람들이 도와주어 심리적인 안정을 얻게 만들어 생활의 비극적 처지가 극복됨을 이해할 수 있는 길이 열린다. 즉 이것은 논제에 나타난 '구체적 해결책'인 것이다.

이렇듯 논제를 먼저 분석하고 그 분석한 정보를 토대로 해서 제시문을 읽으면 제시문의 중요한 내용을 놓치지 않을뿐더러 논제에서 필요로 하는 정보들을 찾아내고 엮을 수 있는 순발력이 생길 수 있다. 논술 고사에서의 제시문은 이러한 방법으로 읽어 가는 것이 효과적이다.

읽을거리 1

교육 기회는 평등한가

우리나라의 교육이 지닌 문제점 중 가장 흔히 지적되는 것은 열악한 교육 환경이다. 그리고 이 문제는 교육 기회의 불평등과 동전의 양면처럼 얽혀 있다. 교육 환경이 열악¹하니까 학부모들은 사교육비를 지출하지 않을 수 없고, 이에 따라 당연히 교육 기회가 경제적 격차에 따라 불평등하게 제공되는 것이다.

예전에 비해 훨씬 사정이 나아지긴 했지만, 여전히 과밀 학급 문제는 남아 있다. 정상적인 교육이 이루어지기 위해서는 학급당 인원이 많아도 30명이어야 하지만, 이 수준에 이르기 위해서는 앞으로도 10년은 더 기다려야 하는 상황이다.

더 큰 문제는 거대 학교의 문제이다. 교육적으로나 학교 운영상으로 결코 바람직하다고 할 수 없는 거대 학교는 초등학교의 경우 56학급 이상을 기준으로 전체의 약 6~7%, 중학교의 경우 36학급 기준으로 약 8%, 고등학교의 경우 36학급 기준으로 약 25%를 차지하고 있다.

특별 교실과 실험 실습 기자재²나 도서관 장서³ 등의 문제는 물론이고 교육의 가장 기본적인 시설인 학교 운동장, 조명 시설, 난방 시설, 그리고 화장실과 상수도⁴ 시설 등 모두가 열악하기 짝이 없다.

사정이 이러하므로 학부모로서는 사교육비를 지출해서라도 좀 더 나은 교

---

1 열악(劣惡, poor) : 품질·형편·성질 따위가 몹시 나쁘다.
2 기자재(機資材, facilities) : 기계·기구·자재 따위를 통틀어 이르는 말.
3 장서(藏書, book) : 책을 간직하여 둠, 또는 그 책.
4 상수도(上水道, waterworks) : 음료수 등으로 쓰기 위한 물을 수도관 등으로 급수하는 설비. (준말)수도 ↔ 하수도.

육 환경을 조성[5]해 보려고 한다. 예컨대 학교에서는 절대로 실험을 할 수 없어서 교실에서 교과서를 통해서 배우는 것으로 끝내던 과학 수업을, 학원에서는 소규모의 학급에서 실험을 하게 함으로써 수행의 효과를 높이게 되는 것이다. 또 다른 예로 대부분의 학생들이 12년 동안 학교에서 음악 수업을 들어도 음표를 읽을 능력도 없고, 피아노 건반을 짚을 능력도 없지만, 학원에서 3개월 정도 강습을 받은 학생은 건반을 보지 않고도 피아노 연주를 해 내기도 하는 것이다.

이러한 공교육에 대한 불만과 이로 인한 교육열은 결과적으로 경제적 능력에 따라 교육 기회가 불평등해지는 현상을 낳게 된다. 지나친 학부모의 교육비 부담은, 능력은 있으나 가난한 학생들의 교육 기회를 원천적으로 박탈하는 결과를 빚고 있다. 특히 대학의 경우, 대학생 1인당 공교육비가 아프리카나 중남미 국가보다도 낮은 것으로 조사되고 있으며, 각종의 장학[6] 제도도 외국과 비교하여 형편없는 것으로 나타나고 있는 것은, 가난한 학생들의 고등 교육 기회를 박탈하고 있는 것으로 볼 수밖에 없다.

이 밖에도 비싼 과외에 들이는 돈이 지역별로 천차만별[7]인 점, 도시와 농촌간 교육 환경의 차이도 궁극적으로는 교육 기회의 불평등을 조장하게 된다.

요컨대 우리나라의 공교육은 외형적으로는 매우 팽창되어 있어, 국민 누구에게나 교육의 기회를 보장해 주는 듯하지만, 실질적으로는 자본의 논리에 따라 불평등하게 제공되고 있다고 볼 수 있다.

---

5 조성 (造成, create) : 1. (사람이 이용할 수 있도록) 꿈을 들여 만들어 냄. 2. (정세나 분위기 따위를) 만들어 냄.
6 장학(獎學, encouragement{promotion} of learning{study}) : 학문을 장려함, 또는 그 일.
7 천차만별(千差萬別, infinite variety) : (여러 가지 사물에) 차이와 구별이 아주 많음.

대중 교육에 의한 인간성[8]의 위축

　최근에 구미 여러 국가에서는 학교교육에서 인간성을 되찾아야 한다고 외치는 소리가 더욱 높아지고 있다. 웨인스테인(Weinstein)은 교과목을 통한 주지주의[9] 교육에서 아동의 정의적[10] 발달이 무시되고 있어서 정의적 측면을 고려한 교육 과정을 구성하여 인간화된 교육을 실시해야 한다고 주장하고 있다. 실버먼(Silberman)은 미국의 학교는 능률만을 추구하기 때문에 학교 상황은 극히

8　인간성(人間性, humanity) : 인간을 인간답게 하는 인간의 본질 및 본성.
9　주지주의(主知主義, intellectualism) : 1. 일반적으로 감정이나 의지보다 이성이나 지성을 중시하는 사고방식. 2. 철학에서, 인식이나 존재의 근본, 또는 도덕적인 의지 따위는 이성이나 지성에 기초한다는 처지. 주지설(主知說). 3. 문학에서, 감정이나 정서보다 이지(理知)를 중시하는 경향.
　* 인간의 마음은 지(知)·정(情)·의(意)로 구성되었다고 보고 이 중에서 지적인 것, 즉 지성·이성·오성(悟性)이 지니는 기능을 감정이나 의지의 기능보다도 상위에 있다고 보는 입장이다. 감정을 상위에 두는 주정주의(主情主義: 情緒主義)나 의지를 상위에 두는 주의주의(主意主義)와 대립된다.
　특히 중세 스콜라 철학에서는 지성과 의지의 관계가 문제되었고 지성의 우위를 주장한 T.아퀴나스가 대표적인 주지주의자이다. 이 경향은 좀더 거슬러 올라가 아리스토텔레스의 그리스철학, 그 후의 B.스피노자나 G.W.F.헤겔의 범논리주의(汎論理主義)에서 찾아볼 수 있다.
　또한 인식이 감관(感官)에 의한 것이 아니라 지성에 의해서 생긴다고 보는 합리론(合理論)도 넓은 뜻의 주지주의이며 J.F.헤르바르트처럼 모든 심적 현상(心的現象)을 지적인 표상(表象)으로 환원해서 이해하는 것은 심리학에서의 주지주의로 생각할 수 있다.
　논리학에서는 감정을 배제하고 냉정한 지성적 통찰과 숙고(熟考)에 입각해서 의지를 규정해야 한다는 것이 주지주의적 입장이며 이것은 있는 그대로의 감정이나 의지의 작용을 중요시하는 비합리주의와 대립된다.
　20세기에 들어와서 주지주의는 주의주의와 반대되는 의미로 사용되었으며, 문학에서 주지주의는 모더니즘의 하위개념으로서 주정주의와 대립되어 사용되었다. 대표적인 주지주의 문학론은 T.E.흄의 신고전주의이다.
10　정의적(情意的, emotion and will) : 감정과 의지. 마음. 뜻.

비인간적으로 변했다고 비판하고 있다. 라이머(Rimer)[11]는 아예 책의 표제로 "학교는 죽었다"를 내걸고 오늘날의 학교가 아동들에게 생존을 위한 순종을 강요함으로써 남녀를 불문하고 "사회적으로 거세[12]"를 시키고 있다고 비난하고 있다.

이러한 비판은 비단 미국과 유럽의 학교 교육에만 해당되는 것은 아니다. 우리나라의 경우에도 인간성 회복을 위한 교육을 주창[13]하는 목소리가 지난 수년 동안 끊임없이 터져 나오고 있는 형편이다. 이들은 인간성이 황폐화되고 있는 이면에 대중 교육의 그늘이 자리를 잡고 있다고 보고 있다. 이들의 논리를 구체적으로 살펴보면 다음과 같다.

첫째, 대중 교육이 학생들의 전인성(全人性)[14]을 위협하는 경향이 있다는 것이다. 학교에서 학생들은 주지주의 교육의 제물이 되어 정서적, 사회적, 도덕적, 신체적 발달이 큰 제약을 받아 왔다. 특히 치열한 입시 경쟁을 치러야 하는 학생들이 단편적이고 무의미한 지식을 암기하는 데 사력을 다함으로써 전인적 인간으로 성장할 기회를 잃고 있다고 본다.

둘째, 대중 교육은 학생들의 개성 신장을 제약한다는 것이다. 과밀 학급에서 실시되는 평균인을 위한 일제 수업, 융통성 없는 학년제와 진급 제도, 만인 공통의 유일한 교과서, 교사의 업무 과중과 무성의 등 여러 이유로 한국의 학교는 학생들의 개성과 개인차에 입각[15]한 인간적 교육을 실시하지 못하고 있다는 것이다.

---

11 라이머(Rimer) : 푸에르토리코 등의 남미에서 교육사업을 하면서 『학교는 죽었다』라는 저서를 통하여 학교의 사회계층적 성격을 비판하였다. 그는 1971년 『학교는 죽었다』라는 책을 통해 학교를 비판하고 학교 조직을 대체할 새로운 조직을 구상하자고 주장하기에 이르게 된다.
12 거세(去勢, weakening) : 1. 수컷의 불알을 발라내거나 암컷의 난소를 들어내어 생식을 못하게 하는 일. 2. 저항하거나 반대하는 세력을 꺾어버림.
13 주창(主唱, advocacy) : 앞장서서 부르짖음. 주장이 되어 이끎.
14 전인성(全人性, whole man) : 지식에만 치우지지 않고 성격 교육 · 정서 등도 중시하는 성향.
15 입각(立脚, be based{founded, grounded, built}) : 근거로 삼아 그 처지에 섬.

셋째, 대중 교육에서는 학생이 인간으로서의 존엄성[16]을 인정받지 못하는 경우가 많다고 본다. 학생들이 목적으로서가 아니라 수단으로 간주되고 있으며, 그들의 인권은 교문 앞에서 멈추고 만다. 학생들은 학교에서는 교사의 만족감을, 가정에서는 부모의 만족감을 성취시키는 수단으로 전락하고 말았다. 그리고 종종 부모의 사회적 지위에 따라 불공평하게 차별받는 경우도 있다. 이와 같이 학생들이 인간으로서의 권위와 존엄성을 인정받지 못한다면 인간주의 교육은 이루어질 수 없다는 것이다.

이 밖에도 자발적인 선택과 의지에 따라 학습 활동을 할 수 있는 폭이 매우 좁고, 청소년 특유의 호기심이나 창의성을 제대로 살려줄 수 있는 학습 환경이 미비한 점, 교사와 학생, 학생과 학생 사이의 인간관계가 인격적 만남을 형성하지 못하는 점 등도 같은 맥락에서 지적되는 사항들이다.

이 같은 문제는 앞에서도 지적했듯이, 수업 수준의 평균성, 수업 내용의 획일성 등을 특성으로 삼고 있는 대중 교육 자체의 모순[17]으로 이해된다.

---

16 존엄성(尊嚴性, dignity) : 높고 엄숙한 성질.
17 모순(矛盾, contradiction) : 1. [되다형 자동사] 말이나 행동의 앞뒤가 서로 맞지 않음. [중국 초나라의 상인이 창과 방패를 팔면서 창은 어떤 방패도 뚫을 수 있다고 하고 방패는 어떤 창으로도 뚫지 못한다는 말을 한 데서 유래함.] 2. 논리학에서, 두 개의 개념이나 명제 사이에 의미 내용이 서로 상반되는 관계를 이르는 말.

읽을거리 3

교육의 평균화는 정당한가

유럽의 교육제도는 그 기원이 무척 오래고 독특한 역사를 가지고 있다. 고대 그리스에서는 소년들을 도시 국가의 시민으로 기르기 위해 교육을 실시했다고 해도 무방[18]할 것이다. 중세 유럽의 기독교 세계에서는 이와 같은 교육이 소년들을 신부(神父)로 기르기 위한 것으로 바뀌었다. 그리하여 오늘에 와서는 소년뿐만 아니라 소녀들에 대해서도 성인들의 직업을 교육하기 위해 실시되고 있다.

이러한 교육 목적의 발전은 하나의 의문을 불러일으키고 있다. 어느 문명사회의 한 전문직업의 후보자를 양성하기 위해 만든 교육 제도를, 지적인 능력이 다양한 젊은 남녀에게 일반적인 교육으로서 실시하는 것이 현실에 맞는 일인가 하는 것이다. 좀 더 구체적으로 설명하면, 13세기 유럽에서 가톨릭교[19]의 신부를 양성하기 위해 실시한 교육을 산업 노동자나 비서, 또는 가정주부가 되려는 20세기의 동양 소녀들에게도 실시하는 것이 합당한 일이냐 하는 것이다.

이와 연관하여 또 다른 의문이 생겨난다. 그것은 같은 사람이라도 개인차가 심하다는 점을 감안할 때, 누구에게나 획일적으로 표준화된 교육을 실시하는

---

18 무방(無妨, justify) : 지장이 없다. 괜찮다.
19 가톨릭(Catholic) : '가톨릭(카톨릭)'이라는 말은 원래 그리스어로 '보편적'이라는 뜻이다. 이 말은 2세기 무렵부터 교회를 나타내는 말로 쓰이기 시작했다. 또 4세기에 이르러 니케아와 콘스탄티노플의 두 공의회(公議會)가 그 신앙선언 속에서 '가톨릭교회'라는 명칭을 사용함으로써, 그 이후 이 이름으로 불리게 되었다. 실제로 예수 그리스도의 구원사업은 특정한 개인·인종·시대를 초월한 전체 인류를 위한 것이므로 이 명칭은 그 교회를 나타내는 가장 적합한 명칭이라 할 수 있다.

것이 현실에 부합20되느냐 하는 점이다. 가령 어떤 사람은 기술적인 재능을 가지고 있고, 또 어떤 사람은 행정적인 재능, 또 어떤 이는 예술적인 재능을, 어떤 이는 종교적인 재능을 가지고 있다. 이와 같이 어느 한 가지 분야에만 뛰어난 재능을 가지고 있는 사람이 있는가 하면, 처음부터 피동적21인 사람도 있고 또 창조적인 사람도 있다. 그리고 주어진 것을 넘겨받고 넘겨주는 정도의 재능밖에 갖지 못한 사람도 있고, 이어받은 재능 이외에 좋든 언짢든 간에 그것을 변화시킬 수 있는 사람도 있다. 그러므로 이와 같이 다양한 인간의 모든 재능을 개발하는 데 획일적인 교육이 적합할는지 의문이다. 특히 개인차가 많은 사람들에게 동일한 교육을 실시한다는 것이 그들에게 공평한 일인지, 그리고 사회에 이득이 되는지 문제가 아닐 수 없다.

…(중략)…

인류의 재산을 만들어 낸 것은 소수의 특출한 개인의 두뇌였다. 이 지구상에서 인간이 다른 동물보다 우월하다는 것은 기술과 행정, 예술, 종교 등에 천재적인 재능을 발휘한 이런 소수의 사람들 덕분이다. 그런데 획일적인 평등 교육을 실시하여 특출한 재능을 가진 개인이 재능을 기르고 발휘할 수 있는 기회를 빼앗아 버리는 것은, 유능한 사람들을 실망케 하여 이 사회에서 인간의 자본이 사라지게 하는 것이라 생각한다. 이런 유능한 인간 자본이야말로 인간 생활의 물질적 및 정신적인 조건을 개선해 나가는 유일한 사회적인 재산이 아닐 수 없다.

인간은 어떠한 종류이건 교육을 받도록 되어 있다. 인간이 사회 참여를 하려면, 넓은 의미의 교육이 필요하다. 각자 갖고 있는 능력의 정도에 차이가 있

---

20 부합(附合, coincidence) : 소유자가 서로 다른 2개 이상의 물건이 결합하여 물리적 또는 사회 경제적으로 보아 뗄 수 없는 상태가 되는 일. [원칙적으로 하나의 물건으로 취급됨.]
21 피동적(被動的, passive) : 1. 자립성이 없이 남의 힘으로 움직임. 2. 주체가 남의 움직임에 의해 동작을 하게 되는 동사의 성질. ②↔능동(能動).

더라도, 우리는 누구나 사회에 참여해야 한다. 이왕이면 건설적인 참여자, 행복한 참여자가 되어야 한다. 인간이 사회적 동물[22]이라는 사실을 부인할 수는 없기 때문이다.

－아놀드 토인비[23], 「내일의 전망」에서

---

[22] 사회적 동물(社會的動物, social animal) : 개인은 사회 없이는 존재할 수 없다는 것이나, 아리스토텔레스(Aristoteles)의 '정치적 동물(zoon politikon)'이라는 말과 같이 인간은 사회의 자식이며, 사회공동체의 형성자로서 포착될 수 있다는 것을 뜻한다. 인간은 사회의 어버이이기도 하며, 사회적인 것임과 동시에 또한 사회의 형성자(形成者)로서 참가하는 것이다. 사회는 어디까지나 개인을 기초로 성립되는 동시에 개인은 사회를 짊어지고 발달시켜 간다는 생각이다.

[23] 아놀드 토인비(Toynbee, Arnold) : 런던 출생. 옥스퍼드대학교에서 경제학·경제사를 공부하고, 졸업 후 동대학에서 강의를 하는 한편, 각지를 순회하며 노동자 계층을 상대로 강연을 하는 등, 사회개혁가로서 실제운동에 참가한 인보운동(隣保運動)의 선구자로 널리 알려져 있다. 병약하여 젊은 나이로 요절하였으나 사후 출판된 『18세기 영국산업혁명 강의(Lectures on the Industrial Revolution of the Eighteenth Century in England)』(1884)는 산업혁명이라는 용어를 보급시키는 계기가 되어 그 후의 산업혁명 연구에 많은 영향을 끼쳤다. 그의 '산업혁명론'은, 첫째 사회사업가로서의 문제의식과 일체가 되어 극적 변화, 즉 혁명이 있게 되었다는 것과, 둘째 그 결과 민중의 생활수준이 현저히 낮아졌다는 점 등 두 지주로 설명하고 있으며, 이후 이 두 점을 둘러싸고 갖가지 논쟁이 벌어졌다. 그의 업적을 기념하기 위하여 '토인비 홀'이라는 인보관(빈민구제단체 또는 그 집)이 최초로 이스트런던에 세워졌다.

논술 실전

❖ 다음에 제시된 글 (가)는 우리나라의 교육 대중화 현상 혹은 대중 교육을 개괄적으로 살핀 것이고, 글 (나)는 민주주의의 일반적인 이념을 서술한 것이다. 그런데 교육의 대중화(대중 교육)와 민주주의의 이념이 항상 조화를 이루는 것은 아니다. 교육 대중화(대중 교육)와 민주주의가 어떤 점에서 상호 모순의 관계를 이루는지를 밝히고, 서로 조화를 이룰 수 있는 방안을 서술하시오.

가

　해방과 함께 우리나라에서는 학교마다 많은 학생들이 밀어닥치기 시작했다. 해방 이후 약 50년이 지난 오늘날 국민학교와 중학교 수준에서는 이미 완전 就學24에 가까운 취학률을 달성하였으며, 특히 최근에는 대학의 취학률도 크게 늘어나 취학 적령 인구의 60%에 가까운 젊은이들이 고등교육 기관에 진학하는 현상을 보이고 있다. 이것은 한국이 세계에서도 대학 취학률이 가장 높은 국가군에 속한다는 것을 의미한다. 그리고 80년대 이후 幼兒教育25 분야의 취학률이 획기적으로 증가한 것도 특기할 만한 일이다. 이렇게 하여 형식 교육 대상의 폭발적 팽창은 물론이고, 국민들의 평균 교육 연한도 크게 길어졌다.

---

24 就學(취학, entering school) : 학교에 정식으로 입학하여 공부함.
25 幼兒教育(유아교육, infant education) : 유아를 대상으로 하는 교육. 취학전 교육이라고도 한다. 종전에는 어린이가 초등학교에 입학하기 전 1~2년간 교육프로그램에 참여하는 활동을 일컬어 유아교육이라고 하였다. 그러나 현대에 이르러서는 유아교육에 대한 관심의 확장으로 영아교육 및 유·유아(乳幼兒)교육을 통틀어 유아교육이라고 칭하는 경향이 있다. H.C.모리슨은 유아교육을 0~8세까지의 교육으로 구분하였고, B.스포텍 역시 출생부터 초등학교 저학년까지로 구분하였다. 따라서, 유아교육은 출생부터 초등학교 저학년까지를 포함하는 것으로 정의할 수 있다.

교육 인구의 증대와 교육 기회의 均等化26가 반드시 일치하는 것은 아니지만, 형식 교육을 받는 학생수가 늘어남으로써 결과적으로 균등한 교육 기회의 보장에 큰 진전을 가져왔다. 그리고 해방 후 平等主義27의 이념을 기초로 한 민주적 교육 제도와 정책에 의해서 교육 기회 균등을 노력이 적극적으로 기울여졌다. 예컨대, 의무 교육 제도의 확대, 중학교 무시험 제도의 시행, 고등학교 평준화 정책의 시행, 산업 근로자를 위한 각종 교육의 실시, 대학생 정원의 확대, 장학금 제도의 확충, 저소득층을 위한 유아교육 기관의 설립 등의 구체적인 정책과 제도를 통해서 교육 기회 균등의 이념을 실현시키려 노력해 왔다.

　　결과적으로 여러 면에서 엘리트 교육은 사라지고 '보통 사람들'을 위한 대중 교육의 모습이 뚜렷이 나타나고 있으며, 각급 학교 교육은 이제 소수의 선택된 자만을 위한 교육이 아니라 '모두를 위한' 대중 교육의 성격을 띠게 되었다. 대중 교육의 일반적 특성은, 첫째 소수인이 아닌 다수인을 그 대상으로 한다는 것, 둘째 階層28이나 성별과 같은 귀속적 요인은 물론 능력 요인도 고려하지 않는 無選別29의 교육이라는 것, 셋째 특수인이 아닌 평균인을 겨냥한 교육이라는 점, 넷째 교육과정에서 특수 계층문화보다 전체 사회의 일반문화가 강조된다는 것으로 요약된다.

－이상주, 「대중 교육에서의 인간성과 수월성」에서

나

　　민주주의는 인간의 존엄성과 최선의 自我實現30을 기본 이념으로 삼고 있

---

26 均等化(균등화, equalization) : 차별 없이 고르게 분포함.
27 平等主義(평등주의, equalitarianism) : 모든 시민에게 정치적·경제적·법적으로 차별을 두지 않고 평등하게 대하는 입장. 이것과 저것과의 차별을 인정하지 않는 주의.
28 階層(계층, class) : 사회를 형성하는 여러 층.
29 無選別(무선별, not sorting) : 특정 선별 조건이 없음.
30 自我實現(자아실현, self realization) : 자기의 가능성을 실현하는 일. 자기가 본디 가지고 있는 절대적인 자아를 완전히 실현하는 일. 자아실현은 인간교육이 궁극적으로 지향하는 것이며, 윤리의 핵심 요소이기

다. 이로 볼 때, 民主主義[31]가 구체적인 생활 양식으로 구현되는 데 가장 중요한 것은 사람을 보는 관점과 인간관계의 원리라 할 수 있다. 사람은 누구나 존귀하며 사람의 가치는 무엇과도 바꿀 수 없는 至上[32]의 가치라고 생각하면, 사람을 대하는 행동이나 태도가 민주적으로 달라질 것이다. 또한 민주주의는 모든 사람의 권리를 동등하게 존중한다. 사회 계층이나 성별 혹은 나이, 교육 정도

도 하다. 인간의 삶이 자아실현을 위한 자아의 잠재적 가능성의 실현과정이라는 것을 처음으로 언급한 사람은 아리스토텔레스이다. 그는 인간의 본질을 합리성으로 보고, 그것을 최대한으로 발휘함으로써 인간의 궁극적인 목적인 행복에 이를 수 있다고 하였다. E.프롬은 인간이 자신의 잠재적 가능성을 창조적으로 발휘하고 실현하는 것을 생산성이라는 말로 표현했다. 여기서 생산성이란 창조성이라는 말과 같은 의미를 지닌다. 프롬은 '생산성은 인간의 특유한 잠재적 가능성을 인간이 실현하는 것, 곧 그의 힘의 사용'이라고 하였다. A.매슬로우는 자아실현은 성장 동기가 계속적으로 충족되는 것이라 하고, T.브라멜드는 문화에 의해서 성립된 사회 속에서 자신의 가능성과 잠재력이 발휘되는 것이라고 설명한다. 또한 그리스도교 관념주의자들 가운데는 신의 의지가 구현되는 것으로 설명하기도 한다. 인간은 잠재적 가능성을 생득적으로 타고나며, 또한 그것을 현실화하고 실현하려는 본래적 욕구를 가지고 있다. 그렇기 때문에 윤리와 교육의 목적은 인간 각자가 자아실현을 할 수 있도록 하는 데 있다. 자아실현은 개체의 목적과 본질을 중시하는 교육사상가들이 교육의 궁극적 목적을 표현하는 것으로 사용하는 개념이다.

31 民主主義(민주주의, democracy) : 국가의 주권이 국민에게 있고 국민을 위하여 정치를 행하는 제도, 또는 그러한 정치를 지향하는 사상. 귀족제나 또는 독재체제에 대응하는 뜻이다. 민주주의라는 말은 그리스어(語)의 'demokratia'에 근원을 두고 있는데, 'demo(국민)'와 'kratos(지배)'의 두 낱말이 합친 것으로서 '국민의 지배'를 의미한다. '국민의 지배'라는 민주주의는 여러 갈래로 해석되어 왔다. 초기 그리스에서는 모든 국민이 다수결의 원칙 아래 정치적 결정에 직접 권한을 행사하는 정부형태를 의미하였다. 이 제도를 '직접민주주의'라 한다. 한편, 국민 개개인이 직접 정치결정과정에 참여하지는 않고 다만 국민이 선출한 대표들을 통하여 정치결정 권한을 대리하게 하는 방식도 있다. 이것을 '대의(代議)민주주의'라 한다. 또 정부의 형태가 민주주의든 아니든 간에 사회적·경제적 평등에만 관심을 기울이는 민주주의도 있다. 불평등한 개인의 소유재산을 평등하게 조정한다는 것으로서 '사회적 민주주의' 또는 '경제적 민주주의'라고도 한다. 이와 같이 민주주의의 해석에는 여러 갈래가 있을 수 있으나 기본원칙에는 변화가 없다. 민주주의의 필수 요건은 대략 여섯 가지로 나눌 수 있다. 첫째, 국민은 1인 1표의 보통선거권을 통하여 절대권한을 행사할 수 있어야 한다. 둘째, 적어도 2개 이상의 정당들이 선거에서 정치강령과 후보들을 내세울 수 있어야 한다. 셋째, 국가는 모든 구성원의 민권(民權)을 보장하여야 하는데, 이 민권에는 출판·결사·언론의 자유가 포함되며 적법절차 없이 국민을 체포·구금할 수 없다. 넷째, 정부의 시책은 국민의 복리증진을 위한 것이어야 한다. 다섯째, 국가는 효율적인 지도력과 책임 있는 비판을 보장하여야 한다. 정부의 관리들은 계속적으로 의회와 언론에서 반대의견을 들을 수 있어야 하고, 모든 시민은 독립된 사법제도의 보호를 받아야 한다. 여섯째, 정권교체는 평화적 방법으로 이루어져야 한다.

32 至上(지상, supremacy) : 더없이 높은 최상의 위치.

에 따라 사람을 다르게 대접하는 곳에서 인권의 존중이라든가 인간의 尊嚴性[33]이란 존재할 수 없으며, 따라서 이러한 곳에서 민주사회가 이룩될 수는 없다. 민주주의의 理念[34]을 구현할 수 있는 민주 사회는 무엇보다도 인간의 존엄성을 근거로 하여, 自由[35]와 평등을 실현하고자 하는 사회이다.

민주주의에서 말하는 '인간'은 특정한 몇몇 개개인이 아니라 일반적인 보통 사람을 의미한다. 특정한 개인에게 만인의 運命[36]을 맡기거나 그 사람의 명령에만 복종하는 집단이나 사회는 민주적일 수 없다. 개인이 지닌 創意性[37], 自律性[38], 個性[39]이 존중되는 사회가 민주 사회이다. 따라서 민주사회는 다양한 대회이다. 민주 사회는 개성을 존중하기 때문에 개인의 사고와 행동의 다양성을 허용하고 장려한다. 개인이 각자의 人生觀[40]과 價値觀[41]에 따라 행동할

---

33 尊嚴性(존엄성, dignity) : 존엄한 성질.
34 理念(이념, ideology) : 최고로 삼는 그 사람의 근본적인 생각 [명사] 1. 철학에서, 모든 경험에 통제를 부여하는, 순수이성에서 얻어진 최고의 개념. 가령, 플라톤에서는 도덕가치로서의 최고선(最高善), 칸트에서는 경험을 통일하는 데 불가결한 순수이성 개념 따위. 이데아(Idea). 무엇을 최고의 것으로 하는가에 대한 그 사람의 근본적인 생각.
35 自由(자유, freedom, liberty) : 1. 남에게 얽매이거나 구속받거나 하지 않고, 자기 마음대로 행동하는 일. 2. 법률이 정한 범위 안에서 자기 뜻대로 할 수 있는 행위.
36 運命(운명, destiny) : 인간을 포함한 모든 것을 지배하는 필연적이고 초월적인 힘, 또는 그 힘으로 말미암아 생기는 길흉화복. 타고난 운수나 수명.
37 創意性(창의성, creativity) : 새로운 생각이나 의견을 내는 속성.
38 自律性(자율성, self-control) : 스스로의 의지로 자신의 행동을 규제하고 조절함.
39 個性(개성, individuality) : 사람마다 지닌 독특한 특성. 영어의 개성은 '나눌 수 없는 것(indivisible)'이라는 의미를 지니고 있다. 따라서 전체로서 파악될 때 비로소 의미를 가지게 되며, 동시에 다른 것과 구별되는 독자적인 것이라는 의미도 된다. 전체로서 독자적인 것, 그래서 다른 것과는 확실히 구별되는 것, 그것이 개성이다. 이는 걸음걸이, 얼굴 표정에 나타나기도 하고, 취미·태도·사고방식 등에서 발견되기도 한다. 개성은 전체로서 볼 때의 독자적인 것이기 때문에 전체로서의 개인차가 나타나게 되는데, 개인차는 또한 개성을 형성하고 있는 개개의 부분적인 특성에도 나타난다.
40 人生觀(인생관, outlook on life) : 인생의 존재 가치, 의미, 목적 등에 대해 갖고 있는 개인적 사고방식.
41 價値觀(가치관, sense of value) : 사람이 자신을 포함한 세계나 만물에 대하여 가지는 평가의 근본적인 태도나 방침. 가치관은 세계관과 밀접하게 관련된다. 인생관에는 비관주의와 낙천주의, 현실주의와 이상주의, 경험주의와 합리주의, 유물론과 유심론(唯心論), 무신론과 유신론(有神論) 등이 있다. 비관주의는 염세주의·허무주의·무상관(無常觀)으로 나누어지는데, 인생관은 그 사람의 기질과 성격, 또 환경과 시대에 영향을 받고, 지배된다고 할 수 있다. 인생관은 세계관과 관련이 깊어 인생관은 주관주의적인 데 대하여 세계관은 객관주의라고 할 수 있다. 물론 세계관에도 주관주의적인 것도 있고, 인생관에 객관주의적인

Syntopical Essay Art

수 있도록 자율성과 多樣性[42]을 허용하고 장려하는 것이 민주사회의 특성이다.

— 한국국민윤리학회, 「사상과 윤리」에서

유의 사항 ●●●●●●●●●●●●●●●●●●●●●●●●●●●●

1. 자신의 경험을 포함한 구체적인 사례를 제시할 것.
2. 글의 분량은 띄어쓰기를 포함하여 1,200자 내외로 할 것.

것도 있다. 인간은 인생관과 세계관이 일치하는 경우보다도, 분열하는 경우가 보통이어서, 인생관으로서는 비관주의적이지만, 세계관으로서는 낙천주의적일 때가 드물지 않다. 반대로 인생관으로서는 낙천주의적이어도, 세계관으로서는 비관주의적일 때도 드물지 않다. 또 비관주의라든가 낙천주의라 해도 상대적인 것이기 때문에 중간적인 것으로도 생각되고, 인생관과 세계관의 짜임은 무한히 생긴다. 인생관은 세계관에 비해서 객관적 인식보다도 주체적 지향(志向)에 의존하는 정도가 강하나, 주체적 지향이라 해도 객관적 지식에 의해 정정되고 개변된다. 그러나 그것도 개인의 기질로 달라지며, 기질은 선천적·후천적인 요소의 복합으로서 성립된다. 현재 인생관은 다시 세계관에 흡수되려고 한다. 그러나 인간의 생명이 단 한 번의 것이며, 역사 속에서의 위치가 우연적인 것인 이상, 생명과 생활에 관한 근원적인 질문은 사라지는 일이 없다. 인간은 왜 이 세상에 태어났는가 하는 질문은 만인의 것이다. 그 결과 철학이나 종교, 또는 이데올로기가 추구된다. 인생관이 특히 의식되는 것은 개인이 불행을 당하고, 사회가 모순에 부딪쳤을 때이다. 개인의 불행이 근절되어, 사회의 모순이 해소되었을 경우에는 인생관은 퇴색한 것이 되고, 세계관이 인생관을 대신하게 된다고도 생각되지만, 그러나 그것은 유토피아적인 발상이어서, 현실적으로는 일어날 수 없다. 그리스도교가 국가의 종교로서 행해진 유럽 중세의 경우에도, 종교는 결코 인생관의 전부를 흡수한 것은 아니다. 중세의 문학을 비롯하여, 각종 예술의 장르는 종교 예술이라고 일컬어졌지만, 종교로서는 채울 수 없는 개인의 고뇌·비애·환희·만족을 표현하려 노력하고 있다. 인생관은 역사와 사회의 추이나 변혁에 따라서, 대소의 영향을 받는 것은 부정할 수 없으나, 인간의 주체가 존속하는 이상 영원히 살아남을 것이라 생각된다.

42 多樣性(다양성, diversity) : 다양한 특성.

논술 해결의 길잡이

✪ 논제 살피기

이 논제는 주어진 제시문의 내용을 충분히 이해한다고 해서 해결될 수 없는, 다소 어려운 문제이다. 그러나 모두 자신이 경험하고 있는 바를 충분히 성찰해 보면 글의 소재를 구하는 데는 특별한 어려움이 없다. <유의 사항>에서 경험을 반영하라고 요구하고 있는 것을 글감을 주변에서 찾아보라는 충고로 받아들이면 된다.

논제에서 요구하고 있는 바는 두 가지이다. 하나는 교육의 대중화 혹은 대중 교육과 민주주의 이념이 어떤 점에서 모순을 일으킬 수 있는가 하는 점을 밝히는 것이고, 다른 하나는 이 두 가지가 어떻게 조화를 이룰 수 있는가 하는 방안을 제시하는 것이다. 이러한 논제가 성립될 수 있는 전제는, 교육의 대중화도 민주주의도 우리 사회가 결코 포기할 수 없는 지향이라는 점이다. 즉 두 가지 지향을 고스란히 추구하면서도 그것이 조화를 이룰 수 있는 방안을 나름대로의 시각으로 정리하면 논술의 반은 성공인 셈이다.

대중 교육과 민주주의가 모순을 일으킬 수 있는 가능성은 대중 교육의 일반적 특성을 단서로 해서 찾으면 된다. 글 (가)의 마지막 단락에 제시되어 있는 대중 교육의 일반적 특성 네 가지는 개인의 창의성, 자율성, 개성의 존중이라는 민주주의의 이념과 상충될 소지를 가지고 있는 것이다. 개개인이 지니고 있는 이러한 덕목들이 무시되는 교육 현실은 교실에서 하루에도 몇 차례씩 경험할 수 있을 것이므로, 이를 글감으로 정리하는 일은 어렵지 않을 것이다. 문제는 그 조화의 방안이다. 모든 정책이란 현실화되기 위해서 물리적 시간과 경제적 재화를 요구하게 마련이지만, 여기에서는 가장 현실적인 방안을 요구한 것이 아니므로, 그러한 현실적 한계를 굳이 고려할 필요가 없다. 다만 대중 교육과 민주주의의 이념이 지니는 가치를 존중하기만 하면 답안은 타당성을 지닐 수 있다.

✪ 제시문 파악하기

글 (가)는 특정한 관점을 내세우고 주장하는 글이 아니고 비교적 객관적인 입장에서 현상을 설명하고 정보를 제시하는 데 초점을 맞추고 있는 글이다. 따라서 이 글의 요지를 이해하는 데 특별한 지적 능력이 필요한 것은 아니다. 주어진 정보를 그대로 받아들이기만 하면 된다. 이 글에서는 현재 한국의 교육이 대중 교육의 성격을 지니고 있음을 밝히고 있다. 대중 교육의 핵심은, 교육 기회가 확대되어 거의 모든 국민들이 원하기만 하면 교육을 받을 수 있다는 데 있다. 이를 위해 갖가지 정책과 제도가 만들어져 있다는 것이 이 글의 입장이다.

그런데 이 글에서 눈여겨보아야 할 대목은, 대중 교육의 일반적 특성이 요약적으로 제시되어 있는 이 글의 마지막 단락이다. 여기에서 말하고 있는 대중 교육의 네 가지 일반적인 특성, 즉 다수인을 대상으로 한다는 점, 무선별의 교육이라는 점, 평균인을 겨냥한다는 점, 전체 사회의 일반 문화가 강조된다는 점은, (나)에서 제시하고 있는 민주주의의 일반적 이념과 상치될 가능성을 내포하고 있기 때문이다.

글 (나)는 민주주의의 이념에 대한 지극히 상식적인 수준의 개괄적 설명이다. 여기에 소개된 내용은 사회 교과서를 통해서도 충분히 접할 수 있었을 것이다.

민주주의가 인간의 존엄성과 자아 실현을 최고의 이념으로 삼고 있다는 점,

그리고 개인의 창의성, 자율성, 개성을 존중하는 사회가 민주 사회라는 점에 대해서는 특별한 설명이 요구되지 않는다. 다만 이러한 가치들이 보편적이라고 하는 것과, 그 가치들이 구체적인 사회 현상에서 실제로 실현되고 있는가 하는 것은 별개의 문제이다. 아무리 보편적이고 초월적인 가치라고 하더라도, 여러 가지 조건과 상황에 밀려 실현되지 않을 수도 있기 때문이다. 오히려 그러한 가치는 실현되기 어렵기 때문에 더 소중할 수 있는 역설도 성립한다. 이 논제에서는 특히 이 역설에 주목할 필요가 있다.

✪ 해결 과정 생각하기

① (가)에 나타난 교육 대중화 혹은 대중 교육의 일반적 특성을 파악하여, 이를 경험에 조회해 본다.

교육 대중화 혹은 대중 교육이라 하면 평준화 제도를 떠올리기 쉽다. 그리고 실제로 평준화 제도는 대중 교육이 활성화되는 데 가장 크게 기여한 제도이기도 하다. 그러나 평준화 제도가 대중 교육의 전부는 아니기 때문에, 이를 대중 교육 일반으로 확장시켜서는 안 된다. 오히려 여기에서 중요한 것은 대중 교육의 이념이 그 속성상 모든 개개인의 차이를 의도적으로 고려하지 않는다는 데 있다. 경제적 여건을 포함한 성장 환경의 차이, 지적 능력의 차이 등을 고려하지 않고 모두를 평균화하여 교육과정을 구성하고, 교과서를 제작한다. 이는 교실에서도 마찬가지이다. 교사는 다양한 편차를 지닌 불특정 다수의 학생을 대상으로 하되, 평균적인 수준에 맞추어 수업을 진행할 수 있을 뿐이다. 교육 기회의 균등을 실현하는 대중 교육의 빛은 한편으로 이처럼 교육의 획일화라는 그림자를 만들어 내는 것이다.

② 대중 교육의 일반적 특성이 민주주의의 이념과 모순될 수 있는 가능성을 정리해 본다.

민주주의가 인간의 존엄성과 자아실현을 최고의 이념으로 삼고 있다는 점은 명백해 보인다. 그리고 개인의 창의성, 자율성, 개성을 존중하는 사회가 민주 사회라는 점은 누구도 부인하지 않는다. 대중 교육은 어떤 면에서 이러한 이념을 실현하는 사회적 조건으로 역할하기도 한다.

그러나 대중 교육의 구체적인 과정에서는 민주주의의 이념이 제대로 존중되지 않을 수 있다. 대중 교육은 교육의 평균화와 획일화를 특성으로 삼고 있기 때문이다. 대중 교육은 원하는 모든 사람을 대상으로 하기 때문에 다수를 수용할 수 있는 물리적 공간을 요구하고, 국가적 차원에서 이들에게 교육의 준거로 작용할 만한 교육과정을 필요로 한다. 따라서 교육의 효율성과 경제성을 우선적으로 고려하지 않을 수 없고, 효율성과 경제성의 논리에 의해 각 개인이 지니는 다양한 개성은 무시되기 십상이다. 이런 점에서 대중 교육은 민주주의의 이념과 모순된다고 볼 수 있다. 이는 사회 구성원 대다수에 대한 교육 기회의 제공과 함께 대중 교육의 두 가지 얼굴을 이룬다 하겠다.

③ 대중 교육과 민주주의가 조화를 이룰 수 있는 방안을 강구해 본다.

현재 각종 매스컴에서 언급되고 있는 각종 교육 문제는 실상 대중 교육과 민주주의가 조화를 이루는 방안으로 연결될 수 있으므로, 방송이나 신문의 교육 관련 기사를 참조하면 답안의 단서를 찾는 것은 어렵지 않다. 가령 국가적 수준에서 요구하는 최소한의 학력 수준, 이수 학점을 정하되, 학생 개개인의 선택과 재량을 최대한 존중하는 방안이 있을 수 있다. 선택 과목의 확대, 각종 특성화 학교의 설립, 영재 교육 기관의 설립, 학교 외의 다른 교육 기관에서 교육받을 기회의 확대 등등이 그 구체적인 방안이다. 물론 이를 위해서는 물질적 조건의 확충이 필요할 것이다. 그러나 이 논제에서 요구하고 있는 것은 현실화의 방안이 아니기 때문에 물질적 조건까지 고려할 필요는 없다. 대중 교육과 민주주의의 가치가 동시에 존중될 수 있다면 논제의 요구는 충족시킬 수 있기 때문이다. 따라서 양자가 조화를 이룰 수 있는 방향을 제시하는 것만으로도 충분히 의의가 있다.

이 논제에서는 두 가지 사항을 요구하고 있다. 하나는 교육의 대중화 혹은 대중 교육과 민주주의 이념이 어떤 점에서 모순을 일으킬 수 있는가 하는 점을 밝히는 것이고, 다른 하나는 이 두 가지가 어떻게 조화를 이룰 수 있는가 하는 방안을 제시하는 것이다.

대중 교육은 교육의 민주화라는 점에서 앞으로도 지속적으로 추구되어야 할 지표이지만, 그 반대편에서 많은 폐단을 낳고 있다는 점에 대한 인식이 이 과제를 해결하는 가장 핵심적인 관건이다. 글 (가)의 마지막 단락에 제시되어 있는 대중 교육의 일반적 특성 네 가지는 개인의 창의성, 자율성, 개성의 존중이라는 민주주의의 이념과 상충될 소지를 가지고 있음을 먼저 파악해야 한다. 개개인이 지니고 있는 이러한 덕목들이 무시되는 교육 현실은 교실에서 하루에도 몇 차례씩 경험할 수 있을 것이므로, 이를 글감으로 정리하는 일은 어렵지 않을 것이다. 그리고 대중 교육과 민주주의가 조화를 이룰 수 있는 방향은 양자가 지니는 고유한 가치를 존중하면서 강구해야 한다. 가령 민주주의의 덕목인 개인의 창의성과 자율성을 강조한다고 해서 대중 교육이 없어져야 한다고 주장해서는 안 되는 것이다.

✪ 주제문 작성

개개인의 개성과 적성을 최대한 배려하는 교육의 기회가 점점 확대되어야 한다.

✪ 주제어: 대중화, 개인차, 경쟁, 교육 기회, 민주주의 이념

✪ 개요 작성(1,200자)

서론(310자) : 교육 대중화의 양면성.

－교육의 민주성과 비민주성.

본론(670자) : 1. 개인차가 무시되는 획일적인 교육의 원인.

－경쟁을 통한 선발이 목적인 교육.

2. 개인차를 배려하는 교육 기회의 확대 필요성.

－교육 대중화와 민주주의 이념의 조화.

결론(320자) : 개인차를 배려할 수 있는 제도

－기본적인 전제 및 구체적인 사례.

✪ 예시 답안

서구에서 300년의 역사를 거치면서 이룩한 눈부신 경제 발달을 우리는 근 30년 만에 이룩할 수 있었던 이면에는 남다른 교육열이 자리잡고 있다. 산업인력을 양성해야 하는 사회적 요구와 교육을 통해 가난에서 벗어나야겠다는 국민들의 의지가 아주 자연스럽게 만나면서 우리의 교육은 양적으로 급속도의 성장을 이룰 수 있었다. 그러나 오늘날의 교육 현실은 교육을 받는 학생들 개개인의 자율성이나 창의성, 개성을 전혀 배려하지 못하고 있다. 따라서 어떤 면에서 교육의 대중화는 교육의 민주성과 비민주성을 동시에 안고 있는 매우 문제적인 상황이라 할 수 있다.(305자)

교육이 양적으로 팽창했다는 것은 그만큼 국민들이 교육을 받을 기회가 많아졌음을 의미한다. 그러나 국민들이 교육을 받을 기회가 많아졌다고 해서, 교육을 받은 국민들 모두가 교육을 통해 자아를 실현할 수는 없다. 교육의 양적 팽창이 교육의 경쟁의 장으로 만들어 버렸기 때문이다. 우리의 교육은 개개인의 소질과 가능성을 발굴하기보다는 경쟁을 통해서 소수를 선발해내는 데 목적을 두고 있는 것이다. 교육의 목적이 선발에 있는 한, 그 과정보다 결과가 중시되는 것은 당연한 일이다. 교육의 양적 팽창이 질적 성장과 보조를 맞추지 못했던 것이다.(300자)

그렇다고 해서 교육의 양적 팽창을 무조건 문제 삼을 수는 없다. 왜냐하면 그것은 교육의 대중화이기도 하고, 교육 받을 기회의 확대이기도 하기 때문이다. 따라서 교육의 기회를 최대한으로 확대하는 한편, 교육을 받는 개개인의 소질과 가능성을 최대한으로 존중해 줄 수 있는 정책과 제도가 필요하다. 다시 말해, 현재의 추세대로 교육을 원하는 모든 국민들이 출신 성분이나 경제저 조건의 치이를 떠나 자유롭게 교육을 받도록 배려를 하면서도 개인차에 따른 선택의 폭을 넓혀주는 방향으로 제도가 만들어져야 하는 것이다. 그 동안 발생한 문제가 평균인을 대상으로 한 획일적인 교육 제도에 원인을 두고 있다는 점에서, 이는 매우 시급하고도 중대한 사안으로 볼 수 있겠다.(367자)

이를 위해서는 개인들의 자율적인 선택권을 보장하여, 적성과 관심에 따라 학교와 교과목을 원하는 대로 이수할 수 있도록 해야 한다. 대학 입시를 준비하는 고등학교만이 아니라, 직업을 준비하는 고등학교도 있어야 한다. 또 과학이나 예술, 체육 등의 전통적인 특기만이 아니라, 요리나 만화, 영화, 컴퓨터 등 새로운 세대들의 관심이 집중되고 있는 특기를 살려주는 고등학교의 설립도 적극적으로 고려해야 할 것이다. 그리고 이들 정책적인 과제들보다 선행되어야 할 것은, 학급당 학생수를 줄여 교사와 학생 간의 만남이 인격적인 관계를 유지할 수 있도록 해야 하는 것이다.(319자)

(총1,291자)

✪ 강평

논제가 가장 기본적으로 요구하고 있는 바를 충실히 반영한 답안이다. 문제의 핵심을 잘 파악하였고, 그 해결 방안도 나름대로의 시각으로 잘 정리했다. 그리고 전체적인 논리의 흐름이 매우 자연스러워 논술을 쓰는 역량이 탁월함을 알 수 있겠다. 다만 논리의 일관성과 유기성에 비해 독창적이거나 참신한 사고가 잘 드러나지 않은 점이 문제이다. 나름대로의 논리적 결론이긴 하지만, 그것은 결국 지극히 평범한 주장에 머물고 말았다.

개념 심화 1

민주주의(民主主義, democracy)

1. 민주주의의 의미와 어원

민주주의하면 일반 사람들은 링컨 대통령의 게티스버그 연설 내용을 생각하게 된다. 링컨 대통령은 민주주의를 국민의(of the people), 국민에 의한(by the people), 국민을 위한 (for the people) 것이라 정의 내렸다. 그럼 좀 더 일반적인 민주주의 의미와 어원에 대해서 알아보자. 국가의 주권은 국민에게 있고, 국가권력은 국민으로부터 나오는 정치체제를 민주주의라고 한다. 민주주의라는 말은 그리스어(語)의 'demokratia'에 근원을 두고 있는데, 'demo(국민)'와 'kratos(지배)'의 두 낱말이 합친 것으로서 '국민의 지배'를 의미한다. 한자로는 民主主義라 쓰는데 민(民)이 주인(主)이 되는 정치체제를 말한다. 초기에는 그리스에서 국민이 다수결로 정치결정 하는 직접민주주의였다. 그러나 시간이 지나면서 사회가 방대해짐에 따라 국민이 선출한 대표가 정치결정 권한을 대리하는 대의민주주의 형태도 나타나게 되었다. 그리고 정부의 형태와 상관없이 사회적, 경제적 평등에 관심을 기울이는 '사회적 민주주의'와 '경제적 민주주의'도 나타났다.

2. 민주주의에 대한 잘못된 이해

위의 내용과 같이 민주주의 해석에는 여러 가지가 있다. 하지만 기본 원칙에는 변화가 없고 이 개념에 관해 착각을 하지 말아야 한다. 우리는 흔히 민주주의에 상반되는 단어로 공산주의를 말한다. 하지만 공산주의는 자본주의에 반대되는 경제개념으로 민주주의와는 직접적 관련은 없다. 예를 들어 북한에서도 선거를 할 때 명목상으로는 나름대로 민주주의를 하고 있다고 주장한다고 한다. 따라서 기본원칙에 따라 민주주의에 상반되는 말은 주권이 국민에게 없는 군주주의나 전제주의이다.

3. 민주주의의 발전

민주주의의 요소는 원시사회에서도 찾아 볼 수 있었다. 원시부족사회에서 사회구성원들이 자신들의 중대한 문제에 대해서 같이 참여해 결정을 했다. 역사적으로는 민주주의라는 개념은 고대 그리스에서 기원한다. 그러나 고대 그리스의 민주주의는 불완전한 형태였다. 시민들이 '입법의원'으로 정치결정과정에 참가하기는 했으나 여성들은 선거권이 없었고 노예제도도 있었다. 그리고 소규모 도시 국가에서 실시되었기 때문에 직접민주주의의 형태가 나타났고 대의제는 나타나지 않았다. 고대 그리스의 민주주의는 스파르타와의 전쟁으로 시들어 버리고 결국 로마에 정복당함으로써 자취를 감추고 그 뒤, 2000여 년 동안 인류의 역사에 묻혀 버렸다. 그러나 17세기 후반 영국의 로크가 '시민정부론'에서 정부의 의무, 시민의 저항권, 행정부와 입법부의 분리를 주장하고 이어서 프랑스의 몽테스키외가 '법의 정신'에서 행정·입법·사법의 삼권분립을 주장하였다. 그 후 1762년에는 제네바의 루소가 '사회계약론'을 통해 국민주권론을 주장하였다. 이들의 사상은 민주주의를 다시 부활시켰고 미국의 독립혁명, 프랑스혁명의 정신적 토대가 되었다. 미국의 독립선언서는 인간 자유의 기본을 문서화 하였고 미국의 헌법은 삼권분립의 명시와 자유민주제도의 성문화로 근대 민주주의 정치제도의 출발을 가져왔다. 이후 여성의 참정권이 인정되고 노예제도도 링컨에 의해 폐지된다. 프랑스혁명은 봉건제도를 타파하고 자유, 평등, 박애 정신을 기초로 하려는 것이었다. 결과적으로 프랑스혁명은 사상을 펼치는 데는 성공했으나 민주주의에 입각한 정치제도의 정착에는 실패하였다. 그러나 프랑스혁명은 평등개념과 주권재민사상, 그리고 모든 국민의 정치참여에 대한 의식을 유럽에 알렸다. 미국의 자유민주주의 정부수립과 프랑스혁명의 영향으로 영국에도 청교도혁명과 명예혁명이 일어났다. 청교도 혁명은 전제 정치를 실시하려는 데 대한 의회 중심의 입헌적인 자유, 즉 의회 우위권을 주장하고 의회정치의 확립을 초래하였다는데 큰 뜻이 있다. 그리고 명예혁명은 입헌군주제의 모범적 혁명으로 무혈의 명예혁명으로 지칭하고 있다. 영국혁명은 최고의 절대군주에 대한 항거로 자유주의 정신과 절대군주를 타도하고 시민중심의 의회권을 확립하였다는 점에서 시민혁명으로서 큰 의의를 찾을 수 있고, 정당의 출현과 의원내각제 그리고 입헌정치를 가져왔다는 점에서 근대사회성립의 계기가 되었다. 영국의 입헌군주제도는 유럽의 많은 국가들에 영향을 주었다. 뿐만 아니라 미국과 유럽의 민주주의는 기타 후진지역의 민주주의 발전 모델이 되었다. 민주주의는 각 지역의 고유한 정치와 문화를 배경으로 각기 독특한 형태로 나타났다.

4. 한국 민주주의의 발전 방향

한국은 제한적이고 불완전한 민주화를 이루었다. 그리고 탈군사화를 완성시켰지만, 반면 국민적 참여에 의한 민주화는 취약하다. 또한 재벌의 정치적 영향력이 강력한 반면에 노동계의 역할은 취약하다. 따라서 이러한 한국의 민주주의의 문제들을 해결하기 위해서는 민주화에 부합하고 민주화를 추진할 정치세력을 교체하고 민주적 성과의 법·제도화를 통한 민주주의를 공고화시켜야 한다. 또한 개혁진보세력의 정치적 등장을 통한 정치적 다원화를 이루고 권력민주화/권력교체에서 다음 단계의 구체적 민주화로 진전시켜야 한다. 그리고 민주주의를 공고화시키기 위해서는 재벌개혁, 언론개혁, 정당개혁, 정부개혁 (국정원, 검찰), 부패척결의 5대 개혁을 해야 할 것이다. 이런 개혁들을 통해서 한국의 민주주의는 좀 더 긍정적인 형태로 발전할 수 있을 것이다.

제 4 장

더 불어 사는 삶

논술 기법

☻ 글의 주제와 주제문 작성

모든 글에는 주제가 살아 있어서 독자에게 그 주제 의미가 전달될 수 있어야 한다. 글을 쓰는 사람 입장에서 주제가 명확히 잡히지 않으면 글을 전개해 가면서 글의 방향을 상실하여 중언부언하게 되고 결국 그 글을 읽는 사람에게는 답답함만 느끼게 한다. 물론 논술 고사에서는 일반적인 논술문과는 달리 자신의 순수한 주제보다는 논제에 따른 개요에 의거해서 써야 하는 경우가 많다. 하지만 논제 분석과 제시문 읽기가 결합된 개요가 마련되었다 할지라도 최종적으로 논술의 글쓰기를 통해서 드러내야 하는 주제 의미는 살아야 한다. 이것은 글의 궁극적인 방향과 인상 깊은 결론으로 나타날 수 있다.

　이러한 글을 쓰기 위해서 가장 중요한 것은 명확한 주제 의식이다. 우리는 개요를 작성할 때 메모식으로 작성하거나 또는 문장식으로 작성할 수 있다. 흔히 논술 고사에서는 문장식보다는 메모식이 편리하다. 문장식 개요는 글의 뼈대 제시를 문장으로 제시하여 의미 내용이 정확하게 작성될 수 있기는 하지만 그 핵심 내용이 한 눈에 드러나기 어렵다. 그리고 논술 고사에서는 시간 부족도 많이 느끼기 때문에 간편하면서도 한 눈에 내용이 드러날 수 있는 메모식 개요 작성이 좋다. 그러나 글을 쓰고자 하는 사람에게 꼭 제대로 의식화되어 있어야 하는 주제는 메모식이 아닌 문장식으로 작성하는 것이 좋다. 이것이 곧 주제문 작성이다. 같은 내용을 가지고 있는 표현이라 하더라도 메모식 구성과 문장식 구성 즉 주제문 작성의 의미 집약성과 확정성이 서로 어떻게 다른지를 다음을 통해서 살펴볼 수 있다.

> ① 인간 중심 사고를 벗어난 생태 위기의 극복
> ② 생태 위기는 시장이 부추긴 무한한 욕망을 충족하고자 한 결과로서, 이를 극복하기 위해서는 인간을 중심에 두는 사고에서 벗어나야 한다.

①은 메모식 구성이고 ②는 문장식 구성이 주제문이다. 누구나 읽었을 때 ①보다는 ②가 의미 내용이 정확하게 머릿속에 입력됨을 느낄 수 있을 것이다. 주제문을 이렇게 가시적으로 작성한 뒤에 그것을 염두에 두고 세부 개요를 작성하거나 글을 전개할 때는 적어도 글의 주제를 크게 벗어나는 일은 없을 것이다. 이런 식으로 이해한다면 주제문 이하 세부 개요 작성에서도 큰 단락만이라도 문장식으로 구성하면 그 단락에서 이루어내어야 하는 의미 내용은 매우 잘 살아날 수 있다.

읽을거리 1

더불어 사는 삶

오늘날 우리들은 도시나 농어촌을 가릴 것 없이 따뜻하고 정다운 인간적인 속성에서 점점 벗어나고 있는 현실이다. 날이 갈수록 사람과 사람 사이가 멀어져만 간다.

다른 한편, 자주 만나 이야기하면서도 그저 건성[1]으로 스치고 지나가는 일은 없는가. 가족 사이가 됐건 혹은 친구 사이가 됐건 너무 자주 만나기 때문에 으레[2] 당연하게 여기고 범속[3]해지는 일은 없는가.

일이 있건 없건 걸핏하면[4] 습관적으로 전화를 걸고, '땡동' 하고 찾아가는 것도 우정의 밀도에 어떤 몫을 할 것인지 생각해 볼 일이다. 무료[5]하고 심심하니까 그저 시간을 함께 보내기 위해서 친구들 찾는다면 그건 '우정'일 수 없다. 시간을 죽이기 위해 찾는 친구는 좋은 친구가 아니다. 시간을 살리기 위해 만나는 친구야말로 믿을 수 있는 좋은 친구 사이다.

친구 사이의 만남에는 서로 영혼의 메아리를 주고받을 수 있어야 한다. 너무 자주 만나게 되면 상호간에 그 무게를 축적[6]할 시간적인 여유가 없다. 멀

---

1 건성(inattention, lack of attention) : 1. 진심으로 하지 아니하고 겉으로만 함. 2. 진지한 자세나 성의 없이 대충하는 태도.
2 으레(properly, naturally) : 1. 두말할 것 없이. 마땅히. 의당(宜當). 2. 거의 틀림없이. 대개.
3 범속(凡俗, commonplaceness) : 평범하고 속됨.
4 걸핏하면(too often) : 조금이라도 무슨 일이 있기만 하면 이내 툭하면. 쩍하면.
5 무료(無聊, tedium, wearisomeness) : 1. 탐탁하게 어울리는 맛이 없음. 2. (흥미가 없어) 지루하고 심심함. 3. 조금 부끄러운 생각이 있음.
6 축적(蓄積, accumulation) : 1. 많이 모이어 쌓임. 2. 많이 모아서 쌓음.

리 떨어져 있으면서도 마음의 그림자처럼 함께 할 수 있는 그런 사이가 좋은 친구일 것이다.

만남에는 그리움이 따라야 한다. 그리움이 따르지 않는 만남은 이내 시들해지게[7] 마련이다. 우리가 세상을 살아가면서 가장 기쁜 일이 있을 때, 혹은 가장 고통스러울 때, 그 기쁨과 고통을 함께 나눌 수 있는 그런 사이가 좋은 인간관계다.

진정한 친구란 두 개의 육체에 깃들인 하나의 영혼이란 말이 있다. 그런 친구 사이는 공간적으로 멀리 떨어져 있을지라도 결코 멀리 있는 것이 아니다. 바로 지척[8]에 살면서도 일체감을 함께 누릴 수 없다면 그건 진정한 친구일 수 없다. 사랑이 맹목적[9]일 때, 즉 사랑이 한 존재의 전체를 보지 못하는 동안에는 관계의 근원에 도달해 있지 않다.

진정한 만남은 상호간의 눈뜸(開眼)이다. 영혼의 진동이 없으면 그건 만남이 아니라 한때의 마주침이다. 그런 만남을 위해서는 자기 자신을 끝없이 가꾸고 다스려야 한다. 좋은 친구를 만나려면 먼저 나 자신이 좋은 친구 감이 되어야 한다. 왜냐하면 친구란 내 부름에 대한 응답이기 때문이다. 끼리끼리 어울린다는 말도 여기에 근거를 두고 있다.

이런 시구가 있다.

> 사람이 하늘처럼 맑아 보일 때가 있다.
> 그때 나는 그 사람에게서
> 하늘 냄새를 맡는다……

---

7 시들해지게(weaken) : 1. 풀이나 꽃 따위가 시들어서 생기가 없어지다. 2. 조금도 마음에 차지 않고 언짢다. 3. 조금도 대수롭지 않다.
8 지척(咫尺, a very short distance) : 썩 가까운 거리.
9 맹목적(盲目的, blind) : 어떤 사물에 대하여 올바른 판단을 내릴 수 없게 된 상태.

사람한테서 하늘 냄새를 맡아본 적이 있는가. 스스로 하늘 냄새를 지닌 사람만이 그런 냄새를 맡을 수 있을 것이다. 인간관계에서 권태[10]는, 시간적으로나 공간적으로 늘 함께 있으면서 부딪친다고 해서 생기는 것만은 아니다. 창조적인 노력을 기울여 변화를 가져오지 않고, 그저 맨날 비슷비슷하게 되풀이되는 습관적인 일상의 반복에서 삶에 녹이 스는 것이다. 아름다움을 드러내기 위해 가꾸고 다듬는 일도 무시될 수 없지만, 자신의 삶에 녹이 슬지 않도록 늘 깨어 있으면서 안으로 헤아리고 높이는 일에 보다 근본적인 노력이 뒤따라야 한다.

생각과 영혼에 공감대가 없으면 인간관계가 투명하고 살뜰[11]해질 수 없다. 따라서 공통적인 지적 관심사가 전제되어야 한다. 모처럼 친구끼리 만나서 이야기를 나누면서도 공통적인 지적 관심사가 없기 때문에 만남 자체가 빛을 잃는 일이 얼마나 많은가. 끊임 없이 탐구하는 사람만이 지적 관심사를 지닐 수 있다. 사람은 저마다 따로따로 자기 세계를 가꾸면서도 공유하는 만남이 있어야 한다. 칼릴 지브란[12]의 표현을 빌리자면, '한 가락에 떨면서도 따로따로 떨어져 있는 거문고 줄처럼' 그런 거리를 유지해야 한다.

거문고 줄은 서로 떨어져 있기 때문에 울리는 것이지, 함께 붙어 있으면 소리를 낼 수 없다. 공유하는 영역이 넓지 않을수록 깊고 진하고 두터워진다. 공유하는 영역이 너무 넓으면 다시 범속(凡俗)에 떨어진다. 행복은 더 말할 것도 없이 절제에 뿌리를 두고 있다.

생각이나 행동에 있어서 지나친 것은 행복을 침식한다. 사람끼리 만나는 일에도 이런 절제가 있어야 한다. 행복이란 말 자체가 사랑이란 표현처럼 범속(凡俗)

---

10 권태(倦怠, weariness) : 1. (어떤 일이나 상태에 시들해져서 생기는) 게으름이나 싫증. 2. 심신이 피로하여 나른함.
11 살뜰(frugal) : 매우 알뜰함. 규모가 있고 착실함. 살뜰-히.
12 Kahlil Gibran(1883.12.6~1931.4.10) : 철학자·화가·소설가·시인으로 유럽과 미국에서 활동한 레바논의 대표 작가이다. 독특한 종교적·역사적 배경에서 성장하여 일생을 아랍과 비아랍, 이슬람과 기독교, 레바논과 뉴욕 등 이질적인 두 세계를 넘나들면서 특유의 이중적 세계관으로 전세계의 독자들에게 시공을 초월하는 진실을 이야기함으로써 현대인의 정신적 지주로 자리 잡았다.

으로 전락13된 세태14이지만, 그렇다 하더라도 행복이란, 가슴 속에 사랑을 채움으로써 오는 것이고, 신뢰와 희망으로부터 오고, 따뜻한 마음을 나누는 데서 움15이 튼다. 그러니 따뜻한 마음이 고였을 때, 그리움이 가득 넘치려고 할 때, 영혼의 향기가 배어 있을 때 친구도 만나야 한다. 습관적으로 만나면 우정도 행복도 쌓이지 않는다.

혹시 이런 경험은 없는가. 텃밭에서 이슬이 내려앉은 애호박을 보았을 때, 친구한테 따서 보내주고 싶은 그런 생각 말이다. 혹은 들길이나 산길을 거닐다가 청초16하게 피어 있는 들꽃과 마주쳤을 때, 그 아름다움의 설레임을 친구에게 전해주고 싶은 그런 경험은 없는가. 이런 마음을 지닌 사람은 멀리 떨어져 있어도 영혼의 그림자처럼 함께 할 수 있어 좋은 친구일 것이다. 좋은 친구는 인생에서 가장 큰 보배이다. 친구를 통해서 삶의 바탕을 가꾸라.

- 법정17 스님, 「사람과 사람 사이」에서

한국에는 1975년 처음 번역되어 국내 독서계에 칼릴 지브란의 붐을 일으켰던 산문시집 『예언자』를 비롯하여 첫사랑을 주제로 다룬 소설 『부러진 날개』, 잠언집 『모래·물거품 Sand and Foam』(1926), 우화 『방랑자』(1932), 『고요하여라 나의 마음이여(Prose Poems)』, 『세월(Time and Tide)』, 『보여줄 수 있는 사랑은 아주 작습니다』 등 많은 작품이 소개되었다.

13 전락(轉落, downfall, fall, degradation) : 1. (물건 따위가) 굴러 떨어짐. 전추(顚墜). 2. [되다형 자동사]나쁜 상태나 처지에 빠짐. ¶ 삼류 작가로 전락하다.

14 세태(世態, the prevailing state of society) : 세상의 형편이나 상태. 세상(世相).

15 움(a tiller, a sprout) : 나무 등걸의 뿌리나 풀의 뿌리에서 새로 돋는 싹이나 어린 줄기 ¶ 움이 돋다.

16 청초(淸楚, neat and tidy) : 말쑥하고 조촐함. ¶ 성조하고 고아(高雅)한 자태. 청초―히[부사].

17  법정(法頂, 1932.10.8~) : 본명은 박재철이다. 1932년 10월 8일 전라남도 해남(海南)에서 태어났다. 1956년 충남대학교 상과대학 3년을 수료한 뒤, 같은 해 통영 미래사(彌來寺)에서 당대의 고승인 효봉(曉峰)을 은사로 출가하였다. 같은 해 7월 사미계(沙彌戒)를 받은 뒤, 1959년 3월 통도사 금강계단에서 승려 자운(慈雲)을 계사로 비구계를 받았다. 이어 1959년 4월 해인사 전문강원에서 승려 명봉(明峰)을 강주로 대교과를 졸업하였다.

1994년부터는 순수 시민운동 단체인 '맑고 향기롭게'를 만들어 이끄는 한편, 1996년에는 서울 도심의 대원각을 시주받아 이듬해 길상사로 고치고 회주로 있다가, 2003년 12월 회주 직에서 물러났다. 2005년 현재 강원도 산골의 화전민이 살던 주인 없는 오두막에서 직접 땔감을 구하고, 밭을 일구면서 무소유의 삶을 살고 있다. 대표적인 수필집으로는 『무소유』, 『오두막 편지』, 『새들이 떠나간 숲은 적막하다』, 『버리고 떠나기』, 『물소리 바람소리』, 『산방한담』, 『텅빈 충만』, 『스승을 찾아서』, 『서 있는 사람들』, 『인도기행』 등이 있다. 그 밖에 『깨달음의 거울(禪家龜鑑)』, 『숫(수)타니파타』, 『불타 석가모니』, 『진리의 말씀(법구경)』, 『인연이야기』, 『신역 화엄경』 등의 역서를 출간하였다.

읽을거리 2

　　그의 손은 늘 말하고 있다. 손으로 노래도 부르고, 화도 내기도 하고, 기뻐하기도 하고, 안타까움을 토로하기도 한다. 수화(手話) 노래 보급자이며 수화 통역사인 정택진[18] 씨. 농아[19]도 아닌데 정 씨는 말하는 것보다 손짓이 더 편하다고 한다. 수화를 배운 것은 14년 전이다. 교회 주일학교 교사로 활동하던 시절, 주말마다 인천에 있는 농아원에 자원봉사를 나가면서 그는 평생을 청각 장애인들을 위해 살기로 마음 먹었다. 그가 자신의 정해진 인생을 포기하면서까지 이 길을 선택한 이유는 무엇일까? 그는 보다 가치 있는 삶을 살고 싶어서였다고 간단히 대답한다.

　　"사람들이 호기심 어린 눈으로 보는 것만으로도 즐거워요. 수화의 아름다움을 전할 수 있으니까요. 수화를 예술로 승화시키고 싶어요." 그는 3년 전부터 수화 뮤지컬 전문 극단을 만들어 활동하고 있다. 기회가 된다면 장애인 예술공동체도 꾸미고 싶다.

　　하지만 그에게 무엇보다도 중요한 일은 수화 통역이다. 농아인들이 하고 싶은 말을 마음껏 하게끔 도와주는 것이 그의 소명[20]이고 책임이라고 생각하기 때문이다. "농아인들이 일상생활에서 입는 피해가 참 많아요. 교통사고, 직장내

---

18  정택진(Jung taek-jin) : 수화노래 보급자이며, 수화통역사이다. 농아인 아내 이주순 씨와 가끔 거리공연이 있으면 함께 나가 주는 든든한 후원자인 정미문 양과 함께 농아인들을 위해 살고 있다. 대한민국 국민 모두가 수화로 대화하는 것이 꿈이라는 가슴 따뜻한 농아인들의 희망이다.

19 농아(聾啞, deaf mutism) : 청력검사에서 90db 이상의 소리도 들리지 않는 고도의 난청을 농(聾)이라고 한다. 농아는 그 모체가 임신 중에 풍진(風疹)을 앓거나 극약 등을 복용하여 생기는 선천적 농아와 3~4세 때 뇌막염·성홍열 등의 병을 앓아 말을 배울 때 귀가 먹어 벙어리가 되는 후천적인 것이 있다.

갈등, 가족간 갈등 등 문제가 발생했을 때 의사표현이 안 되니까 손해를 보는 거죠. 말하는 사람과 말 못하는 농아 사이의 의사소통을 가능하게 해주는 수화통역사로서의 일이 저에겐 가장 소중해요."

그는 말한다. 한 번도 농아인들을 만나보지 않은 사람이 수화를 배우는 것이 어쩐지 몸에 맞지 않은 옷을 억지로 입는 것처럼 어색해 보인다고 한다. 마음으로 농아들과 대화할 준비가 되어 있는 사람이어야 진정으로 '아름다운 손짓'이 나온다는 것이 그의 지론이다.

"청각장애인은 고집 세고 융통성[21]이 없다는 생각은 그들과의 의사소통이 안 되기 때문에 생긴, 말하는 사람들의 일방적 편견[22]입니다. 수화를 배우세요. 사람과 사람 사이의 문이 열린다는 것이 얼마나 경이롭고 행복한 체험인지 깨닫게 될 테니까요."

– 우선, 「세상에서 가장 아름다운 손짓」에서

---

20 소명(召命, calling) : 주로 그리스도교에서 죄 많은 세상에서 살던 자가 하느님의 부름을 받고 구원(救援)에 이르는 것을 말한다. 구약성서에서 하느님으로부터 선택받은 이스라엘 백성이나 하느님의 사자(使者)로서의 예언자의 소명 등이 그 예이다.
    그러나 소명을 받고 수도자나 성직자가 되어 하느님과 이웃을 섬기는 일뿐만 아니라, 신앙 안에서 어떤 직업에 종사하면서 사는 그리스도인은 모두가 특별한 소명을 받았다고 주장한 종교개혁자에 의해, 이 말이 새로운 의미로 쓰이게 됨으로써, 프로테스탄트에서는 새로운 소명관(召命觀), 즉 직업관(職業觀)이 형성되었다.
21 융통성(融通性, adaptability, flexibility) : 융통이 잘 되는 성질이란 뜻으로 때나 경우에 따라 임기응변으로 변통할 수 있는 성질이나 재주. ¶ 고지식하기만 하고 융통성 없는 사람.
22 편견(偏見, prejudice) : 공정하지 못하고 한쪽으로 치우친 생각. ¶ 편견을 버리다./편견이 심하다./편견에 사로잡히다.

논술 실전

❖ 제시문 (가)와 (나)는 더불어 사는 삶의 진정한 길에 대해 공통적으로 이야기하고 있다. 이를 바탕으로, '행복한 미래사회 건설을 위한 진정한 공동체 의식'에 대하여 구체적으로 진술하시오.

가

　당신에게 이야기를 하나 해 드리겠습니다. 한 남자가 우리 집에 찾아와서 말했습니다. "아이들이 여덟 명이나 되는 한 가정이 있는데 그들은 며칠째 굶고 있습니다."

　나는 음식을 조금 들고 나갔습니다. 내가 그 가정을 방문했을 때, 나는 거기서 어린아이들이 배고픔으로 얼굴이 일그러져 있는 것을 보았습니다. 그 얼굴에는 슬픔이나 서러움이 아니라 단지 배고픔으로 인한 깊은 고통이 있을 뿐이었습니다. 나는 아이들 어머니에게 쌀을 주었습니다. 그녀는 단순하게 이렇게 대답했습니다. "이웃에 다녀와야겠어요. 그들도 배가 고프거든요!" 나는 그녀가 이웃에 나누어 준 것에 대해서 전혀 놀라지 않았습니다. 가난한 사람들은 진정으로 너그러우니까요. 다만 그녀가 이웃이 배고프다는 사실을 아는 것이 놀라웠습니다. 왜냐하면 일반적으로 우리가 고통 받을 때는 자신의 고통에 너무나 몰입되어 있어 다른 사람에게 관심을 가질 수 없기 때문입니다.

　이곳 캘커타[23]에는 수많은 그리스도 교인과 비그리스도 교인이 '임종(臨終)[24]의

---

23 캘커타(calcutta) : 인도 동부 서벵골주의 주도(州都).
24 임종(臨終, one's deathbed) : 죽음을 맞이함.

집'이나, 다른 곳에서 봉사하고 있습니다. 어떤 사람들은 나환자[25]들을 돌보기 위해서 헌신하고 있습니다. 어느 날 오스트레일리아 사람이 우리에게 와서 매우 유용한 것들을 내놓으면서 이렇게 말했습니다. "이것은 단지 외적인 것에 불과합니다. 이제 나는 정말 나 자신의 것을 주고 싶습니다." 그는 지금도 환자들의 수염을 깎아 주거나 그들과 이야기하기 위해 이 '임종(臨終)의 집'에 정기적으로 옵니다. 그는 돈뿐만 아니라 시간까지도 내놓았습니다. 온전히 자기 자신을 주고 싶은 것입니다.

나는 가끔 돈이 아닌 다른 선물을 줄 것을 요청할 때도 있습니다. 가능하면 나는 사람들에게 돈을 주거나 선물을 건네면서 만지기도 하고 웃기도 하고 관심을 기울이기도 하면서 그 자리에 함께 있기를 바랍니다.

당신은 주는 기쁨을 체험해 보신 적이 있으십니까? 나는 많은 풍요함 중에서 조금 주는 것은 원하지 않습니다. 그리고 사람들이 나를 위해 모금운동을 하는 것을 원하지 않습니다. 나는 그것을 모릅니다. 나는 당신 자신의 것을 주기를 바랍니다. 당신 것을 줄 때 함께 담아준 그 사랑이 가장 중요하니까요.

나는 필요 없는 것을 주는 것을 원하지 않습니다. 캘커타에는 돈이 너무 많아서 없애버리고 싶어하는 사람도 있습니다. 돈을 숨겨둘 필요가 있을 때도 있고, 돈을 써버릴 필요가 있을 때도 있습니다.

며칠 전 나는 소포 꾸러미를 받았습니다. 나는 우표나 카드일 거라는 생각에 시간이 날 때 보려고 한쪽에 밀어놓았습니다. 몇 시간이 지난 후 별 생각 없이 소포 꾸러미를 풀던 나는 내 눈을 믿을 수가 없었습니다. 소포에는 2만 루피가 들어 있었습니다. 거기엔 주소도 메모도 없어 정부[26]에 빚진 돈일 거라는 생각이 들었습니다.

---

25 나환자(癩患者, a leprous patient) : 나병에 걸린 환자.
26 정부(政府, a government) : 국가의 통치권을 행사하는 기관.

신토피컬 논술의 원리와 실제 1

나는 무언가를 없애버리기 위해 보내오는 건 원하지 않습니다. 준다는 것은 다른 그 무엇, 정27으로 나누는 것입니다. 그러므로 나는 당신이 먹다 남은 것을 주는 건 바라지 않습니다. 필요한데도 불구하고 진정으로 나눔의 의미를 느낄 때까지 나누는 것을 원합니다!

서로서로 진지하게 대하도록 합시다. 그래서 서로를 있는 그대로 받아들일 수 있는 용기를 가집시다. 이제 서로 타인의 실패 앞에서 놀라거나 편견28을 가지지 맙시다. 우리 한 사람 한 사람이 모두 하느님의 형상29대로 창조되었기 때문에 서로에게서 착함과 선함을 발견하도록 합시다. 우리의 사회는 이미 성인30이 된 사람으로 구성되어 있는 것이 아니라 성인이 되고자 노력하는 사람들로 구성되어 있다는 것을 늘 마음속에 간직합시다. 그러므로 서로간의 잘못이나 실수를 최대한으로 참아줍시다.

친절은 열성31이나 과학32이나 웅변33이 했던 것보다 더 많은 사람들을 회심34시켰습니다. 거룩함은 친절이 있는 곳에서 빨리 자랍니다. 세상은 달콤함과 친절의 필요성을 잃어가고 있습니다. 우리는 서로서로 필요한 존재하는 것을 잊지 마십시오.

− 테레사 수녀, 「봉사에 대하여」에서

27 정(情, feeling(s)) : 사물에 느끼어 일어나는 마음의 작용.
28 편견(偏見, a biased view) : 공정하지 못하고 한쪽으로 치우친 생각.
29 형상(形狀, a features) : 물건의 생긴 모양이나 상태.
30 성인(聖人, a sage) : 지혜와 덕이 뛰어나 길이길이 우러러 받들어 본받을 만한 사람.
31 열성(熱誠, earnestness) : 열렬한 정성.
32 과학(科學, science) : 보편적인 진리나 법칙의 발견을 목적으로 한 체계적인 지식.
33 웅변(雄辯, eloquence) : 힘차고 거침이 없는 변설. 화술이 뛰어나며 설득력이 있는 말솜씨.
34 회심(回心, a change of heart) : 마음을 돌려 먹음.

나

　　상처가 아물고 난 다음에 받은 약은 상처를 치료하는 데 사용하기에는 너무 늦고, 도리어 그 아프던 기억을 상기35시키는 역할을 하는 경우가 있습니다. 이것은 단지 시기가 엇갈려 일어난 실패의 사소한 예에 불과하지만, 남을 돕고 도움을 받는 일이 경우에 따라서는 도움이 되기는커녕 더 큰 것을 해치는 일이 됩니다.

　　남의 호의36를 거부하는 고집이 과연 좁고 삐뚤고 어두운 마음의 소치37인가? 우리는 공정한 논의를 위하여, 베푸는 자의 얼굴에도 초점을 맞추어 조명해 볼 필요가 있다고 생각합니다. 이를테면 그 대가를 다른 것으로 거두어들이기 위한 상략38적(商略的)인 동기가 있는가 하면, 비록 물질적인 형태의 보상을 목적으로 하지는 않으나 수혜자 측의 호의나 협조를 얻거나, 그의 비판이나 저항을 둔화시키거나, 극단적인 경우 그의 추종이나 굴종39을 확보함으로써 자기의 신장을 도모하는 정략40적(政略的)인 동기도 있으며, 또 가해자라는 정신적 우월감을 즐기는 향락적(享樂的)인 동기도 없지 않습니다.

　　이러한 동기에서 나오는 도움은 자선41이라는 극히 선량한 명칭에도 불구하고 그 본질은 조금도 선량한 것이 못됩니다. 도움을 받는 쪽이 감수해야 하는 주체성의 침해와 정신적 저상(沮喪)42이 그를 얼마나 뻥틀게 하는가에 대하여 조금도 고려하지 않고 서둘러 자기의 볼 일만 챙겨 가는 처사는 상대방을 한

---

35 상기(想起, recollection) : 지난 일을 도로 생각하여 냄.
36 호의(好意, (a) good will) : 친절한 마음씨.
37 소치(所致, what is brought by) : 어떤 까닭에서 빚어진 일. 탓.
38 상략(商略, a business policy) : 상업상의 책략.
39 굴종(屈從, submission) : 제 뜻을 굽혀 복종함.
40 정략(政略, political tactics) : 정치상의 책략. 목적을 위한 방략.
41 자선(慈善, charity) : 선의를 베풂. 특히 불행, 재해 등으로 자활할 수 없는 사람을 구조함.
42 저상(沮喪, depression) : 기운을 잃음. '사기(士氣)가 저상(沮喪)되다'와 같이 사용함.

사람의 인간적 주체로 보지 않고 자기의 환경이나 방편으로 삼는 비정한 위선[43]입니다.

이러한 것에 비하여 매우 순수한 것으로 알려진 '동정'이라는 동기가 있습니다. 이것은 측은지심(惻隱之心)[44]의 발로[45]로서 고래(古來)의 미덕으로 간주되고 있습니다. 그러나 이 동정이란 것은 객관적으로는 문제의 핵심을 흐리게 하는 인정주의의 한계를 가지며 주관적으로는 상대방의 문제 해결보다는 자기의 양심의 가책을 위무(慰撫)[46]하려는 도피주의의 한계를 갖는 것입니다. 뿐만 아니라 동정은 동정 받는 사람으로 하여금 동정하는 자의 시점에서 자신을 조감하게 함으로써 탈기(脫氣)와 위축을 동시에 안겨 줍니다. 이 점에서 동정은, 공감의 제일보라는 강변[47](强辯)에도 불구하고 그것은 공감과는 뚜렷이 구분되는 값싼 것임에 틀림없습니다.

돕는다는 것은 우산을 들어 주는 것이 아니라 함께 비를 맞으며 함께 걸어가는 공감과 연대의 확인이라 생각됩니다.

－신영복, 「함께 맞는 비」에서

유의 사항 ●●●●●●●●●●●●●●●●●●●●●●●●●●●●

1. 논술문의 주제를 잘 드러내는 제목을 답안지의 첫째 줄에 쓰고, 본문은 둘째 줄부터 쓸 것.
2. 자신의 직·간접적 생활 체험을 반드시 포함시켜 구체적으로 논할 것.
3. 글의 분량은 띄어쓰기를 포함하여 1,600자(±200자 허용) 내외로 할 것.

---

43 위선(僞善, hypocrisy) : 본심에서가 아니라 겉으로만 착한 체함. 또는 그런 짓이나 일.
44 측은지심(惻隱之心) : 남을 불쌍하게 여기는 착하고 타고난 마음을 이르는 말.
45 발로(發露, (an) expression) : 마음속의 것이 겉으로 드러남.
46 위무(慰撫, pacification) : 위로하고 어루만져 달램.
47 강변(强辯, unreasonable argument) : 이유를 붙여서 굳이 변명함.

논술 해결의 길잡이

✪ 논제 살피기

　　더불어 사는 삶의 길이 진정한 행복의 길임을 알고 있는지 묻는 문제이다. 이것은 현대인들의 삶의 질과 직결되는 것으로, 물질적으로는 풍요해졌지만 정신적으로는 가난해진 현대인들의 실질적인 문제의 해결책을 찾아보도록 하는 문제이다. 현대사회에서 정신병리적 현상이 다수 나타난다는 것은 현대사회가 현대인들에게 가하는 압박이 삶의 진정한 가치를 훼손시키고 있기 때문이라고 할 수 있다. 또한 현대인들이 정신적으로 그릇된 방향을 지향하고 있기 때문에 더욱 문제 해결이 힘들어지고 있기도 하다.

　　이런 까닭에, 서구의 물질주의적 세계관을 대체하여 동양의 정신주의가 미래사회의 주된 흐름이 될 것이라는 주장이 나오고 있는 것이다. 정신사적으로 볼 때, 근대화 또는 산업화는 서구의 세계관에 의해 추동된 것이라고 할 수 있다. 그러나 그러한 생각은 인간의 행복마저 계량화하고 물질화하며 궁극에는 황금만능주의로 귀결되고 있다. 즉 행복도 돈의 유무, 물질적 풍요의 여부에 의해 판가름 나는 것이다. 이것이 체제적인 측면에서는 국경을 넘어서는 냉혹한 무한경쟁의 시대를 가져왔고, 개개인의 측면에서는 고립적인 개인주의를 가져왔다고 할 수 있다. 이런 정신사적 흐름을 되돌릴 수 있는 것은, 인간의 발견, 즉 사람 사이의 사람, 연대감의 발견에서 가능할 것임을 깨닫게 하고자 하는 문제이다. 21세기의 보편정신은 이처럼 경쟁이 아닌 화합과 연대감의 시대임을 알게 하기 위한 문제이다.

✪ 제시문 분석

(가)는 테레사 수녀의 봉사 정신을 쉬운 말로 사례를 들어 보여주고 있다. 이 글에 의하면, 물질적으로 가난한 사람들이 정신적으로 얼마나 풍요롭고 너그러운지를 우선 보여준다. 극한의 기아 속에서, 고통에 압도되어 자신만을 생각할 것 같았던 한 가난한 여인은 자신과 가족의 고통은 물론이고 이웃의 고통을 잊지 않고, 이웃에 대한 걱정을 아주 자연스럽게 표현하고 있다. 이러한 사례는 독자에게 무한한 마음의 평화를 가져다준다.

이런 사례로부터 테레사 수녀는 이웃에 대한 진정한 봉사는, 자기 자신에게 소중한 것을 남에게도 주는 것임을 주장하고 있다. 돈이 남기에 주는 것, 돈으로 대체하는 것은 진정한 봉사가 아닌 것이다. 봉사를 받는 사람들과의 연대감, 그들과 함께 하는 것이 진정한 봉사임을 강조하고 있다. 이 속에서 마음의 넉넉함, 행복감을 얻을 수 있다고 말하고 있다.

(나)도 또한 유사한 깨달음을 보여주고 있다. 봉사란 우산을 씌워주기만 하는 것이 아니라, 차라리 그들과 함께 비를 맞는 것이란 역설을 통해 진정한 봉사의 정신, 이웃을 이해하는 길을 제시하고 있다. 있고 없음을 떠나, 모든 인간관계는 수평적이고 공동적이어야 한다. 내가 사회적으로 나은 조건이기 때문에 도울 수 있어서 돕는다는 것이 아니라, 그들과 함께 하고 싶기 때문에 함께 해야 한다는 것이다. 자신의 처지가 더 낳기 때문에 돕는다는 생각은 자칫 그 봉사의 행위 속에 비순수의 정신을 깃들게 하며 동시에 도움을 받는 사람에게 정작 정신적 상처를 줄 수 있음을 말해 주고 있다. 이런 관계는 진정한 인간적 관계라 할 수 없을 것이다.

✪ 해결 과정 생각하기

이 논제는 행복의 올바른 인식을 우선 요구하고 있다. 무엇보다도 개인적이고 고립적인 행복이 아니라 사회의 모든 사람들과 행복을 같이 느낄 때 그것이 진정한 행복임을 인식할 필요가 있다. 이러한 전제가 있어야만 현대 사회에서 아직도 인간이 행복하지 못하고, 왜 그 행복한 사회의 실현을 미래에 기대하고 있는지가 설명될 수 있다.

현대사회는 빛과 어둠이 양존하고 있어서, 양심적인 빛의 세계의 사람들이 어둠의 세계의 사람들에게 행복의 길로 안내하고자 끝없는 봉사를 실천하고 있다. 문제는 이들 간의 관계가 자칫 잘못된 방향으로 흐를 수 있고, 그것은 이 사회 전체를 불행과 행복간의 대립이 있는 사회로 머물게 할 수 있다는 점이다.

제시문이 문제삼고 있는 것이 이 점이다. 따라서 제시문을 활용하여, 올바른 인간관계의 정의를 내릴 필요가 있다.

올바른 인간관계는 무엇보다도 연대감에서 나온다. 그 연대감은 사람과 사람 사이에 진정한 이해와 공감에서 비롯한다고 제시문은 밝히고 있다. 그것이 '친절'이든, '사랑'이든, '공감'이든 그 바탕에는 상호간의 신뢰가 전제된다. 이 것에 기초한 인간관계가 진정한 것이고 이것 위에서 이루어지는 봉사가 인간 사회를 행복에 이르게 할 수 있다고 논할 필요가 있다.

이 같은 점을 해결하고 궁극적으로는 행복한 미래사회의 비전을 제시할 필요가 있다. 그 비전에는 행복한 미래사회의 건설을 위한 방법이 또한 포함되어 있어야 한다. 이 같은 논제의 요구에 답하면서, 마지막으로 실천적인 관점에서 항상 행복과 신뢰를 생각할 필요가 있다고 강조해야 하겠다. 이념이든 윤리든 인간사회의 보편적 이념은 항상 그 사회의 인간에 의해 실천되어야만 하는 행동원리이기 때문이다. 따라서, 결론 부분은 실천적인 논의로 마무리되어야 할 것이다.

✪ 주제문 작성

사람 사이의 관계가 따뜻한 마음에 기초하여 굳건히 성립될 때, 모두가 행복감을 느낄 수 있는 사회가 이룩될 수 있다.

✪ 주제어: 공동체 의식, 행복, 공동체 윤리, 인격적 만남.

✪ 개요 작성(1,500자)

서론(200자) : 공동체 의식을 상실한 현대인.

　　　　　　 －위선적인 선행, 위선적인 인간관계.

본론(1,000자) : 1. 소수라도 불행한 사람이 이웃에 있음을 알면 행복할 수 없다.

　　　　　　　　　 －나의 행복은 이웃의 행복에서 온다.

　　　　　　　 2. 진정한 공동체 윤리.

　　　　　　　　　 －이웃과의 사랑과 신뢰.

　　　　　　　　　 －거짓 없는 봉사의 정신.

　　　　　　　　　 －상호존중의 원리.

　　　　　　　 3. 마음과 마음의 만남.

결론(300자) : 진정한 인격적 만남으로 이루어진 사회.

✪ 예시 답안

일찍이 아리스토텔레스가 삶의 목적이 다름 아닌 행복에 있다고 갈파했듯, 사람은 누구나 행복을 추구한다. 그러나 현대인들이 가지고 있는 행복의식은 매우 왜곡된 감이 없지 않다. 무엇보다도 자신이 행복하면 모두가 다 행복하다고 쉽게 착각에 빠지곤 하기 때문이다. 이런 착각 때문에, 불행한 이웃의 의미를 진정으로 모르는 경우가 많다.(185자)

맹자가 왕도정치(王道政治)에 대해 양혜왕과 주고받은 문답에서, "백성이 편안하지 않은데, 왕 홀로 즐거움을 탐닉하는 것은 진정한 즐거움을 누리는 것이 아니다."고 주장했듯, 나의 이웃이 불행에 처해 있는데도 내가 행복하다면 그것은 진정한 행복을 누리는 것이 아니다. 따라서 불행한 이웃의 존재는 결국 나의 행복이 완전한 행복이 아님을 말해 주는 것에 다름 아니다. 다시 말해 이웃의 행복은 내가 완전한 행복에 도달하기 위한 전제 조건이 되는 것이다.(252자)

물론 많은 사람들은 이웃의 불행을 좌시하지 않고 봉사 활동을 통하여 그들의 불행을 조금이나마 덜고자 한다. 이름을 굳이 밝히지 않은 채 장애인이나 불우 아동, 독거 노인들을 묵묵히 보살피는 사람들의 미담은 지금도 지속적으로 발굴되고 있다. 그리고 길거리에서, 버스 안에서도 이웃의 불행을 외면하지 않고 자신의 힘을 적극적으로 보태는 일도 자주 목격할 수 있다. 이들을 통해 우리는 인간들이 모여 사는 우리 사회의 희망을 발견하곤 한다.(243자)

그러나 현대인들의 봉사는 형식적인 측면이 없지 않다. 특히 우리 사회에서 이웃의 불행을 덜고자 하는 행위들이 무슨 행사처럼 특정한 주기에 반복되어 나타나는 사례가 많은 점은 유쾌한 장면이 아니라고 생각된다. 우리는 언제 이웃을 생각하는가? 매일매일 생활의 압박 속에서 자신의 욕망 충족을 위해 혼신을 다하다가도, 연말연시나 성탄절, 또는 큰 재해시 TV에서 '당신의 사랑이 필요할 때입니다!'라는 메시지를 보낼 때, 반사적으로 이웃의 불행을 생각하지는 않는가? 또한 많은 학생들은 또한 봉사활동이라는 명목 하에 각종 사회단체를 방문하여 요식적으로 봉사활동을 하고 그것을 확인해주는 확인증을 받아오는 경우가 적지 않다.(433자)

이것은 진정한 봉사도, 진정한 이웃간의 연대감의 표시도 아니다. 그것은 나의 필요를 채우기 위한, 그리고 TV 등 무언가에 의해 조건화된 선행에 지나지 않는다. 이런 행태의 반복으로는 우리 모두가 행복을 느낄 수는 없다. 거기에는 정성이 빠져 있기 때문이다.(147자)

진정한 행복은 서로가 서로를 항상 신뢰하고 사랑하고 믿을 수 있는 정신적 연대감이 충만할 때 이루어질 수 있을 것이다. 경제적인 부의 평등도 아니고 권력의 평등도 아닌, 마음의 평등, 마음의 나눔 속에서 행복은 가능하다고 생각한다. 그리고 그런 사람들의 사회가 진정으로 행복한 사회일 것이다. 테레사 수녀의 말처럼, 사람들이 서로, 돈이 아닌 자기 자신을 남에게 줄 때, 남에 대한 신뢰와 사랑은 물론 나의 행복도 이루어질 수 있을 것이다.(249자)

(총1,424자)

개념 심화 1

형이상학(形而上學, metaphysics)과 형이하학(形而下學, physical science)

1. 형이상학과 형이하학의 개념

: 형이상학은 '형체를 초월한 영역에 관한 과학'이라는 뜻으로 '철학'을 일컫는 말이다. 반면 형이하학은 형체가 있는 사물에 관한 학문 물리학·식물학·동물학 등을 다루는 자연과학이라 할 수 있다. '형이상학적'이 정신적이라면 '형이하학적'은 물질적인 것이라 할 수 있겠다.

2. 형이상학의 어원

: 역경易經(주역이라고도 함) 계사전상(繫辭傳上) 중 다음과 같은 구절에서 나온 것으로 이것을 응용해서 일본인들이 라틴어 metaphysica를 형이상학이라고 번역했다.

形而上者謂之道, 形而下者謂之器.

"형상(形象) 이전의 것을 도(道)라고 하고, 형상 이후의 것을 기(器)라고 한다"
반면 형이하학은 형이상학의 반대개념으로 만들어진 조어라 따로 어원이 없는 것 같다.

3. 형이상(形而上)과 형이하(形而下)

: 형이상은 인간의 감각기관을 초월한 정신, 도를 가리키고 형이하는 형상을 가진 물질 또는 그런 속성 자체를 가리키는 말이다.

형이상은 사물이 형체를 갖기 이전의 근원적인 본모습이며, 형이하는 감각할 수 있는 구체적인 사물을 뜻한다. 송대(宋代)의 주희(朱熹)는 "형이상자는 형체도 없고 그림자도 없다"라고 하고 도를 이(理), 성(性)이라고 해석하였고 "형이하자는 실상도 있고 모양도 있다"라고 하여 기를 기(氣)라고 해석하여 철학적으로 중요한 개념이 되었다.

또한 그는 인간과 사물이 생성될 때 이(理)를 먼저 받은 후에 본성을 갖게 되고 기를 받은 후에 형태를 갖추게 된다고 하였다. 이전에는 형이상인 이가 형이하인 기보다 논리적으로 우선한다고 하였으나 이기의 관계는 분리해서 생각할 수 없는 것이라 주장하였다. 그러나 이는 형이상적인 존재이고 기는 형이하적 존재로서 본질이 다르기 때문에 양자의 관계는 불리부잡(不離不雜, 분리되지도 않고 섞이지도 않음)에 있지만 현상적 실재물에서는 이를 따라서 기가 있고 기를 떠나서 이가 있는 것은 아니라고 하였다. 기가 운동성을 갖는 데 반하여 이는 무위이고 기의 운동에 따르며 거기에 질서를 부여할 뿐이다.

형이상자와 형이하자는 이와 기로 해석되며 서로 불가분의 관계인 동시에 통합될 수 없는 관계로, 그 관계를 파악하는 이해방법의 차이에 따라 다양한 학설들의 전개와 발전이 이루어져 왔다.

4. 형이상학과 형이하학으로 구분해본 인간의 소망

: 형이상학 – 인격완성, 자아완성, 신학적으론 구원 및 영생 등
형이하학 – 권력, 명예, 물질, 미색 등

5. 아리스토텔레스가 말한 형이상학

: 형이상학은 특수(개별)과학들처럼 단지 존재의 한 부분만을 잘라내어 다루는 것이 아니라, 단지 보편적인 존재 자체를 다룬다. 그리고 또 형이상학은 제일근거를 찾아 헤매며, 그렇게 함으로써 감춰져 있는 곤란한 영역에까지 파고들며, 실재적인 목적들을 위해서가 아니라 앎(지식) 그 자체를 위해서 추구하는 앎이라 하였다.

6. 형이상학이란 용어의 쓰임

: 형이상학이란 용어는 그리스어 메타(Meta: 저 넘어 au-dela, 또는 다음에 또는 후에 apres)와 퓌시케(phusike: 물리 physique, 자연 nature)의 합성어이다. 이 애매한 용어는 여러 가지 의미로 쓰일 수 있다

이 용어가 쓰인 시원적 의미에서 보면, 중세의 과정에서 형이상학이란 용어는 아리스토텔레스 작품을 지칭하는 것으로 쓰였으며, 이 명칭은 안드로니코스에 의해 붙여진 것이다.(아리스토텔레스는 형이상학을 학문으로서 최초로 확립한 인물이나.) 보다 넓은 의미에서, 형이상학이란 인식을 말한다. 이 인식은 물질적인 자연석 실재성을 넘어서 비물질적 실재성에 대하여 종교적 계시에 의해서가 아니라, 이성에 의해서 파악하는 것이다. 또한 형이상학은 절대자를, 다시 말하면 사물의 무조건적 근본을 목표로 삼으면서 최고의 과학 또는 최초의 과학으로서 성의된다. 만일 현상을 관통하여 또는 현상을 넘어서 사물의 존재 또는 본질을 탐구하는 것을 형이상학이라고 생각한다면, 그러면 형이상학은 "존재하는 한 존재의 학문" 또는 "존재론"이다. 게다가 형이상학이란 용어는 비판적 의미 또는 경멸적 의미로 사용될 수 있다. 이 용어는 추상적인 것을 대상으로 삼는 사색을 의미하며, 따라서 한가로이 한담하는 언어 훈련정도 또는 실증과학의 객관적 기준을 회피하는 환상을 의미한다.

개념 심화 2

공동체(共同體, community)

1. 공동체의 개념 및 의의

행복이란 나 혼자서만 향유할 수 있는 것이 아니다. 왜냐하면 인간은 사회적 존재이기 때문이다. 인간은 혼자서 살 수 없고 남과 더불어 함께 살아가야 하고 또 기쁨과 슬픔도 함께 나누면서 살아가야 할 운명을 타고나는 것이다. 이것을 공동체라고 한다. 공동체의 사전적 의미는 "생활과 운명을 함께 하는 조직체"라 하였다. 다시 말하면 공동체란 "실제적이고 유기적인 생활체로서 감정이나 충동, 욕망 등이 자연스럽게 또 실제적으로 통일을 이루는 사회"를 말한다. 전통적으로 공동체는 토지를 중심으로 형성된 개념이다. 공동체 자본주의적 생산사회에 선행하는 사회에서 볼 수 있는 폐쇄성이 강한 지역단체. 즉, 토지소유제도가 미개사회 이래 여러 가지 형태를 거치며 발전해오는 가운데, 완전한 의미에서의 사적 소유권이 확립되는 것은 근대사회 성립 이후의 일인데, 그 이전의 토지의 사적 소유와 공동체에 의한 소유가 병존하는 상태 아래서의 토지의 공동소유 단체를 공동체라고 한다. 영어로 Community를 우리는 지역사회라고 하지만 이 말 속에는 지역공동체라는 의미가 함축되어 있다.

이와 같이 공동체란 결속과 상호협조, 보다 깊고 보다 튼튼한 상호 이해와 공생의 관계를 의미한다. 따라서 공동체는 공동의 가치, 공동헌신, 공동사명에 의식적이고도 인격적으로 참여하는 집단인 것이다. 또한 공동체는 개성화요 친교이며, 다양성이요 일치이며, 공동 책임성 안에서의 성장이다. 그것은 공동체에 속해 있다는 소속감이면서 동시에 주체성의 확보인 것이다.

2. 공동체의 유형과 특징

공동체는 혈연공동체, 지역공동체, 정신적인 공동체의 세 가지 유형이 있을 수 있다. 혈연공동체는 가족, 지역공동체는 촌락·마을·동네 등이 있고, 정신적인 공동체란 교회 같은 종교집단을 말한다. 이러한 공동체가 가지는 특징은 ① 공동의 목표를 향해 함께 나아가며 ② 이를 위해 모든 구성원이 헌신적으로 봉사하며 ③ 공동체 구성원들끼리 서로 사랑으로 일치하는 것이다. 그래서 대부분의 공동체에서는 재산은 소유권에 상관없이 공동체 구성원이 함께 공유한다. 공동체 관계가 유지되기 위해서는 행동면에서나 감정면으로 개인이 공동체에 주고자 하는 것과 공동체가 개인에게 기대하는 것이 서로 조정되어야 하고 서로 보강하는 것이어야 한다. 이와 같이 공동체에 있어서 헌신이라는 문제는 매우 큰 중요성을 가진다. 워싱턴의 미국 국립묘지에 있는 John F. Kennedy 대통령 묘소의 비석에는 "국가가 나에게 무엇을 해 주기를 바라기에 앞서 내가 국가를 위해 무엇을 해야 할 것인가를 생각하라"는 말이 새겨져 있다. 이것이 바로 헌신이다.

3. 공동체의 요건

헌신적인 유대관계를 갖기 위해서는 공동체가 가져야 할 세 가지 요건이 있다. 즉, ① 공동체의 구성원, ② 공동체로서의 응집력, ③ 공동체의 통제력을 말한다. 공동체가 <구성원을 보유>한다는 뜻은 사람들이 기꺼이 공동체 안에 머무르고, 그 공동체를 유지하며, 자기 역할을 수행하고자 하는 태도를 말한다. 그러나 우리의 현실은 인재와 돈이 대도시로 집중되고 농어촌은 이농현상이라는 중병을 앓고 있다. 지역의 주민들은 기회만 있으면 좀 더 좋은 지역으로 이주하려 한다. 내가 살고 있는 지역을 아끼고 사랑함으로써 좀 더 낳은 환경으로 바꾸려는 노력을 하지 않는다.

<공동체의 응집력>이란 공동체 구성원들이 "한 데 뭉치는 힘", 서로 끄는 힘을 의미한다. 이러한 공동체의 응집력은 우리의 전통사회에서는 쉽게 찾아 볼 수 있었다. 한

국 전통사회의 두레는 개인적 가족적 이해를 떠나 마을 전체의 사회적 집단적 이익을 추구하여 조직적 감정적으로 의무처럼 공고히 결합된 본질적으로 공동체였다. 그러나 오늘날 우리 사회는 대도시는 물론, 중소도시와 농어촌에서까지도 이러한 공동체의 응집력을 찾아보기 힘들다. 오늘날 비인간화된 산업사회의 현상에 따라서 기초공동체가 점점 이익이나 관심에 따라 조직되어 나감으로써 기초공동체는 점점 약화되고 이익공동체가 극대화되어 가는 현상이다. 이에 따라 인간관계는 더욱 갈등과 소외현상으로 나타나고 어떤 조직체의 목표에 따라 인간행동이 통제되어 나간다. 그래서 개인은 자율보다는 의타적 혹은 의존적 또는 타의에 의해서 움직이는 경우가 많아진다.

오늘날 사회 변동의 속도가 빨라지면서 규범 자체가 불분명해지고 개인도 어떤 규범을 따라야 할지 모르는 아노미 상태에 빠지는 등 규범에 혼란이 심해지고 있는데, 이에 따라 사회 규범에 대한 냉소적인 태도가 확산되고 일탈과 범죄가 증가하고, 부정부패가 만연하게 되었다. 여기에 맞서 우리는 건전한 판단 능력을 육성해야하고, 합리적인 규범을 제정하고 공동으로 준수하는 노력을 해야 하며, 올바른 규범 문화를 창조해 나가야 한다.

논술 첨삭

논술 원고지

3학년 (　　)반　이름(　　　　　)

〈 나누는 행복 〉

최근 우리나라의 기업 중에 웬만한
기업들은 자선사업을 한다. 언뜻 보면
사회에 환원하는 훌륭한 기업이라는 생
각을 갖기 쉽지만, 그 내면에는 다른 들어
계산이 숨어 있다. 이 자선사업에 세
가는 돈은 다름 아닌 국가에 낼 세금
이고, 어차피 쓸 돈이니까 기업 이미지
나으로 높아지는 차원에서 ①을여 겨자먼기 사
회의 자선은 ②물질적인 것으로 환산되고,
위선적인 ③자기홍보식으로 전 각 했다.
인간은 사회적 동물이라고 할 수 했다. 즉
혼자서는 절대로 살아갈 뜻이다. 없고, ④또한
행복할 수도 없다는 인간 대 인간과의 ⑤만진
연적으로 ⑥인간은 대 인할 수 있는
정한 ⑥공감이 있어야 만 ⑦결론이 나온다.
하지만 현대 사회에 사는 사람들은 보인다. 자
⑧그것 깨닫지 못하는 것처럼 보인다. 자
신이 오지 행복하다면 남들의 불행은 눈에 들어
어오지 않는다고, 이윽의 불행을 가슴
파에 하기보다 자신의 욕망을 채우는데 구
급급하다. 이것은 특히 근대의 서심
중심의 개인주의가 유입되면서 더욱 심
화 되었으여 ⑨우리의 전통적인 공동체
의 식아저 해지고 있다.
물론 우리 사회의 진정한 의미의 봉
사를 ⑩실천하시는 분들이 있는 것은 아
니다. 어려운 형편에도 익명으로 쌀을

언제부턴가

보내거나 여⑪ 이유 없이 정기적으로 시간을
할애하여 봉사하시는 분들도 계신다 ⑫이
분들은 남의 불행을 자신의 그것처럼
곰유하며, 상호간의 신뢰를 바탕으로
더불어 사는 삶을 실천한다고 볼 수
있다.
　그러나 아직까지 우리 사회의 ⑬봉사란
형식적인 측면이 많다. 국인 모두 봉사
의 중요성을 인식하고는 있으나, 그것이 아
⑭표출되는 시기는 연말연시나 크리스마
스 같은 날에 한정되어 있다. 또한
⑮요근래에는 대학입시를 위하여 학생들이
걸치레로 봉사를 하는 경우도 많다.
러한 행위는 봉사라는 이흠에 ⑯자행되
는 ⑰위선적인 것에 지나지 않으며, 받는
사람에게도 ⑱정신적인 박탈감을 심어주기
쉽다.
　그렇다면 ⑲진정한 의미의 공동체 ⑳유리
를 실천한다는 것은 어떤 것일까? 정답
은 바로 상호존중을 바탕으로 한 신뢰
와 사랑이다. 이것은 인간과 인간 사이
의 진정한 평등을 추구하면서 ⑳봉사하
는 사랑과 받는 사랑 모두에게 정신적
인 행복을 가져다 ㉑준다.
　따라서 ㉒우리는 진정한 유대를 형성하
기 위하여 다른 사랑과의 정신적인 교
강이 필요하여, 그것을 ㉓실제로 실천하기
위한 행동의지가 요구된다. 아무리 다른
사랑과 정신적 공감을 인주었다 해도
직접적으로 나서지 않으면 상대방에게는
아무런 도움이 될 수 없다. 상대방을

진정으로 존중하는 마음을 바탕으로 실제로 실천을 해야 안이 상호간의 마음이 통할 수 있고 이는 곧 ㉔ 행복으로 이루어진다. 도움을 준다는 것은 생각보다 어려운 일은 아니다. 상호간의 신뢰와 사랑을 바탕으로 실제로 진정한 공동체로 거듭 때에 우리사회는 ㉕ 날 수 있을 것이다.

① 한 문장에 '식'이 두 번 나오면 흐름이 매끄럽지 않음. → '울며 겨자 먹기 식으로 기부하는 것이다.'

② 초점화 된 내용은 '물질적인 것'이 아니라 '물질적인 이익'임. → '물질적인 이익으로'

③ 바로 앞 문장에 '식'이 있으므로 여기서는 생략함. → '자기 홍보로'

④ 문장 구성상 내용의 단순한 이어짐으로 처리함. → '또'

⑤ 자신이 쓴 글을 스스로 교정할 때도 교정부호에 맞게 하도록 함. → '◡'

⑥ 단어 선택의 적절성 고려. → '교감'이 더 적절한 것 같음.('공감'은 자기도 그렇게 느낀다는 뜻이고, '교감'은 느끼어 서로 감응한다는 뜻임)

⑦ 글을 쓰기 위한 단서를 꺼내는 단계에서 '결론'이라는 단어가 나오면 글의 구조에 선임관적인 무리가 올 수 있음. → '해석'으로 바꿈.

⑧ 구어적 표현임. 특히 구어적 준말을 사용하지 않도록 유의함. → '이것을'

⑨ 앞 문장과의 자연스러운 연결이 안 됨. → '나아가 전통적인 공동체 의식마저 해치고 있다.'

⑩ 일반적인 글에서는 특별한 대화 상황이 아닌 이상 존대표현은 하지 않음. 그리고 문체의 통일성을 위해서도 이 부분만의 존대표현은 균형에 어긋남. → '실천하는 사람들이 없는 것은 아니다.'

⑪ → '봉사하는 이들도 있다.'

⑫ → '이들은'

⑬ → '봉사는'('-란'은 흔히 개념을 규정할 때 씀)

⑭ 단어 선택의 적절성 문제임. → '실천'('표출'은 내면적인 것이 겉으로 드러난 것을 말하고, '실천'은 자신의 의지가 실제로 이행되는 것을 말함.)

⑮ 굳이 이 표현을 쓰자고 하면 '요(관형사)+근래'로 써야 하지만. 이것도 구어적인 성향이 있는 표현이므로 '근래'로 쓰는 것이 더 좋을 듯함.

⑯ 단어 사용의 적절성 문제임. 문맥에 의하면 '자행'은 방자한 행동의 의미로서, '겉치레로서의 봉사활동'을 지시하는 경우에는 적절한 단어 선택이 아님. → '치러지는'

⑰ 의미의 강화를 위해 단어를 명시함. → '위선적인 행동에'

⑱ 문장은 의미 내용을 살리기 위해 단어를 추가함. → '정신적인 박탈감과 소외감을'

⑲ 본 논술문의 주제적인 접근성을 살리기 위해 논제의 초점을 내용에 추가함. → '더불어 사는 행복한 미래 사회를 위하여 우리가 가져야 할 진정한-'

⑳ 여기서 '윤리'라는 단어가 나오면 논점이탈의 우려가 있음.-'공동체 의식은 무엇일까?'

㉑ → '줄 수 있다.'(단정보다는 설득으로 나가는 것이 좋음)

㉒ 문장의 호응을 바로잡음. → '우리에게는 진정한 유대를 형성하기 위하여 다른 사람과의 정신적인 교감을 바탕으로 한 사랑이 필요하며, 그것을 실천하기 위한 행동의지가 요구된다.'

㉓ '실제로 실천하기 위한'에서는 의미의 잉여적 표현이 보임.('실제'와 '실천')

㉔ 의미 연결이 부자연스러움. → '인간 사회의 행복을 만들어 낸다.'

㉕ 앞 문장의 내용을 이으면서 본 논술문의 마지막 문장을 명쾌하게 구성하기 위해 여기에 '행복을 만들어 내는'을 추가함.

㉖ 전개한 논술 답안지의 핵심 내용과 논제의 성격을 살려 제목을 <사랑을 나누는 행복>으로 조금 고치면 어떨까? <나누는 행복>은 막연한 느낌이 있음.

〈총평〉

본 논술 답안지는 반드시 드러나야 하는 내용이 세 가지이다. 첫째는 논제에서 요구하는 '행복한 미래 사회 건설을 위한 진정한 공동체 의식'에 대한 언급이고, 둘째는 유의사항에서 요구하는 항목(1)의 '주제를 드러내는 제목 쓰기', 셋째는 유의사항(2)의 '자신의 직·간접 생활 경험 들어내기'이다. <논술 수정 원고>에 이 세 가지를 표시해 두었다.

위 학생은 대체로 논제를 잘 분석하고 그에 따라 내용 구성을 적절하게 잘 하는 편이다.

다만 미묘한 문장의 호응을 맞추는 일이나, 미세한 단어의 의미와 용법을 살펴 적절한 단어를 쓰는 것은 좀 더 훈련과 연습을 요한다. 그리고 글을 전개해 갈 때 써 내려가고 있는 내용의 핵심을 항상 염두에 두고 정확한 단어와 연결을 할 수 있도록 노력해 가면 훨씬 정돈된 글을 만들어질 것으로 기대한다.

논술 수정 원고

사랑을 나누는 행복

최근 우리나라의 기업 중에 웬만한 기업들은 자선사업을 한다. 언뜻 보면 사회에 환원하는 훌륭한 기업이라는 생각을 갖기 쉽지만 그 내면에는 다른 계산이 숨어 있다. 이 자선사업에 들어가는 돈은 다름 아닌 국가에 낼 세금이고, 어차피 쓸 돈이니까 기업 이미지나 높이자는 차원에서 울며 겨자 먹기 식으로 기부하는 것이다. 이처럼 우리 사회의 자선은 언제부턴가 물질적인 이익으로 환원되고, 위선적인 자기 홍보로 전락했다.

인간은 사회적 동물이라고 했다. 즉, 혼자서는 절대로 살아갈 수 없고 또 행복할 수도 없다는 뜻이다. 따라서 인간은 필연적으로 인간 대 인간과의 진정한 교감이 있어야만 행복할 수 있다는 해석이 나온다.

하지만, 현대 사회에 사는 사람들은 이것을 깨닫지 못하는 것처럼 보인다. 자신이 행복하면 남들의 불행은 눈에 들어오지 않고, 이웃의 불행을 가슴 아파하기보다 자신의 욕망을 채우는 데 급급하다. 이것은 특히 근대의 서구 중심의 개인주의가 유입되면서 더욱 심회 되었으며, 나아가 전통적인 공동체 의식마저 해치고 있다.

물론, 우리 사회의 진정한 의미의 봉사를 실천하는 사람들이 없는 것은 아니다. 어려운 형편에서 익명으로 쌀을 보내거나, 이름 없이 정기적으로 시간을 할애하여 봉사하는 이들도 있다. 이들은 남의 불행을 자신의 그것처럼 공유하며, 상호간의 신뢰를 바탕으로 더불어 사는 삶을 실천한다고 볼 수 있다.

그러나 아직까지 우리 사회의 봉사는 형식적인 측면이 많다. 국민 모두 봉사의 중요성을 인식하고는 있으나, 그것이 실천되는 시기는 연말연시나 크리스마스 같은 날에 한정되어 있다. 또한 근래에는 대학입시를 위하여 학생들이 겉치레로 봉사를 하는 경우도 많다. 이러한 행위는 봉사라는 이름 하에 치러지는 위선적인 행동에 지나지 않으며, 받는 사람에게도 정신적인 박탈감과 소회감을 심어주기 쉽다.

그렇다면 더불어 사는 행복과 미래 사회를 위하여 우리가 가져야 할 진정한 의미의 공동체 의식은 무엇일까? 정답은 바로 상호존중을 바탕으로 한 신뢰와 사랑이다. 이것은 인간과 인간 사이의 진정한 평등을 추구하면서 봉사하는 사람과 받는 사람 모두에게 정신적인 행복을 가져다 줄 수 있다.

따라서 우리에게는 진정한 유대를 형성하기 위하여 다른 사람과의 정신적인 교감을 바탕으로 한 사랑이 필요하며, 그것을 실천하기 위한 행동의지가 요구된다. 아무리 다른 사람과 정신적인 교감을 이루었다 해도 직접적으로 나서지 않으면 상대방에게는 아무런 도움이 될 수 없다. 상대방을 진정으로 존중하는 마음을 바탕으로 실천을 해야 만이 상호간의 마음이 통할 수 있고, 이는 곧 인간 사회의 해복을 만들어낸다. 도움을 준다는 것은 생각보다 어려운 일은 아니다. 상호간의 신뢰와 사랑을 바탕으로 실제로 행함이 있을 때에 우리 사회는 행복을 만들어 내는 진정한 공동체로 거듭날 수 있을 것이다.

제 5 장

효_의 윤리

논술 기법

☻ 개요 작성과 글의 분량 안배

지금까지 실전 논술 고사에 초점을 두고 논술 공부의 본론에 들어가기에 앞서 기본적인 전략을 항목별로 살펴보고 있는 바, 집필 단계 이전의 준비 작업이 매우 중요하게 인식되고 탄탄하게 짜여져야 함을 이해했을 것이다. 이제 집필의 바로 전단계로 개요 작성의 중요성을 이해해 보자. 개요 작성은 많은 분량의 글이든 적은 분량의 글이든 모두 필요하다. 개요 작성이 필요한 가장 중요한 이유는 크게 두 가지로 설명할 수 있는데, 첫째는 형식적인 면에서 구조적인 안정감과 균형감을 살린 글을 쓰기 위한 것이다. 둘째는 내용적인 면에서 완성될 글을 하나의 숲으로 조망할 때 전체적인 내용의 흐름이 흐트러지거나 빠지거나 쏠림이 없이 순리적이고 명확하게 드러나게 하려는 데 있다.

논술 고사에서의 개요 작성은 2단계로 접근되어야 하는데, 1단계는 치밀한 논제 분석을 통해서 논제에서 요구하는 내용을 추스르기 위한 개요 작성이다. 논제에 따른 개요 작성은 형식적 요건으로 반드시 충족되어야 하는 항목들이다. 이 항목에서 빠진 것이 있게 되면 고사에서는 바로 감점이 될 수 있다. 그러나 논제 분석으로 만들어진 개요는 내용적으로 완벽할 수가 없고 또 엄밀히 말하면 제시문을 읽지 않은 상태의 논제 분석은 의미적으로 완벽할 수 없다. 그래서 논제 분석에 따른 개요 작성을 1단계로 준비해 놓고, 제시문을 읽어 다시 내용의 보강을 통해 2단계 개요 작성을 마무리하면 좋다.

2단계 개요가 마무리되면 이것을 다시 점검하면서 주제는 주제문으로 고쳐 작성하고, 세부 개요에서도 큰 덩이의 단락 내용은 가능하면 문장식 구성으로 고쳐 두는 것이 좋다. 이렇게 개요가 완성되면 이에 의거하여 집필 단계로 들어간다. 참고로 개요 작성이 중요한 이유를 실감하게 하기 위하여 [논제-주제문 작성-개요 작성-집필]의 한 예를 들어보자.

예시 ●●●●●●●●●●●●●●●●●●●●●●●●●●●●●●●●

〈논제〉

(가)는 현실 상황을 풍자하는 소설이고, (나)는 티베트 지역을 방문한 프랑스 인류학자의 여행기이다. (가)에는 문화적 이질감으로 인한 세대간의 분열상이 제시되고 있다. 문화적 차이에 대한 태도를 중심으로, (가)와 같은 현상을 일반화하

여 이러한 현상이 발생하는 이유와 그 해결 방안을 모색하는 논술을 작성하되, (나)에서 상대방을 대하는 방문객과 승려들의 태도를 참조하시오.(1,200자)

〈주제문 작성〉

세대 간의 문화 차이로 인한 분열을 극복하기 위해서는 상대방의 문화를 인정하고 존중하는 태도가 요구된다.

〈개요 작성〉

서론 : 한 사회 내부의 다양한 문화 분화(200자).

본론 : 1. 포용력 없는 기성 세대의 편견(300자).

2. 자기 중심적 사고로 인한 불필요한 오해와 갈등의 발생(250자).

3. 프랑스 인류학자의 태도가 주는 시사점(200자).

결론 : 문화의 성숙을 위한 조건(200자).

〈집필〉

하나의 사회가 발전하다 보면, 문화는 다양하게 분화하게 마련이다. 문화의 분화는 대체로 계층별, 분야별, 성별, 세대별로 이루어지며, 사회는 이러한 다양한 하위 문화가 공존하는 장이 된다. 그런데 각각의 문화가 지향하는 가치나 의식은 모두 같을 수 없기 때문에, 서로 오해하게 되고, 결국은 갈등하게 된다. 그러한 갈등은 더욱 성숙한 문화를 이루어가는 하나의 절차가 될 수도 있지만, 경우에 따라서는 대책 없는 혼란만을 불러일으킬 수도 있다.

글 (가)에 나타난 학생의 글에서 이러한 갈등을 살필 수 있다. 학생은 그 또래의 친구들과 느낄 수 있는 유대감을 확인하기 위해 자신들만의 축제를 계획한다. 그들이 계획한 것은 명상의 시간, 만남의 시간, 노인의 말씀 듣기, 음악 감상과 춤추기 등이다. 축제의 내용은 누가 보아도 불량한 것은 아니다. 그러나 그들의 계획은 사전에 발각이 되어 학교와 경찰서에서 조사를 받게 된다. 경찰서와 학교는 그들의 모임을 '먹고 마시는 놀자판'으로 못 박아 버리며 그들의 문화를 비웃고 격하시켰다. 경찰과 학교로 대표되는 기성 세대의 문화적 감수성은 이들의 모임을 순수하게 받아들일 포용력이 없었던 것이다.

이는 자신들의 문화와 사고를 중심으로 다른 문화를 이해하려는 태도에서 비롯된다. 인간은 자기 중심적이며 이기적인 생각에서 세상을 바라볼 수밖에 없는 존재라고 하더라도, 이는 유아적인 발상이라고 할 수 있는 것이다. 오히려 우월하다는 생각에서 나올 수 있는 상대방에 대한 포용력도 보이지 않는, 자기 중심적이며 이기적인 생각인 것이다. 자기 중심적으로 생각했을 때 상대방에 대한 이해의 폭은 줄어들며 반대로 오해의 폭이 늘어날 것이다.

이런 점에서 (나) 글에 나타난 프랑스 인류학자의 태도는 편견에 기반을 둔 타문화 이해의 위험을 경고하고 있는 셈이다. 그는 내 문화에 대한 자신감에서라기보다는 다른 문화와 자신의 문화에 대한 분별심, 즉 서로 다르다는 것을 인정하는 태도의 필요성을 보여준다. 이는 더 나아가 타문화를 존중하는 차원으로 이어지고 있다.

물론 문화적 갈등 자체가 문제가 되는 것은 아니다. 문화적 갈등이 해결되는 순간 그 사회의 문화는 한 단계 성숙을 성취할 수 있기 때문이다. 문제는 이질적인 타문화를 자신만의 기준으로 평가하고 판단해서 매도하는 독단적인 자세이다. 자기 중심적 사고를 벗어나 상대방을 인정하고 존중하는 태도는 상대방을 이해하기 위한 우선 조건이 되며 이러한 태도를 지녔을 때 우리는 상대방의 문화를 비웃고 멸시하는 데서 생기는 문화적 갈등을 극복할 수 있을 것이다.

(제시문 (가), (나)가 주어지지 않아서 집필된 내용을 완벽히 이해할 수는 없겠지만, 글을 쓰기 전에 <논제 분석> → <주제문 작성> → <집필>의 일관성 있는 흐름을 이해하는 맥락으로 보기 바람.)

읽을거리 1

안락사(安樂死)란 무엇인가?

안락사란 "치료할 수 없는 상황이나 질병으로 인하여 고통받고 있는 사람을 아무런 고통 없이 죽음으로 이끄는 행위나 관행[1]"을 말한다. 교통 사고를 당해 졸지[2]에 목숨을 잃는 사람이 부지기수인 우리나라에서 죽음은 늘 가까이 있는 문제이며, 또한 식물 인간으로 남은 시간을 아무런 의식 없이 보내야 하는 경우도 있다. 생명은 존엄[3]하다. 그러나 견디기 힘든 극심한 고통 속에서, 또는 살아 있다는 최소한의 징표만을 지닌 채 생존하고 있는 사람들에게 죽음은 하나의 구원일 수도 있다. 한 생명이 자신의 의사에 따라 인간으로서의 존엄성을 지키면서 죽을 수 있도록 자비의 이름으로 간섭[4]할 수는 없는 것인가? 만약 내가 식물 인간으로 병원에 누워 있게 된다면 나는 어떤 행동을 해야 할까? 죽음도 개인의 권리이므로 나에게는 안락사할 권리가 있는 것인가?

안락사는 그러나 자살과는 구별되어야 한다. 자살은 임박[5]한 죽음이나 그밖의 다른 어떤 죽음을 가속화시키는 것이라기보다는 오히려 생명을 중단시키는 것이다. 또한 자살하는 사람만이 그 자신의 죽음에 대한 유일하고도 독특한

---

1 관행(慣行, habitual practice) : 1. 예전부터 관례에 따라 행하여지는 일. ¶ 관행을 따르다. 2. 평소부터 늘 되풀이하여함. 또는 익숙하여 잘함.
2 졸지(猝地, suddenly, unexpectedly) : 갑작스러운 판. 느닷없이 벌어진 판. 주로, '졸지에'의 꼴로 쓰임. ¶ 둑이 무너지는 바람에 온 마을이 졸지에 물바다가 되었다.
3 존엄(尊嚴, dignity) : 1. 높고 엄숙함. 2. (지위나 인품 따위가) 높아서 범할 수 없음. 존엄-히[부사]
4 간섭(干涉, interference, intervention) : 1. [하다형 자동사·하다형 타동사]남의 일에 참견함. ¶ 사사건건을 다 간섭하다. 2. (과학용어) 음파나 광파 등 둘 이상의 같은 종류의 파동이 한 지점에서 만났을 때, 그 둘이 겹쳐져 서로 강해지기도 하고 약해지기도 하는 현상.
5 임박(臨迫, approaching, impending) : 어떤 때가 가까이 닥쳐 옴. ¶ 인사 발표 시기가 임박하다.

원인이 된다. 따라서 자살의 경우 대체로 그 상황이 의료 행위와 무관하고, 사람 스스로 생명을 빼앗는 것이기 때문에 안락사와 구분되어야 한다.

한편, 안락사는 의료적인 한계나 이유로 인해 자기의 생명을 종식[6]시키거나 혹은 자기 자신을 위해 누군가에게 자기의 생명을 죽여 달라고 요구하는 것과 관련된다. 이러한 안락사는 적극적인 안락사와 소극적인 안락사로 구분될 수 있다. 적극적인 안락사는 불치의 병에 걸린 환자나 그 밖의 다른 사람이 그 환자의 생명을 종식시키기 위해 적극적으로 관여하는 형태를 말한다. 이 때, 이러한 역할의 담당자는 담당 의사만이 할 수 있다고 얘기된다. 소극적인 안락사는 치료 행위를 거부하거나, 중단하는 형태로 이루어지는 것을 말한다. 그러나 실제로 직접적인 안락사와 간접적인 안락사는 생명을 지켜내야 하는 의사의 윤리적 입장에서 보면 크게 차이나지 않기도 한다.

안락사는 그러나 사회 내에서 많은 논쟁[7]을 낳고 있다. 안락사를 반대하는 사람들은 첫째, 식물 인간도 생명체라는 점을 강조한다. 둘째, 식물 인간도 소생 가능성이 있다는 것이다. 의학 기술이 시시각각으로 발전하고 있기 때문에 지금 치료 불가능한 질병도 6개월 혹은 1년 후에는 새로운 치료법이 개발될 수 있다는 가능성을 배제할 수 없기 때문이다.

반대로 안락사를 찬성하는 사람들도 있다. 이들은 첫째, 설혹 소생하나 하나로 정상적인 활동이 어려울 것이라는 점, 둘째 환자 가족의 정신적 경제적 고통이 극심하다는 점, 셋째 장기 이식을 통한 의료적 공리성[8] 향상의 강조 등이다. 이 중에서도 가장 강력한 근거는 셋째 이유이다. 즉 죽어가는 사람의 장기로 다른 사람의 생명을 구할 수 있다는 점이다.

---

6 종식(終熄, cessation, eradication, extirpation) : (한때 매우 성하던 것이) 가라앉음. 끝남. ¶ 전쟁 종식
7 논쟁(論爭, a controversy, a dispute, argument) : 서로 다른 의견을 가진 사람이, 각각 자기의 설(說)을 주장하며 다툼. 논전(論戰) 논판(論判) 대론(對論) ¶ 토론에 참가하여 열띤 논쟁을 벌이다.
8 공리성(功利性, utility) : 1. 어떤 목적을 실현하는데 쓸모 있는 성질. 2. 이익만을 추구하는 성질.

읽을거리 2

호스피스란 무엇인가?

호스피스(hospice)란 말기 환자의 육체적·정신적 고통을 완화시켜 주고 편안한 죽음을 맞이하도록 환자를 돌보는 것을 말한다. 미국 호스피스 협회가 밝히는 호스피스의 개념9은 다음과 같다.

"호스피스란 종말기 환자와 그의 가족을 가정이나 입원 체제 내에서 의학적으로 관리함과 더불어 간호를 주체로 한 계속적인 프로그램을 가지고 지지해 가는 것이다. 여러 직종의 전문가로 조직된 팀이 호스피스 목적을 위해서 행동한다. 이들의 주요 역할은 종말기에 생기는 증상, 즉 환자나 가족의 육체적·정신적·사회적·종교적·경제적 아픔을 경감하고 지지하며 격려하는 것이다."

그러므로 호스피스는 특별한 장소를 의미하기보다는 환자의 육체적·정신적·사회적·종교적·경제적 문제에 대응하기 위한 관리의 새로운 간호 의학적 운동을 의미한다. 사랑과 자비심이 스며 있는 환자 돌보기는 환자의 질병 치유를 목적으로 하기보다는 환자가 평화롭게 죽음을 맞이할 수 있도록 도움을 줌으로써 환자뿐만 아니라 가족에게도 그들의 슬픔과 고통에 대해 배려해 준다. 즉 호스피스는 죽음의 존엄성을 지키려는 공동체 활동이라 할 수 있다.

---

9 개념(概念, a general idea, a concept, a notion) : 1. 여러 관념 속에서 공통적 요소를 뽑아 종합하여 얻은 하나의 보편적인 관념. 2. 어떤 사물에 대한 대강의 뜻이나 내용. ¶ 개념을 파악하다.

읽을거리 3

상황 윤리의 한계

　상황 윤리[10]에 대한 설명 중 대표적인 것이 J.플레처(Joseph Flecher)의 이론이다. 플레처는 윤리적 행위 기준이 '사랑'이라고 한다. 이는 기독교적 윤리관에서 나온 것으로서 사랑의 윤리라고도 할 수 있을 것이다. 기독교에서 사랑이란 반율법주의에 해당한다. 상황 윤리에서는 '살인하지 말라', '거짓말하지 말라' 등의 율법이 행위의 절대적 기준이 되는 것이 아니라 상황에 따라 변경 가능하며, 이 변경 가능성의 근거는 아가페적 의미로서의 사랑이라고 본다. 그래서 상황 윤리에서는 안락사도 사랑의 동기에서라면 정당한 것으로 인정된다.

　플레처가 말하는 사랑이란 이웃을 생각하고 돌보는 사랑이다. 원수까지도 사랑하는 아가페적 사랑이다. 우애나 낭만[11]과 같은 사랑과는 다르다. '사랑만이 항상 선한 것이다.'라는 명제는 사랑이 율법[12]보다 우선함을 나타낸다. 굶주린 사람이 굶어 죽기보다는 빵을 훔치는 것, 장사꾼이 공갈범에게 돈을 빼앗기지 않기 위해 거짓말하는 것 등 윤리적 행위의 선택 상황은 율법에 의한 잣대로 평가하기에는 부적절한 경우가 허다하다. 그래서 플레처는 '네가 처한 곳에서 네가 할 수 있는 일을 하라'고 하며 보편적인 행위 규범의 존재를 부인하고 상대적인 규범으로서의 사랑을 제시한다.

---

10 윤리(倫理, ethnic, morals) : 1. 사람이 지켜야 할 도리와 규범, 곧 인류 도덕의 원리. 2. '윤리학'의 준말.
11 낭만(浪漫, (being) romantic) : 1. 주정적(主情的) 또는 이상적으로 사물을 파악하는 일, 또는 그렇게 파악된 세계. 2. '로망'을 일본 음으로 적은 한자말. ¶ 젊은이의 꿈과 낭만.
12 율법(律法, (a) law, a rule) : 1. 기독교에서 하나님이 인간에게 지키도록 내린 규범을 이르는 말. 〔모세의 십계명이 대표적임.〕 2. 불교에서, '계율'을 달리 이르는 말. 법계(法戒).

사랑의 반대 개념은 무엇일까? 사랑의 반대는 증오가 아니라 무관심이다. 왜냐하면 증오는 그 이웃을 '너'로 취급하지만, 무관심은 그 이웃을 '그것'으로 취급한다. 그러므로 사랑은 항상 옳지만 무관심은 항상 그른 것이 된다. 어떤 일을 하든지 간에 사랑을 근거로 한 일이라면 선하고 옳은 일이다. 우리나라의 논개[13]도 적장에게 몸을 바치지만 그 적장을 안고 푸른 강물에 뛰어든다. 이처럼 그 행동이 이웃 사랑이나 나라 사랑을 근거로 한 경우 옳은 것이다. 예수의 경우 안식일을 지키는 의무보다 환자의 고통에 대한 사랑의 마음을 우선시하였다. 바울[14]이 쓴 고린도 전서 10:23~10:26의 내용도 사랑이 규칙이나 율법에 우선함을 보여주는 글이다.

그러나 플레처의 상황 윤리가 지닌 문제점은 무엇인가? 우선 아가페[15]적 이타적 사랑은 실천 가능성이 매우 미약한 규범이라는 사실이다. 인간은 이타적이기보다는 이기적인 본성이 더 강하다. 이웃 사랑의 개념도 그렇다. 모든 사람이 이웃이라고 한다면 부모에 대한 사랑과 아프리카 빈민에 대한 사랑이 동일한 사랑의 대상이 된다. 그러나 우리는 현실적으로 먼 곳보다는 가까운 곳, 모르는 사람보다는 나와 관련이 있는 사람에 대한 관심이나 사랑을 우선 시키게 된다.

또한 사랑이냐 아니냐의 판단 여부도 쉽지 않다. '핑계 없는 무덤 없다'는 말

---

13 논개(論介) : 조선 시대 14대 선조 때의 기생. 성은 주. 장수 출신. 진주의 관기로 임진왜란 때 진주성이 함락되어 왜장들이 촉석루에서 주연을 베풀 때에, 만취된 왜장 케야무라를 껴안고 남강에 뛰어들어 함께 죽었다 함. 남강 옆에 비와 사당이 세워지고, 장수에서는 정문이 세워졌으며 매년 9월 9일에 논개를 추모하기 위해 논개 제전을 열고 있다.

14 바울(Paulus) : 길리기아 다소 출생의 유대인. 그는 그리스 문화 교육을 받고, 로마 시민권을 가졌으며 고명한 율법박사 가므리엘의 제자가 되었다. 처음에는 열렬한 바리사이파로서 그리스도 교도들을 잡으러 다메색으로 가던 중 신비로운 그리스도의 출현을 경험하고, 3일간 실명상태가 되어 소명(召命)을 받고 사도가 되었다. 3회에 걸친 대전도여행으로 로마에까지 발자취를 남겼다. 전승에 의하면 네로 황제의 박해 때 로마에서 순교하였다고 한다.

15 아가페(agape) : 인간에 대한 신의 사랑, 또는 신이나 이웃에 대한 인간의 사랑. (참고) 에로스(eros).

처럼 누구나 그럴 듯한 논리16와 이유를 대어 자신의 행위를 정당화할 수 있기 때문이다. 이럴 경우 '사랑'이라는 추상적17인 개념은 윤리적 평가 기준으로서 객관성18을 유지하기가 어렵게 된다.

---

16 논리(論理, logic) : 1. 의론이나 사고·추리 따위를 끌고 나가는 조리. ¶ 논리를 무시한 글. 2. 사물 속에 있는 도리. 또는, 사물끼리의 법칙적인 연관. ¶ 적자생존의 논리. / 역사 발전의 논리. 3. '논리학'의 준말
17 추상적(抽象的, abstract, nonobjective, metaphysical) : 1. 낱낱의 대상에서 공통적인 것만 뽑아 종합한 (것). ¶ 추상적 이론./본질을 추상적으로 파악하다. 2. (말이나 생각 따위가) 현실과 동떨어져 막연한 (것). ¶ 추상적 언급./추상적인 표현. ↔구체적.
18 객관성(客觀性, objectivity) : 주관의 작용이나 영향을 받지 아니한 보편타당성. 제삼자적 처지에 서는 성질. ↔주관성. ¶ 객관성의 결여.

 **읽을거리 4**

현대인과 효

우리나라에서 '효는 만 가지 행위의 근본을 이루는 것'으로 여겨진다. 그렇다면 왜 효를 행하여야 하는가? 전통 사상에서는 효의 출발을 '고마움에 대한 보답'에서 찾는다. 즉 낳고 기르시느라 애쓰고 수고하신 부모님의 은혜를 잊지 않는 것이 효의 출발인 것이다. 또한 효를 행해야 하는 이유는 자식 교육의 표본[19]이기 때문이었다. 명심보감[20]에 나오듯, '자신이 어버이에게 효도하면 자식 또한 나에게 효도한다'는 논리이다.

이러한 효가 왜 현대인에게 올바르게 계승되지 못했을까? 그것은 조선 시대의 잘못된 효행 사상 때문이라고 할 수 있다. 효를 지나치게 강조하다보니 사람에게 불가능한 것을 강요하는 것에까지 이른 것이다. 가령 부모가 드시고 싶다는 물고기를 잡기 위해 한겨울에 알몸뚱이로 얼음 위에서 잠을 잤다거나, 여름밤 부모님의 잠자리를 편하게 하기 위해 자기 몸에 술을 발라 모기가 꼬이도록 했다든지 하는 과장된 효행을 만인에게 강조한 것이다.

하지만, 정작 한국 사회가 강조했던 효의 핵심은 무엇인가? 바로 '부모의

---

19 표본(標本, a specimen, a sample, a type, an example) : 1. 본보기가 되거나 표준으로 삼을 만한 물건. 표품(標品). 2. (생물학·의학·광물학 등에서) 연구·교재용으로 보존할 수 있게 처리한 실물 견본(박제 표본·현미경 표본 따위). 3. (통계학에서, 전체 모집단의 축도나 단면이 되게 하려고) 모집단에서 선택한 모집단 구성 단위의 일부. ¶ 표본을 무작위로 추출하다.

20 명심보감(明心寶鑑) : 어린이들의 인격수양을 위하여 옛 고전에서 교훈이 될 만한 글을 가려서 뽑아 엮은 교양교육서. 원래 명나라의 범립본이 엮었는데 우리나라에서는 고려 충렬왕 때 추적이란 사람이 더 간추려서 초략본을 엮었고, 이 초략본이 널리 통용되었음. 후대에 내용이 추가되어 우리나라의 이야기가 편입되기도 하였음.

뜻을 어기지 않는 것'이었다. 소학21은 다음과 같이 언급하고 있다.

"효자가 늙은 부모를 봉양할 때에는 그의 마음을 즐겁게 하며, 그의 뜻을 어기지 않으며, 그의 귀와 눈을 즐겁게 하며, 그의 잠자리와 계신 곳을 편안하게 하며, 음식으로써 봉양한다."

이처럼 효의 핵심은 굉장한 것이 아니라 작은 일의 실천에 있음을 알 수 있다.

그런데 이러한 전통 문화적 유산이 왜 21세기에 더욱 그리워지고 강조되는 것일까? 현대적인 의미에서 효란 무엇인가? 오늘날 우리 사회에는 '부모 유기22 사건' 등 극단의 이기적 행태들이 서슴없이 행해지기도 한다. 이러한 문제는 단순히 전통적인 의미의 효 사상을 복원하는 방법으로 해결될 수 있는 것이 아니다. 전통적인 의미의 효 사상은 개인적 실천의 차원만을 강조하고 사회적 차원에서의 효를 고려하지 못한 한계가 있다.

현재 65세 이상이 노인 인구는 전체 국민의 8%에 육박23하고 있다. 그런데 국가 예산 중 노인 복지 부문이 차지하는 비중은 겨우 0.2~3%에 불과해 20%에 달하는 선진국에 견주어 볼 때 100분의 1 수준이다. 왜 이러한 상황에 이르고 있는가?

왜 우리는 전통적인 효의 가치를 조금도 부정하지 않으면서도 개인 차원의 효는 더욱 부도덕해지고 사회 차원의 효인 노인 복지 정책의 전망은 어두운가?

---

21 소학(小學) : 1. 고대 중국에서, 아이들을 공부시키던 학교, 또는 거기서 주로 가르치던 학과. 2. 중국 송나라 때 유자징이 주자의 지도를 받아서 편찬한 초학자용의 교양서로서, 내편·외편 모두 6편으로 되어 있으며 내편은 입교, 명륜, 경신, 계고로 나뉘고, 외편은 가언, 선행으로 나뉘어 효·제·충·신 등 사람의 도리와 수신의 절차가 기록되어 있음. 우리나라에서 편찬된 사자소학은 이 소학을 바탕으로 엮은 책임.
22 유기(遺棄, abandonment. dereliction) : 1. 내버리고 돌아보지 않음. ¶ 시체 유기. 2. 어떤 사람에 대한 종래의 보호를 거부하여, 그를 보호받지 못하는 상태로 두는 일.
23 육박(肉薄, closing in upon, being closed at hand) : 1. 높거나 대단한 기준이나 수치에 거의 가깝게 다가가는 것. 2. 바싹 가까이 다가감. 바싹 따라 붙음. ¶ 불과 2점 차로 육박하다. 3. 공격하기 위해 몸으로 돌진하는 것. 4. 바싹 덤벼듦. 바싹 가까이 쳐들어 감.

그 원인은 '발전 제일주의'와 남북분단 상황에 따른 '국방예산 과다'에 있다고 볼 수 있다. 성장 제일주의를 표방하면서 1인당 GNP의 숫자적 강조, 성급한 선진국 달성병 등이 노인을 위한 사회 복지의 문제를 도외시[24]하고 있다. 또 남북 분단의 상황은 많은 예산을 군사비로 지출하게 하고 있다.

효가 보편[25]적 가치라면 복지 정책을 수행하는 정부야말로 효용성의 원칙보다는 정의의 원칙, 가장 작은 자, 힘없는 자, 즉 노인을 위한 배려를 아낌없이 하는 주체가 되어야 한다. 이런 점에서 현대사회의 상황에서 필요한 것이 사회적 효의 실천인 것이다.

물론 아직도 사회적 효의 실천이 요원[26]하기 때문에 개인적 차원에서의 효의 중요성은 무시할 수가 없다. 노인 복지 정책이나 시설이 부족한 상황에서 고통받는 노인들이 의지할 곳이라고는 나 아니면 없다고 생각해야 한다. 보잘것없이 퇴락해 버린, 그러나 내가 신세진 이에 대한 의무를 지키는 것이 윤리적 삶의 시작이라고 할 수 있을 것이다.

그러므로 현대사회에서 효는 개인적 효와 사회적 효의 양면에서 균형적으로 강조되고 또 실천되어야 한다.

---

24 도외시(度外視, ignorance, neglect) : 1. 문제로 삼지 않고 가외의 것으로 보아 넘김. 안중에 두지 않음. 2. 불문에 부침.
25 보편(普遍, universality, catholicity, ubiquity, generality) : 1. 모든 것에 두루 미침. 2. 모든 사물에 공통되는 성질 ↔특수. ¶ 보편타당성 있는 논리.
26 요원(遙遠, distantness, remoteness) : 1. 공간적으로 까마득히 멈. 2. 시간적으로 먼 훗날에나 가능한 상태에 있음. 곧, 현재나 당장에는 불가능한 상태에 있음. ¶ 남북통일의 날은 아직도 요원한가?

논술 실전

❖ 다음에 제시된 글에서 주인공 '전 주사(田主事)'는 노망이 든 어머니의 존엄성을 지키기 위해 어머니를 영면(永眠)에 들게 한다. 글을 읽은 후, 안락사(安樂死)의 문제와 관련하여 '전 주사'의 행동을 평가하고 현대사회에서 바람직한 효의 윤리가 실현될 수 있는 방향을 서술하시오.

> 전 주사27(田主事)의 집안에도 재미없는 일이 생겼습니다.
>
> 칠십이 넘은 그의 어머니가 정신이 좀 별하게28 되었습니다. 사십에 가까운 며느리가 아직 아들 하나를 낳지 못한 것을, 처음은 좀 이상하게 말하여 오던 어머니는 차차 만나는 사람은 누구에게나 다 그것을 전무후무29한 큰 괴변30과 같이 지껄이고 하였습니다.
>
> "계집년이 방정31맞으니깐, 아들 하나도 못 낳고 매일 하느님, 하느님……하느님이 제 서방이야?"
>
> 이런 말이 나올 때는 전 주사는 어쩔 줄을 모르고 골방32에 뛰쳐들어가서, 이 무서운 말을 하는 어머니를 위하여 기도하였습니다.
>
> 그러나 어머니의 그것은 노망33이라는 병 때문인지라, 막을 도리가 없었습니다. 어머니의 노망은 차차 더하여 마지막에는 며느리뿐 아니라, 종들이며 드나드는 장사치에게까지 못 견디게 굴었습니다.

---

27 주사(主事, a junior official) : 일반직 6급 공무원. 주사는 크게 국가공무원과 지방공무원으로 구분된다.
28 별(別)하다(distinctive) : 보통과 다르다. 별나다.
29 전무후무(前無後無, the record-breaking) : 전에도 없었고 앞으로도 있을 수 없음. = 공전절후.
30 괴변(怪變, a disaster) : 괴이한 변고.
31 방정(indiscreet behavior) : 진중하지 못하고 몹시 가볍게 하는 말이나 행동.
32 골방(a back room) : 큰 방의 뒤쪽에 딸린 작은 방.
33 노망(老妄, second childhood) : 늙어서 망령을 부림. 또는 그 망령.

어떤 날, 뜰에서 무엇이 잘못되었다고 중얼거리고 있는 어머니의 뒷모양을 전 주사가 한심스러이34 창문으로 내다보고 있을 때에, 사내종 녀석이 하나 지나가다가 뒤에서 흉내내며 주먹질하는 것을 발견하였습니다.

전 주사는 어떻게든 어머니 문제를 처치하여야겠다고 생각했습니다. 참말 어머니의 삶은 아무 가치가 없는 것입니다. 종놈 종년들에게까지 주먹질이나 받고… 그와 같은 사람은 하루를 더 살면 그만큼 자기 모욕35의 행동이라고 전 주사는 생각하였습니다. 그리고 결론으로는, 자기 어머니와 같은 사람은 떠나버리는 것이, 떠나는 자기를 위함이요, 또 남을 위함이라고 생각하였습니다. 어머니께 효도를 하기 위해서는, 하루바삐 어머니를 저 세상으로 보내는 것이라고까지 생각하였습니다. 참말로 사면36에서 욕보는 어머니의 모양은, 마음 착한 전 주사로서는 볼 수가 없었습니다.

"하느님이시여, 당신은 이 세상에 죄악이 너무 퍼졌을 때는 큰 홍수로써 세상을 박멸37한 하느님이외다. 지금 제 어머니 때문에 저는 어머니를 미워하는 역도38의 죄를 지으며, 어머님께서도 만날 고생으로 지내실 뿐 아니라, 집안 몇 식구가 그 때문에 잠시도 마음을 못 놓고 지냅니다. 제 이 어머니를 하느님 앞에 돌려보내는 것이 가장 착하고 옳은 일인 줄 저는 생각합니다."

뿐만 아니라 이제 일 년을 더 살지 못할 만큼 몸이 쇠약한 것은 누구나 아는 바요, 이제 더 산다는 그 일 년이 또한 다만 어머니의 껍질을 쓴 한 바보에 지나지 못하는지라, 그가 어머니를 죽인다 할지라도 그것은 어머니가 아니요, 벌서 송장이 된 어떤 몸집에 조금 손을 더하는 것에 지나지 않겠습니다. 그는

---

34 한심(wretched)스러이 : 한심하게 보이거나 여겨지다.
35 모욕(侮辱, insult) : 깔보고 욕보임.
36 사면(四面, the four sides) : 1. 전후좌우의 모든 방면. 사방. 2. 네 쪽의 면. 네 면.
37 박멸(撲滅, extermination) : 모조리 잡아 없앰.
38 역도(逆道, get crooked morality) : 도에 어긋남.

그 <벌써 송장39으로 볼 수 있는 어떤 몸집>에 조금 손을 더하려고 작정하였습니다.

이틀 뒤에 그의 어머니는 몹시 구역40을 하고, 그만 세상을 떠나버렸습니다.

한 달 뒤에 호출장으로 그는 검사청41에 가 서게 되었습니다.

그는 서슴지 않고 온갖 일을 다 말하였습니다.

그닐 밤부터 그는 구치감42에서 자게 되었습니다. 또 한 달이 지났습니다. 존친족 교살43범이라는 명목 아래서 그의 공판44은 열렸습니다. 그는 두말없이 사실을 부인하였습니다.

"아, 천부당만부당45하신 말씀이외다. 제가 그 인자46하신 어머니께 손을 대다니요, 천만에…. 어차피 일 년 이내에 돌아가실 수명이시고, 게다가 그 당시에도 살아계시다고 할 수가 없는 이를 마음 편히 주무시게 한 뿐이지, 어머니를 내 손으로…… 참 천부당만부당……"

재판관은 다시 전 주사에게 물었습니다.

"좌우간 죽인 것은 사실이시?"

"아니올시다."

"말을 바꾸어서 하마. 그럼 어머니를 <주무시게> 한 것은 사신이지?"

"네, 그렇습니다."

---

39 송장(a dead body) : 죽은 사람의 몸뚱이. 시구(屍軀). 시신(屍身). 시체(屍體). 유해(遺骸). 주검.
40 구역(嘔逆, nausea) : 속이 메스꺼워 토할 듯한 느낌. 욕지기.
41 검사청(檢査廳, a court of justice) : 현 지방법원소.
42 구치감(拘監置, a detention house) : 사형수나 피의자, 또는 이미 기소되어 있는 형사 피고인 가운데 구속 영장에 의해서 구속되어 있는 사람 등을 수용하는 시설.
43 존친족교살(尊親族絞殺, a relative strangulation) : 혈족이나 친족을 목을 매여 죽임.
44 공판(公判, a public hearing) : 법원이 공개된 법정에서 형사 사건의 재판을 하는 일. 또는 그 소송 절차.
45 천부당만부당(千不當萬不當, being utterly unreasonable) : '아주 부당함'을 이르는 말. 만만부당. 만부당 천부당. 천만부당.
46 인자(仁慈, affection) : 마음이 어질고 무던하며 자애스럽다.

"그것은 죄가 아니냐?"

"그럴 리가 없습니다. 어머님을 가련[47]한 경우에서 건져내는 일이지, 결코 못된 일이 아니올시다."

열흘 뒤에 그는 사형의 선고를 받았습니다. 그때 그는,

"하느님뿐이 아시지, 당신네는 모릅니다."

이렇게 대답하였습니다.

- 김동인, 「명문(明文)」에서

유의 사항 ●●●●●●●●●●●●●●●●●●●●●●●●●●●●●●●●●●●●●●●

1. 전 주사와 같은 상황에서 자신이 취할 방법을 구체적으로 제시할 것.
2. 글의 분량은 띄어쓰기를 포함하여 1,200자 내외로 할 것.

---

47 가련(可憐, pathetic) : 1. 가엾고 불쌍하다. 딱하다. 2. (모습 따위가) 저절로 동정심이 갈 만큼 애틋하다.

논술 해결의 길잡이

✪ 논제 살피기

이 논제는 우선 문학 작품을 능동적으로 해석하고 비판하는 능력과 연관된다. 문학 작품은 현실의 문제를 구체적으로 제시한다. 하지만, 해결 방향을 직설적으로 제시하는 성격의 글은 아니다. 따라서 작가가 던져 놓은 문제를 독자는 능동적으로 해석하고 자기 견해를 확립할 필요가 있다. 이런 과정을 필요로 하기 때문에 이 논제는 능동적인 읽기에 해당하는 것이다.

또한 이 논제는 책(문학작품) 읽기에서 끝나는 것이 아니다. 그 능력을 확장하여 세상과 현실을 읽는 능력으로 발전된다. 이 작품에서 벌어지는 상황은 현실에서도 접할 수 있는 상황이기 때문이다. 결국 이 논제는 책읽기란 다름 아닌 세상 읽기와 동일하다는 점을 알려 준다.

논제에서 요구하는 바는 세 가지이다. 하나는 안락사의 의미를 정확히 알고 있는지, 즉 윤리적 지식의 유무를 묻는 것이다. 아는 만큼 보인다는 말처럼, 다양한 지식의 필요성을 강조하고 있다. 이린 시식을 활용하여 전 주사의 행동의 성격이 규정될 수 있다. 둘째, 전통 사상인 효에 대한 현대적이고 올바른 해석, 판단 능력이 있는지를 묻는 것이다. 효는 기본적으로 개념적 대상이 아니라 실천적 대상이다. 아무리 효의 뜻을 잘 안다고 해도 효를 실천하지 않는 것은 무의미하다. 그러나 문제는 현대사회에서 올바른 효가 무엇인지 판단할 수 있어야 한다는 점에서, 전통 사상인 효에 대한 보편적인 해석과 판단 능력이 요구된다. 셋째, 이것은 결국 둘째 문제와 직결되는 것으로, 실천의 문제이다. 주어진 상황 속에서 올바른 판단을 내리는 것만으로 끝나는 것이 아니다. 그것을 어떻게 실천할 것인지, 즉 현대사회에서 타당한 실천의 방법을 구체적으로 묻는 문제이다. 이러한 세 가지 점을 유념하여 답안을 작성하여야만 타당성을 지닐 수 있다.

✪ 제시문 파악하기

이 글은 김동인의 또 다른 작품인 「감자」와 같이, 현대사회의 윤리적 선택 상황 하에서 발견되는 현대인의 윤리 의식과 행동을 주제로 한 작품이다. 주인 공이 기독교도인 점에서 올바른 신앙 생활은 무엇인지를 쟁점화할 수 있는 특성도 지니고 있다.

그러나 제시된 부분은 부모와 자식간의 관계를 특히 문제삼고 있다. 노망이 든 어머니의 존엄성이 하인에게마저 무시당하는 상황은 평소 어진 성품의 소유 자였던 전 주사에게 몹시도 참을 수 없는 것이었다. 이런 상황 하에서 전 주사는 어머니의 행복한 죽음을 결심하게 된다. 이것은 윤리적으로 쟁점이 되고 있는 안락사(安樂死) 문제와 유사해 보인다.

전 주사의 선택은 두 가지 판단의 계기를 지닌 것으로 보인다. 첫째, 어머니의 존엄성을 살리는 것이 자식된 도리로서 마땅한 것이라는 판단이다. 이것은 전통 사상인 효에 대한 전 주사 나름의 해석이자 실천에 해당한다. 둘째, 종교적 신념에서 비롯하는 판단이다. 전 주사는 하나님의 심판행위를 모방한다. 즉, 세상의 죄악을 다스리기 위해 홍수로써 징벌하신 하나님처럼, 어머님의 노망이 발생시키는 가족의 어려움과 자신에게 심어주는 어머니에 대한 증오의 감정에 대한 다스림을 위해 어머님의 영면을 마련한다.

따라서 논제를 해결하기 위해서는 전 주사의 판단이 옳은지, 또 그의 행동이 안락사와 어떤 점에서 같고 다른지, 그리고 그것은 정당한 것인지를 비판적으로 살필 필요가 있다.

❂ 해결 과정 생각하기

① 안락사의 의미를 정확히 이해한다.

전 주사의 행동은 얼핏 보면 안락사에 해당하는 것 같다. 그러므로 전 주사의 행동의 정당성을 판단하기 위해서는 우선 안락사의 의미에 대한 정확한 이해가 필요하다. 안락사의 정확한 의미를 이해하기 위해서는, 타살이 무엇인지, 자살이 무엇인지 등 형태별로 죽음의 차이를 확인해 보아야 한다.

그런데 제시문에서는 법의 심판에 의해 전 주사는 친모살해자로 선언되어 사형에 처해지고 있다. 안락사 논쟁은 사실 법의 이 같은 판단에 대해 많은 의문을 던지고 있다. 안락사 허용을 주장하는 측면과 부정하는 측면의 주장을 살펴야 하는 이유도 이 때문이다.

따라서, 안락사의 의미와 그것의 정당성을 이해하기 위해 안락사에 대한 논쟁의 글들을 참고할 필요가 있다. 또 안락사와 관련하여 대안으로 제시되는 호스피스 문제를 참고할 필요가 있다.

② 규범과 상황윤리의 모순을 이해하고 해결 방법을 찾아본다.

윤리는 인간 행동의 규범이며, 윤리학은 그런 규범의 보편타당성을 묻는 학문이다. 그런데 모든 사회, 모든 시대, 모든 인간에게 보편적으로 받아들여지는, 전혀 그 타당성이 의문시되지 않는 규범은 그리 많지 않다.

이런 이유 때문에, 사실 전 주사의 행동에 대한 맹목적인 부정과 지탄이 어려운 점이 있다. 전 주사의 행동의 동기는 어떤 점에서는 선한 측면을 보여주고 있다. 하나밖에 없는 소중한 어머니가 자신의 존엄성을 유지하지 못하고 많은 가족들로부터 경원의 대상이 되는 상황은 자식으로서 참기 힘든 측면이 있다. 이런 상황에 처한 사람이라면 어느 정도 전 주사와 같은 행동에 유혹 받지 않을 수 없다.

규범과 상황 논리가 서로 상충되는 경우에 인간은 심한 갈등을 하게 되며, 전 주사의 상황도 이에 해당한다. 이러한 고뇌를 해결하고 정당한 방법을 제시하려는 윤리철학 중의 하나가 상황윤리(situation ethics)이다. 규범을 부정하는 상황윤리의 성격과 그 한계를 이해함으로써, 상황에 의존할 것이냐, 아니면 언제나 규범을 따를 것이냐, 또는 다른 해결 방법을 찾을 것인지를 판단해 보아야 한다.

③ 효 사상의 현대적 해석과 실천방법에 대해 알아본다.

제시문에서 가장 중요한 사건은 전 주사가 어머니를 영면(永眠)시키는 행위이다. 이는 부모와 자식간의 올바른 관계를 묻는다는 점에서, 효와 직결된다. 효란 부모와 자식간의 관계에서 자식이 지켜야 할 도리이자 규범이다. 그런데 현대 사회의 폭넓은 변화로 인해, 부모와 자식간의 생활 방식도 큰 변화가 일어남으로써 효에 대한 새로운 해석과 실천이 요구된다고 할 수 있다.

따라서, 현대 사회에서의 효의 논의에 대해 알아보고, 전 주사의 행동이 효의 실천인지 판단하며, 자신은 어떤 효의 실천 방법을 선택할 것인지 정리한다.

이 논제에서는 세 가지 사항을 반드시 고려해야 한다. 하나는 전 주사의 행동이 안락사인지 타살인지 판단해야 한다. 그렇게 하기 위해서는 안락사의 개

넘을 정확히 이해할 필요가 있다. 그러나 제시문에서처럼 타살로 판단하고 그에게 사형 선고를 내린다고 해서 문제가 해결되는 것은 아니다. 그것은 법적인 차원이지 윤리적 차원이 아니기 때문이다. 이 논제에서는 윤리적으로 안락사의 정당성까지를 묻고 있다. 따라서 안락사에 대한 자신의 견해를 윤리적으로 판단 내려야 한다.

둘째, 안락사에 대한 윤리적인 논쟁에 대한 이해가 필요하다. 즉, 상황윤리 이론에서는 안락사도 선의의 동기에서는 정당화될 수 있다고 하고 있다. 이러한 주장이 타당한지 부당한지를 결정해야 한다. 즉 윤리적으로 존엄성을 잃을 정도의 질병에 처한 존재에 대해 어떤 대응을 할 것인지를 결정해야 한다.

셋째, 이 같은 상황에서 어떤 행동과 판단이 올바른 효의 실천인지를 판단 내려야 한다. 특히 전 주사는 어머니의 생각을 확인하는 절차를 밟지 않고 있다는 점에서 보면, 효의 기본적인 개념인 양지(養志)에 위배되는 행위를 했다고 할 수 있다. 이 같은 점들을 고려하면서, 올바른 효의 실천이 무엇인지 판단해야 한다.

이러한 윤리적 판단 과정을 통해 궁극적으로는, 전 주사와 동일한 상황에 자신이 처했을 경우 가장 올바른 윤리적 행동과 방법을 제시해야 한다.

✪ 주제문 작성

대화를 통해 환자나 가족의 상처를 최소화하며 평화롭게 환자의 죽음을 기다려야 한다.

✪ 주제어: 타살, 안락사, 고통의 최소화, 존엄한 죽음, 효.

✪ 개요 작성(1,200자)

서론(200자) : 병에 걸린 노모를 죽인 것은 정당한가.

본론(800자) : 1. 타살과 안락사의 구별.

　　　　　　　2. 환자의 존엄한 죽음과 가족의 도리.

　　　　　　　3. 병든 노모에 대한 효의 실천 방법.

결론(200자) : 평화로운 죽음을 이끄는 가족의 방법.

　　　　　　　－가족의 고통 최소화와 환자의 존엄한 죽음.

✪ 예시 답안

'긴 병(病)에 효자 없다'는 말이 있다. 부모 자식 사이도 병 때문에 벌어질 정도로, 병은 그만큼 주변 사람들을 괴롭힌다. 그 괴로움은 단순히 경제적 차원에서 끝나지 않는다. 이 소설에서처럼, 치매 같은 불치병을 앓는 부모의 모습은 자식에게 정신적 상처를 준다. 이 같은 상황에서 자식은 효를 다하지 못하고 내적인 갈등에 빠지는 경우가 많다.(192자)

그러나 전 주사처럼 노모의 존엄을 지킨다는 명분 하에 노모를 죽이는 것이 과연 정당한 일인지는 의문이다. 더구나 노모의 의사는 물론이고 가족들의 의견도 듣지 않고, 자신의 독단적인 판단 하에 노모를 죽인 행동은 문제점을 내포하고 있다. 특히 최근의 안락사(安樂死) 논쟁을 오해할 경우, 그의 행동이 정당한 것처럼 보일 수도 있다. 그러나 안락사가 정당화된다 하더라도, 그의 행동은 용납될 수 없다. 안락사란 "불치병으로 고통받는 사람을 고통 없이 죽음으로 이끄는 행위나 관행"이다. 그러나 대화를 통한 합의가 전제되어야 한다. 그가 내세운 명분은 그만의 명분일 뿐이었다.(318자)

더욱이 집안의 사내종이 어머니를 뒤에서 모욕 주는 장면을 보고 어머니를 죽이겠다고 한 것은 성급했다. 노모의 병환은 노망이자 치매란 점에서 주변인에게 매우 불편한 것은 사실이다. 그러나 그것을 받아들이는 가족과 주변인들의 태도는 처음부터 거부감으로만 나타나고 있다. 이것은 결코 올바른 것이 아니다. 주변인의 포용과 자비가 있었어야 했다.(189자)

따라서 이런 상황에서 노망이나 치매가 낳는 괴로움을 최소화할 수 있도록, 주변인의 태도 변화가 필요하다. 가족 구성원들은 이해와 자비의 태도를 취함으로써 정신적 상처를 다스리고, 호스피스(hospice)와 같은 간호 과정을 실천함으로써 환자가 편안한 죽음을 맞이하도록 도와주어야 한다. 이것이 진정한 효의 실천일 것이다. 물론 그와는 달리 경제적으로 어려운 처지에 있는 가족들이 많다. 호스피스와 같은 제도가 시급히 마련되어야 하는 이유가 이런 때문이다.(258자)

인간은 자신의 죽음은 물론이고 여하한 이유에서도 타인의 생사를 결정할 권리는 원칙적으로 없다. 또 이런 죽음을 강요하는 사회도 있어서는 안 된다. 불치병 환자들과 가족들을 위해, 개인적 태도와 사회적 제도의 측면에서 평화로운 죽음을 맞이할 수 있는 방법을 찾는 지혜가 필요한 시대이다.(161자)

(총1,120자)

✪ 강평

논제가 기본적으로 요구하고 있는 바를 충실히 반영한 답안이다. 문제의 핵심을 잘 파악하였고, 그 해결 방안도 나름대로의 시각으로 잘 정리했다. 그리고 전체적인 논리의 흐름과 양적인 균형도 유지되고 있다. 다만 효의 개념 정의가 부족하고 결론 부분이 평이하고 평범한 것이 약점이라 하겠다.

개념 심화 1

상황윤리(狀況倫理, situation ethics)

1. 개념

보편적인 윤리 규범을 부정하면서, 구체적인 상황에 처한 개인은 자신의 윤리적 당위(當爲)를 스스로의 직관을 통해 식별해야 하거나 윤리 규범을 글자 그대로 따라야 한다고 주장하는 윤리 학설.

2. 내용

인간의 행위를 선과 악, 옳고 그름으로 윤리적 판단을 할 때 규범윤리와 상황윤리로 나누어 생각할 수 있다. 규범윤리는 윤리적 법칙이나 원리에 따라 판단하는 것이며 상황윤리는 상황을 고려하여 윤리적 행위를 판단하는 것이다.

예를 들면 안중근 의사가 이토 히로부미를 죽인 것을 어떻게 볼 것이며, 의사가 환자에게 하는 거짓말은 윤리적으로 정당한 것인가, 전쟁터에서 적군을 죽이는 행위나 1980년대 지는 꽃처럼 떨어지듯 죽은 대학생들의 분신자살에 대해 어떻게 평가할 것인가 등인데, 위의 문제들은 살인하지 말라, 거짓말하지 말라는 계명을 어기는 것은 아닌가.

상황윤리에서는 윤리적 규범의 상대적 타당성만을 인정하고 상황에 따라서는 범법행위도 정당화 될 수 있음을 주장한다. 상황윤리는 상황이라는 용어 때문에 잘못 생각되는 경우가 많다. 원칙 없이 상황에 따라 그때그때 형편에 따라 윤리적 판단을 하는 것을 상황윤리라고 생각하는데, 그것은 상황윤리가 아니라 무원칙의 도덕률 폐기주의이다. 상황윤리에서 윤리적 규범은 사랑이다. 사랑만이 항상 선하고 사랑만이 유일한 규범이고 사랑은 수단을 정당화 한다고 한다.

"인간의 행위 그 자체는 결코 선도 아니며 악도 아니다. 만약 사랑이 동기가 될 때에는 이 모든 것은 죄가 아니며, 이 모든 것은 오히려 적극적인 의일 수 있다." 이것이 바로 상황윤리이다.

3. 등장 배경

상황윤리라는 용어가 등장한 것은 1966년 조셉 플레처가 '새로운 도덕'을 말하며 상황윤리(Situation Ethics)를 출간하게 된 이후이다. 물론 이 책이 나오기 이전에도 윤리적 판단에서 상황을 중요시하는 상황주의적 윤리는 있었다. 그러나 플레처의 상황윤리가 나온 후, 상황윤리라는 말이 널리 사용되었고 이에 대한 찬반논쟁이 뜨겁게 전개되기도 했다. 기독교윤리를 상황윤리로 파악한 플레처는 도덕적 결단을 내리는데 계율주의, 도덕률 폐기주의, 상황주의가 있다고 하고 그는 상황주의를 옹호했다.

플레처는 상황윤리를 논하기 위해서 실용주의, 상대주의, 실증주의, 인격주의 등 네 가지 전제가 필요하다고 했다. 그는 사랑을 절대적인 윤리규범으로 보며 모든 계명이나 율법 또는 규범을 사랑을 실현하려는 목적에 부합할 때 타당성을 갖는다고 했다. 플레처는 도덕규범을 어길 수밖에 없는 예외적인 경우로 성을 애국적 수단으로 사용하는 애국적 간첩행위, 강간을 당해서 임신한 태아의 낙태문제 등을 들고 있다.

4. 조셉 플레처의 예화

볼그 마이어라는 독일 여인이 있었다. 그녀는 전쟁 중 러시아군에게 포로가 되어 우크라이나 포로수용소에 수용되었다.

그녀의 남편 또한 연합군의 포로가 되어 웨일즈 수용소에 갇혀 있었는데, 그는 특사를 받아 베를린의 자기 고향으로 돌아갔다. 그녀의 남편은 흩어진 가족을 모으기 위해 사방으로 연락을 취하여 간신히 세 자녀를 찾았다. 그래서 그녀의 남편과 세 자녀는 가정을 이루고 살 수 있었다.

러시아의 포로수용소에 갇혀 있던 마이어 여사는 남편과 세 아이가 베를린에서 살고 있다는 소식을 듣고 자기도 이곳에서 어떻게 해서든 나가야겠다고 결심했다. 그런데 이곳에서 나갈 수 있는 방법은 단 하나, 임신을 하는 것이었다. 왜냐하면 '임신한 여자는 석방 한다'는 규칙이 있었기 때문이다. 마이어 여사는 고민 끝에 자신에게 늘 친절히 대해 주던 간수에게 자신이 임신할 수 있게 해달라고 요청했다. 그리하여 임신이 된 그녀는 고향으로 돌아갈 수 있었다.

이제 그녀의 온 가족들이 함께 모여 살 수 있게 되었다. 얼마 후, 그녀는 아이를 낳았다. 온 가족은 이 아이를 사랑하였다. 그 아이로 인해 가족이 모두 다시 모일 수 있었기 때문이다.

플레처는 이런 경우의 그녀의 간통 행위를 희생적인 간음이라고 칭하였다. 그녀가 그 행위를 한 동기는 자기 가족에 대한 사랑이었으므로 그녀의 간통 행위는 사랑이라는 목적을 성취하기 위한 수단에 불과하다는 것이다.

"그 목적은 가족과 결합하는 것이다. 그 목적은 바람직한 것이다. 그러므로 간수와의 간통행위는 결코 죄가 아니다."

5. 비판점

상황윤리에 대해 비판하는 점은 다음과 같다. 상황윤리에서 윤리적 규범과 판단기준으로 삼는 '사랑'이라는 용어가 매우 애매하게 사용되었다. 그뿐 아니라 극단적인 한계상황 속에서 일어날 수 있는 경우들을 가지고 보편적 윤리기준을 삼았다는 것이다. 윤리적 문제를 인격적·실존적 접근을 함으로써 사회적 측면을 소홀히 다뤘다는 점도 비판을 받는다. 그러나 상황윤리가 윤리문제의 중요성을 사회 속에 부각시키는데 공헌한 것은 분명하다.

6. 사랑의 윤리

규범윤리가 도덕생활의 유지기능이 있는가 하면 상황윤리는 새로운 윤리를 만드는 건설과 개혁기능이 있다. 규범이냐 상황이냐는 양자택일의 문제가 아니다. 누구든 상황을 전혀 고려하지 않고 판단을 내릴 수 없다. 그렇다고 원칙이나 법칙을 전혀 무시할 수 없다. 따라서 규범윤리와 상황윤리는 상호보완적이 되어야 한다.

상황 없는 규범은 공허하고 규범 없는 상황은 맹목이다. 윤리적 삶에 있어서 바른 방향은 법칙에 의해서 지배되는 사랑의 윤리이다.

개념 심화 2

자살(自殺, suicide)과 타살(他殺, murder)

1. 자살

① 자살의 의미와 모호한 점

자살이란 라틴어의 sui(자기 자신을)와 cædo(죽이다)의 두 낱말의 합성어이다. 여기서 알 수 있듯이, 자살이란 그 원인이 개인적이든 사회적이든, 당사자가 자유의사(自由意思)에 의하여 자신의 목숨을 끊는 행위를 말한다. 이 정의는 일견 명백하기는 하나 실제로는 여러 문제가 있다. 예를 들어, 음독(飮毒)은 일반적으로는 자살의 한 형태인 것으로 되어 있지만, 그것이 처벌(處罰)의 형식으로서 이루어졌을 때(예전의 賜藥) 과연 자살이라 할 수 있는지, 그리고 전쟁에 의한 사망은 일반적으로 자살이라고 하지 않으나 과거 일본 군대의 '가미카제(神風) 특공대'나 이른바 '육탄용사(肉彈勇士)'처럼 스스로 자진해서 죽음으로 뛰어드는 경우를 자살적 행위라고 할 수 있는지 그 한계는 모호하다. 자살의 시비(是非)에 관한 윤리관과 종교관에 대해서는 예로부터 여러 제의가 제기되어 왔다.

자살긍정론자(自殺肯定論者)는, 인간은 누구든지 자기의 생명에 관해서 절대적인 권리를 가진다는 윤리적 입장에서 긍정해왔다. 종교적 관습으로서도 인도의 사티(satī) 등에서 볼 수 있듯이 남편을 잃은 아내가 남편의 극락왕생(極樂往生)을 기원하여 뒤따라 자살하는 경우가 있었다. 한국에도 옛날에는 임금의 죽음에 대하여 신하가 순사(殉死)하는 관습이 있었으며, 근세 이후의 문예작품이나 연극 중에는, 자살을 동정하고 정사(情死)를 미화하는 사상이 드러나는 작품이 있다.

자살부정론자는, 자살은 신과 국왕에 대한 의무를 포기하는 행위로서 비난하였는데, 특히 그리스도교에서 자살은 신을 모독하는 행위라 하여 이를 죄악시하고, 종교적 제재를 가하였다. 가톨릭에서는 오늘날에도 자살을 죄악시하는 사상이 강하다. 불교에서는 열반사상(涅槃思想)의 입장에서 자살을 경계하고 있지만, 현실적으로 종교자살이 없지는 않다.

② 자살의 원인

프랑스의 사회학자 뒤르켐에 의하면, 자살에는 이기적 자살(利己的自殺)·애타적 자살(愛他的自殺)·아노미(anomie : 無規制狀態)적 자살의 세 가지 있다고 한다. 이기적 자살은 개인이 사회에 결합하는 양식(樣式)으로서 과도한 개인화를 보일 경우, 즉 개인과 사회의 결합력이 약할 때의 자살이다. 애타적 자살은 그 반대로 과도한 집단화를 보일 경우, 즉 사회적 의무감이 지나치게 강할 때의 자살이다. 아노미적 자살은 사회정세의 변화라든가 사회환경의 차이 또는 도덕적 통제의 결여(缺如)에 의한 자살이다.

통계에 의하면 신경쇠약·실연·병고(病苦)·생활고·가정불화·장래에 대한 고민·사업실패·염세(厭世) 등 여러 가지가 있으며, 그 중에서도 염세·병고·신경쇠약·실연·가정불화가 누드러지게 많다. 이것을 남녀별로 보면 남자에게는 신경쇠약과 병고가 많고, 여자에게는 가정불화와 실연이 많다. 그리고 연령별로는 청소년에서는 실연과 염세가 많고, 노인에서는 병고가 특징적으로 많다. 가정불화는 20~30대에 많다. 어느 경우이든 자살의 원인은 자살기수자(自殺既遂者)의 유서나 가족의 증언, 또는 미수자의 진술 등으로 파악하게 되는데, 여러 조건이 서로 얽혀 있다.

③ 자살률과 그 경향

자살은 지역적·시대적으로 다양한 발생상황을 보여주고 있다. 자살률이 항상 높은 나라는 덴마크·독일·스웨덴 등이며, 반대로 낮은 나라는 이탈리아·네덜란드·노르웨이 등이다. 영국·프랑스·미국·한국 등이 중간적 위치를 차지한다. 이것만으로는 나라별 자살경향을 판단하기는 어려우나, 서유럽의 경우 전반적으로 자살경향이 북부 여러

나라일수록 높고, 남부의 여러 나라로 올수록 낮아진다.

남녀별·연령별 자살경향을 보면, 남녀별로는 어느 나라에서나 여자의 자살률이 남자보다도 훨씬 낮다. 이것은 여러 이유를 생각할 수 있으나, 역경에 순응하고 곤경을 참아내는 능력이 남자보다도 뛰어나다는 것과, 여자는 남자에 비하여 사회적 활동의 범위가 좁아, 자살의 동인(動因)이 될 만한 사회적 곤경에 봉착하는 경우가 적다는 것 등이 주된 원인으로 지적된다. 연령별로는 어느 나라에서나 자살률은 연령이 높아짐에 따라 점차 높아지고 있다.

2. 타살

① 타살의 의미

살인이란 타인에 의한 죽음을 의미한다. 그러나 그것이 반드시 불법적인 것만은 아니다. 우선, 상해의 의향이 존재하지 않는 사고와 같이 용서 가능한 살인행위(Excusable Homicides)가 있고, 경찰관이 도주하는 강도범을 사살하거나 시민이 자기방어를 위하여 사람을 죽이는 경우와 같이 죽일 의향이 있더라도 어쩔 수 없는 것으로 받아들여질 수 있는 정당화 가능한 살인행위(Justifiable Homicides)도 있다. 그리고 여기서 우리가 관심의 대상이 되는 특정인에 대한 타인에 의한 불법적 죽임인 범죄적 살인행위(Criminal Homicides)가 있다.

② 타살의 원인

첫 번째는 유전학(Genetic)이론으로서 대부분의 정상인은 23개씩의 X와 Y염색체를 가지고 있으나 극히 일부는 남성염색체인 Y염색체를 하나 더 가지고 있는데 이 Y염색체가 남성을 강인하고 공격적으로 만들기 때문에 이들 XYY염색체를 가진 남성은 통상적으로 공격적인 경향을 가질 확률이 높다는 것이다. 이러한 주장은 재소자에 대한 연구결과 정상인에 비해 높은 비율의 재소자가 XYY염색체를 가진 것으로 밝혀지기도 하여 검증된 바 있다. 그러나 이러한 주장은 우선 검증의 자료가 시설에 수용된 사람으로 제한되어 있었으므로 수용되어 있지 않던 대부분의 XYY범죄자를 고려해 볼 때 편견적인 것이었다. 한편 일부 살인범이 XYY염색체를 가지고 있으나 대부분의 살인범은 XYY염색체를 가지고 있지 않으며, XYY염색체가 폭력성의 잠재요인은 될 수 있을지언정 결정인자는 아니다 라는 점도 지적할 수 있다. 따라서 오히려 사회문화적 요인이 이 잠재적 요인의 표출을 결정하는 것으로 사료되는 등의 문제점과 한계가 지적되기도 한다.

두 번째는 심리측생설로서, 심리분석학적 이론과 좌절-공격성(Frustration-Aggression)에 관한 심리학적 이론이 그것이다. 심리분석학자들에 의하면, 우리의 심리상태는 인간의 기본적 욕구인 id, 욕망을 성취하는 방법을 학습한 결과 얻어진 지식이라고 할 수 있는 ego, 그리고 인간의 자기만족 또는 자기희열(Self-Enjoyment)에 대한 한계인 양심이라고 할 수 있는 superego로 구성되어 있다. 그런데, 감정적이고 비이성적인 id와 superego는 욕구를 만족시키고자 하는 요구와 그것을 제한하는 갈등관계에 있게 마련이다. 그러나 이러한 갈등관계를 인간 마음의 이성적 부분인 ego가 해결해주고 있다. 즉, superego를 거역하지 않고 id를 만족시키거나 id를 좌절시키지 않고 superego를 따르는 방법을 중재해 주는 것이다. 그런데, ego가 이러한 역할을 제대로 하지 못하여, 즉 id를 만족시키지 못하거나 superego를 거역했을 때 불행해지거나 죄의식을 갖게 되고 나아가 정신적 병질을 앓게 되어 결국 살인과 같은 폭력으로 이끌리게 된다는 것이다.

【부록】 한글 맞춤법

문교부 고시 제88-1호(1988. 1. 19.)

한글 맞춤법

제 1 장 총칙
제 2 장 자모
제 3 장 소리에 관한 것
　　제 1 절 된소리
　　제 2 절 구개음화
　　제 3 절 'ㄷ' 소리 받침
　　제 4 절 모음
　　제 5 절 두음 법칙
　　제 6 절 겹쳐 나는 소리
제 4 장 형태에 관한 것
　　제 1 절 체언과 조사
　　제 2 절 어간과 어미
　　제 3 절 접미사가 붙어서 된 말
　　제 4 절 합성어 및 접두사가 붙은 말
　　제 5 절 준말
제 5 장 띄어쓰기
　　제 1 절 조사
　　제 2 절 의존 명사, 단위를 나타내는 명사 및 열거하는 말 등
　　제 3 절 보조 용언
　　제 4 절 고유 명사 및 전문 용어
제 6 장 그 밖의 것
□ 부록 문장 부호

제1장 총　칙

제1항　한글 맞춤법은 표준어를 소리대로 적되, 어법에 맞도록 함을 원칙으로
　　한다.
제2항　문장의 각 단어는 띄어 씀을 원칙으로 한다.
제3항　외래어는 '외래어 표기법'에 따라 적는다.

제2장 자　모

제4항　한글 자모의 수는 스물넉 자로 하고, 그 순서와 이름은 다음과 같이 정
　　한다.
　　　　ㄱ(기역)　　ㄴ(니은)　　ㄷ(디귿)　　ㄹ(리을)　　ㅁ(미음)　　ㅂ(비읍)　　ㅅ(시옷)
　　　　ㅇ(이응)　　ㅈ(지읒)　　ㅊ(치읓)　　ㅋ(키읔)　　ㅌ(티읕)　　ㅍ(피읖)　　ㅎ(히읗)
　　　　ㅏ(아)　　　ㅑ(야)　　　ㅓ(어)　　　ㅕ(여)　　　ㅗ(오)
　　　　ㅛ(요)　　　ㅜ(우)　　　ㅠ(유)　　　ㅡ(으)　　　ㅣ(이)

　〔붙임 1〕　위의 자모로써 적을 수 없는 소리는 두 개 이상의 자모를 어울러서
　적되, 그 순서와 이름은 다음과 같이 정한다.
　　　　ㄲ(쌍기역)　　ㄸ(쌍디귿)　　ㅃ(쌍비읍)　　ㅆ(쌍시옷)　　ㅉ(쌍지읒)
　　　　ㅐ(애)　　　ㅒ(얘)　　　ㅔ(에)　　　ㅖ(예)　　　ㅘ(와)　　　ㅙ(왜)
　　　　ㅚ(외)　　　ㅝ(워)　　　ㅞ(웨)　　　ㅟ(위)　　　ㅢ(의)

　〔붙임 2〕　사전에 올릴 적의 자모 순서는 다음과 같이 정한다.
　　　자　음:　ㄱ　　ㄲ　　ㄴ　　ㄷ　　ㄸ　　ㄹ　　ㅁ　　ㅂ
　　　　　　　ㅃ　　ㅅ　　ㅆ　　ㅇ　　ㅈ　　ㅉ　　ㅊ　　ㅋ
　　　　　　　ㅌ　　ㅍ　　ㅎ
　　　모　음:　ㅏ　　ㅐ　　ㅑ　　ㅒ　　ㅓ　　ㅔ　　ㅕ　　ㅖ
　　　　　　　ㅗ　　ㅘ　　ㅙ　　ㅚ　　ㅛ　　ㅜ　　ㅝ　　ㅞ
　　　　　　　ㅟ　　ㅠ　　ㅡ　　ㅢ　　ㅣ

제3장 소리에 관한 것

제1절 된소리

제5항 한 단어 안에서 뚜렷한 까닭 없이 나는 된소리는 다음 음절의 첫소리를 된소리로 적는다.

1. 두 모음 사이에서 나는 된소리

소쩍새	어깨	오빠	으뜸	아끼다	기쁘다
깨끗하다	어떠하다	해쓱하다	가끔	거꾸로	부썩
어찌	이따금				

2. 'ㄴ, ㄹ, ㅁ, ㅇ' 받침 뒤에서 나는 된소리

산뜻하다 잔뜩 살짝 훨씬 담뿍 움찔 몽땅 엉뚱하다

다만, 'ㄱ, ㅂ' 받침 뒤에서 나는 된소리는, 같은 음절이나 비슷한 음절이 겹쳐 나는 경우가 아니면 된소리로 적지 아니한다.

국수 깍두기 딱지 색시 싹둑(~싹둑) 법석 갑자기 몹시

제2절 구개음화

제6항 'ㄷ, ㅌ' 받침 뒤에 종속적 관계를 가진 '-이(-)'나 '-히-'가 올 적에는, 그 'ㄷ, ㅌ'이 'ㅈ, ㅊ'으로 소리나더라도 'ㄷ, ㅌ'으로 적는다.(ㄱ을 취하고, ㄴ을 버림.)

ㄱ	ㄴ	ㄱ	ㄴ
맏이	마지	핥이다	할치다
해돋이	해도지	걷히다	거치다
굳이	구지	닫히다	다치다
같이	가치	묻히다	무치다
끝이	끄치		

제3절 'ㄷ' 소리 받침

제7항 'ㄷ' 소리로 나는 받침 중에서 'ㄷ'으로 적을 근거가 없는 것은 'ㅅ'으로 적는다.

덧저고리　돗자리　엇셈　웃어른　핫옷　무릇　사뭇　얼핏　자칫하면
뭇〔衆〕　　옛　　　첫　　헛

제4절 모 음

제8항 '계, 례, 몌, 폐, 혜'의 'ㅖ'는 'ㅔ'로 소리나는 경우가 있더라도 'ㅖ'로 적는다.(ㄱ을 취하고, ㄴ을 버림.)

ㄱ	ㄴ	ㄱ	ㄴ
계수(桂樹)	게수	혜택(惠澤)	헤택
사례(謝禮)	사레	계집	게집
연몌(連袂)	연메	핑계	핑게
폐품(廢品)	페품	계시다	게시다

다만, 다음 말은 본음대로 적는다.

게송(偈頌)　　　　게시판(揭示板)　　　　휴게실(休憩室)

제9항 '의'나, 자음을 첫소리로 가지고 있는 음절의 'ㅢ'는 'ㅣ'로 소리나는 경우가 있더라도 'ㅢ'로 적는다.(ㄱ을 취하고, ㄴ을 버림.)

ㄱ	ㄴ	ㄱ	ㄴ
의의(意義)	의이	닁큼	닝큼
본의(本義)	본이	띄어쓰기	띠어쓰기
무늬〔紋〕	무니	씌어	씨어
보늬	보니	틔어	티어
오늬	오니	희망(希望)	히망
하늬바람	하니바람	희다	히다
닁리리	닁리리	유희(遊戱)	유히

제5절 두음 법칙

제10항 한자음 '녀, 뇨, 뉴, 니'가 단어 첫머리에 올 적에는, 두음 법칙에 따라 '여, 요, 유, 이'로 적는다.(ㄱ을 취하고, ㄴ을 버림.)

ㄱ	ㄴ	ㄱ	ㄴ
여자(女子)	녀자	유대(紐帶)	뉴대
연세(年歲)	년세	이토(泥土)	니토
요소(尿素)	뇨소	익명(匿名)	닉명

다만, 다음과 같은 의존 명사에서는 '냐, 녀' 음을 인정한다.

냥(兩)   냥쭝(兩-)   년(年)(몇 년)

[붙임 1] 단어의 첫머리 이외의 경우에는 본음대로 적는다.

남녀(男女)   당뇨(糖尿)   결뉴(結紐)   은닉(隱匿)

[붙임 2] 접두사처럼 쓰이는 한자가 붙어서 된 말이나 합성어에서, 뒷말의 첫소리가 'ㄴ' 소리로 나더라도 두음 법칙에 따라 적는다.

신여성(新女性)   공염불(空念佛)   남존여비(男尊女卑)

[붙임 3] 둘 이상의 단어로 이루어진 고유 명사를 붙여 쓰는 경우에도 붙임 2에 준하여 적는다.

한국여자대학   대한요소비료회사

제11항 한자음 '랴, 려, 례, 료, 류, 리'가 단어의 첫머리에 올 적에는, 두음 법칙에 따라 '야, 여, 예, 요, 유, 이'로 적는다.(ㄱ을 취하고, ㄴ을 버림.)

ㄱ	ㄴ	ㄱ	ㄴ
양심(良心)	량심	용궁(龍宮)	룡궁
역사(歷史)	력사	유행(流行)	류행
예의(禮儀)	례의	이발(理髮)	리발

다만, 다음과 같은 의존 명사는 본음대로 적는다.

　　리(里): 몇 리냐?

　　리(理): 그럴 리가 없다.

〔붙임 1〕 단어의 첫머리 이외의 경우에는 본음대로 적는다.

　　개량(改良)　　선량(善良)　　수력(水力)　　협력(協力)

　　사례(謝禮)　　혼례(婚禮)　　와룡(臥龍)　　쌍룡(雙龍)

　　하류(下流)　　급류(急流)　　도리(道理)　　진리(眞理)

다만, 모음이나 'ㄴ' 받침 뒤에 이어지는 '렬, 률'은 '열, 율'로 적는다.(ㄱ을 취하고, ㄴ을 버림.)

ㄱ	ㄴ	ㄱ	ㄴ
나열(羅列)	나렬	분열(分裂)	분렬
치열(齒列)	치렬	선열(先烈)	선렬
비열(卑劣)	비렬	진열(陳列)	진렬
규율(規律)	규률	선율(旋律)	선률
비율(比率)	비률	전율(戰慄)	전률
실패율(失敗率)	실패률	백분율(百分率)	백분률

〔붙임 2〕 외자로 된 이름을 성에 붙여 쓸 경우에도 본음대로 적을 수 있다.

　　신립(申砬)　　최린(崔麟)　　채륜(蔡倫)　　하륜(河崙)

〔붙임 3〕 준말에서 본음으로 소리나는 것은 본음대로 적는다.

　　국련(국제연합)　　대한교련(대한교육연합회)

〔붙임 4〕 접두사처럼 쓰이는 한자가 붙어서 된 말이나 합성어에서, 뒷말의 첫소리가 'ㄴ' 또는 'ㄹ' 소리로 나더라도 두음 법칙에 따라 적는다.

　　역이용(逆利用)　　연이율(年利率)　　열역학(熱力學)

　　해외여행(海外旅行)

〔붙임 5〕 둘 이상의 단어로 이루어진 고유 명사를 붙여 쓰는 경우나 십진법에 따라 쓰는 수(數)도 붙임 4에 준하여 적는다.

신토피컬 논술의 원리와 실제 1

서울여관　　　　신흥이발관　　　　육천육백육십육(六千六百六十六)

제12항 한자음 '라, 래, 로, 뢰, 루, 르'가 단어의 첫머리에 올 적에는, 두음 법칙에 따라 '나, 내, 노, 뇌, 누, 느'로 적는다.(ㄱ을 취하고, ㄴ을 버림.)

ㄱ	ㄴ		ㄱ	ㄴ
낙원(樂園)	락원		뇌성(雷聲)	뢰성
내일(來日)	래일		누각(樓閣)	루각
노인(老人)	로인		능묘(陵墓)	릉묘

〔붙임 1〕 단어의 첫머리 이외의 경우에는 본음대로 적는다.

쾌락(快樂)	극락(極樂)	거래(去來)	왕래(往來)
부로(父老)	연로(年老)	지뢰(地雷)	낙뢰(落雷)
고루(高樓)	광한루(廣寒樓)	동구릉(東九陵)	가정란(家庭欄)

〔붙임 2〕 접두사처럼 쓰이는 한자가 붙어서 된 단어는 뒷말을 두음 법칙에 따라 적는다.

내내월(來來月)　　　　상노인(上老人)　　　　중노동(重勞動)
비논리적(非論理的)

제6절　겹쳐 나는 소리

제13항 한 단어 안에서 같은 음절이나 비슷한 음절이 겹쳐 나는 부분은 같은 글자로 적는다.(ㄱ을 취하고, ㄴ을 버림.)

ㄱ	ㄴ	ㄱ	ㄴ
딱딱	딱닥	꼿꼿하다	꼿곳하다
쌕쌕	쌕색	놀놀하다	놀롤하다
씩씩	씩식	눅눅하다	눙눅하다
똑딱똑딱	똑닥똑닥	밋밋하다	민밋하다
쓱싹쓱싹	쓱삭쓱삭	싹싹하다	싹삭하다
연연불망(戀戀不忘)	연련불망	쌉쌀하다	쌉살하다
유유상종(類類相從)	유류상종	씁쓸하다	씁슬하다

누누이(屢屢-)	누루이		짭짤하다	짭잘하다

제4장 형태에 관한 것

제1절 체언과 조사

제14항 체언은 조사와 구별하여 적는다.

떡이	떡을	떡에	떡도	떡만
손이	손을	손에	손도	손만
팔이	팔을	팔에	팔도	팔만
밤이	밤을	밤에	밤도	밤만
집이	집을	집에	집도	집만
옷이	옷을	옷에	옷도	옷만
콩이	콩을	콩에	콩도	콩만
낮이	낮을	낮에	낮도	낮만
꽃이	꽃을	꽃에	꽃도	꽃만
밭이	밭을	밭에	밭도	밭만
앞이	앞을	앞에	앞도	앞만
밖이	밖을	밖에	밖도	밖만
넋이	넋을	넋에	넋도	넋만
흙이	흙을	흙에	흙도	흙만
삶이	삶을	삶에	삶도	삶만
여덟이	여덟을	여덟에	여덟도	여덟만
곬이	곬을	곬에	곬도	곬만
값이	값을	값에	값도	값만

제2절 어간과 어미

제15항 용언의 어간과 어미는 구별하여 적는다.

먹다	먹고	먹어	먹으니

신다	신고	신어	신으니
믿다	믿고	믿어	믿으니
울다	울고	울어	(우니)
넘다	넘고	넘어	넘으니
입다	입고	입어	입으니
웃다	웃고	웃어	웃으니
찾다	찾고	찾아	찾으니
좇다	좇고	좇아	좇으니
같다	같고	같아	같으니
높다	높고	높아	높으니
좋다	좋고	좋아	좋으니
깎다	깎고	깎아	깎으니
앉다	앉고	앉아	앉으니
많다	많고	많아	많으니
늙다	늙고	늙어	늙으니
젊다	젊고	젊어	젊으니
넓다	넓고	넓어	넓으니
훑다	훑고	훑어	훑으니
읊다	읊고	읊어	읊으니
옳다	옳고	옳아	옳으니
없다	없고	없어	없으니
있다	있고	있어	있으니

〔붙임 1〕 두 개의 용언이 어울려 한 개의 용언이 될 적에, 앞말의 본뜻이 유지되고 있는 것은 그 원형을 밝히어 적고, 그 본뜻에서 멀어진 것은 밝히어 적지 아니한다.

(1) 앞말의 본뜻이 유지되고 있는 것

넘어지다	늘어나다	늘어지다	돌아가다	되짚어가다
들어가다	떨어지다	벌어지다	엎어지다	접어들다
틀어지다	흩어지다			

(2) 본뜻에서 멀어진 것

　　　드러나다　　　사라지다　　　쓰러지다

〔붙임 2〕　종결형에서 사용되는 어미 '-오'는 '요'로 소리 나는 경우가 있더라도 그 원형을 밝혀 '오'로 적는다.(ㄱ을 취하고, ㄴ을 버림.)

ㄱ	ㄴ
이것은 책이오.	이것은 책이요.
이리로 오시오.	이리로 오시요.
이것은 책이 아니오.	이것은 책이 아니요.

〔붙임 3〕　연결형에서 사용되는 '이요'는 '이요'로 적는다.(ㄱ을 취하고, ㄴ을 버림.)

ㄱ	ㄴ
이것은 책이요, 저것은 붓이요,	이것은 책이오, 저것은 붓이오,
또 저것은 먹이다.	또　저것은 먹이다.

제16항　어간의 끝음절 모음이 'ㅏ, ㅗ'일 때에는 어미를 '-아'로 적고, 그 밖의 모음일 때에는 '-어'로 적는다.

1. '-아'로 적는 경우

나아	나아도	나아서
막아	막아도	막아서
얇아	얇아도	얇아서
돌아	돌아도	돌아서
보아	보아도	보아서

2. '-어'로 적는 경우

개어	개어도	개어서
겪어	겪어도	겪어서
되어	되어도	되어서
베어	베어도	베어서
쉬어	쉬어도	쉬어서

저어	저어도	저어서
주어	주어도	주어서
피어	피어도	피어서
회어	회어도	회어서

제17항 어미 뒤에 덧붙는 조사 '-요'는 '-요'로 적는다.

읽어	읽어요
참으리	참으리요
좋지	좋지요

제18항 다음과 같은 용언들은 어미가 바뀔 경우, 그 어간이나 어미가 원칙에 벗어나면 벗어나는 대로 적는다.

1. 어간의 끝 'ㄹ'이 줄어질 적

갈다:	가니	간	갑니다	가시다	가오
놀다:	노니	논	놉니다	노시다	노오
불다:	부니	분	붑니다	부시다	부오
둥글다:	둥그니	둥근	둥급니다	둥그시다	둥그오
어질다:	어지니	어진	어집니다	어지시다	어지오

〔붙임〕 다음과 같은 말에서도 'ㄹ'이 준 대로 적는다.

마지못하다	마지않다	(하)다마다	(하)자마자
(하)지 마라	(하)지 마(아)		

2. 어간의 끝 'ㅅ'이 줄어질 적

긋다:	그어	그으니	그었다
낫다:	나아	나으니	나았다
잇다:	이어	이으니	이었다
짓다:	지어	지으니	지었다

3. 어간의 끝 'ㅎ'이 줄어질 적[1]

그렇다:	그러니	그럴	그러면	그러오
까맣다:	까마니	까말	까마면	까마오
동그랗다:	동그라니	동그랄	동그라면	동그라오
퍼렇다:	퍼러니	퍼럴	퍼러면	퍼러오
하얗다:	하야니	하얄	하야면	하야오

4. 어간의 끝 'ㅜ, ㅡ'가 줄어질 적

푸다:	퍼	펐다		뜨다:	떠	떴다
끄다:	꺼	껐다		크다:	커	컸다
담그다:	담가	담갔다		고프다:	고파	고팠다
따르다:	따라	따랐다		바쁘다:	바빠	바빴다

5. 어간의 끝 'ㄷ'이 'ㄹ'로 바뀔 적

걷다〔步〕:	걸어	걸으니	걸었다
듣다〔聽〕:	들어	들으니	들었다
묻다〔問〕:	물어	물으니	물었다
싣다〔載〕:	실어	실으니	실었다

6. 어간의 끝 'ㅂ'이 'ㅜ'로 바뀔 적

깁다:	기워	기우니	기웠다
굽다〔炙〕:	구워	구우니	구웠다
가깝다:	가까워	가끼우니	가까웠다
괴롭다:	괴로워	괴로우니	괴로웠다
맵다:	매워	매우니	매웠다
무겁다:	무거워	무거우니	무거웠다
밉다:	미워	미우니	미웠다
쉽다:	쉬워	쉬우니	쉬웠다

---

1 고시본에서 보였던 용례 중 '그렇니다, 까맙니다, 동그랍니다, 퍼렆니다, 하얍니다'는 1994년 12월 16일에 열린 국어 심의 회의 결정에 따라 삭제하기로 하였다. '표준어 규정' 제17항이 자음 뒤의 '-습니다'를 표준어로 정함에 따라 '그렇습니다, 까맣습니다, 동그랗습니다, 퍼렇습니다, 하얗습니다'가 표준어가 되는 것과 상충하기 때문이다.

다만, '돕-, 곱-'과 같은 단음절 어간에 어미 '-아'가 결합되어 '와'로 소리나는 것은 '-와'로 적는다.

돕다[助]:	도와	도와서	도와도	도왔다
곱다[麗]:	고와	고와서	고와도	고왔다

7. '하다'의 활용에서 어미 '-아'가 '-여'로 바뀔 적

하다:	하여	하여서	하여도	하여라	하였다

8. 어간의 끝음절 '르' 뒤에 오는 어미 '-어'가 '-러'로 바뀔 적

이르다[至]:	이르러	이르렀다
노르다:	노르러	노르렀다
누르다:	누르러	누르렀다
푸르다:	푸르러	푸르렀다

9. 어간의 끝음절 '르'의 '-'가 줄고, 그 뒤에 오는 어미 '-아/-어'가 '-라/-러'로 바뀔 적

가르다:	갈라	갈랐다		부르다:	불러	불렀다
거르다:	걸러	걸렀다		오르다:	올라	올랐다
구르다:	굴러	굴렀다		이르다:	일러	일렀다
벼르다:	별러	별렀다		지르다:	질러	질렀다

제3절 접미사가 붙어서 된 말

제19항 어간에 '-이'나 '-음/-ㅁ'이 붙어서 명사로 된 것과 '-이'나 '-히'가 붙어서 부사로 된 것은 그 어간의 원형을 밝히어 적는다.

1. '-이'가 붙어서 명사로 된 것

길이	깊이	높이	다듬이	땀받이	달맞이
먹이	미닫이	벌이	벼훑이	살림살이	쇠붙이

2. '-음/-ㅁ'이 붙어서 명사로 된 것

    걸음   묶음   믿음   얼음   엮음   울음
    웃음   졸음   죽음   앎   만듦

3. '-이'가 붙어서 부사로 된 것

    같이   굳이   길이   높이   많이   실없이
    좋이   짓궂이

4. '-히'가 붙어서 부사로 된 것

    밝히   익히   작히

  다만, 어간에 '-이'나 '-음'이 붙어서 명사로 바뀐 것이라도 그 어간의 뜻과
멀어진 것은 원형을 밝히어 적지 아니한다.

    굽도리   다리〔髢〕   목거리(목병)   무녀리
    코끼리   거름(비료)   고름〔膿〕   노름(도박)

〔붙임〕 어간에 '-이'나 '-음' 이외의 모음으로 시작된 접미사가 붙어서 다른 품
    사로 바뀐 것은 그 어간의 원형을 밝히어 적지 아니한다.

  (1) 명사로 바뀐 것
      귀머거리   까마귀   너머   뜨더귀   마감
      마개   마중   무덤   비렁뱅이   쓰레기
      올가미   주검

  (2) 부사로 바뀐 것
      거뭇거뭇   너무   도로   뜨덤뜨덤   바투
      불긋불긋   비로소   오긋오긋   자주   차마

  (3) 조사로 바뀌어 뜻이 달라진 것
      나마   부터   조차

신토피컬 논술의 원리와 실제 1

제20항 명사 뒤에 '-이'가 붙어서 된 말은 그 명사의 원형을 밝히어 적는다.

1. 부사로 된 것
   곳곳이   낱낱이   몫몫이   샅샅이   앞앞이   집집이

2. 명사로 된 것
   곰배팔이   바둑이   삼발이   애꾸눈이
   육손이   절뚝발이/절름발이

〔붙임〕 '-이' 이외의 모음으로 시작된 접미사가 붙어서 된 말은 그 명사의 원형을 밝히어 적지 아니한다.
   꼬락서니   끄트머리   모가치   바가지   바깥
   사타구니   싸라기   이파리   지붕   지푸라기   짜개

제21항 명사나 혹은 용언의 어간 뒤에 자음으로 시작된 접미사가 붙어서 된 말은 그 명사나 어간의 원형을 밝히어 적는다.

1. 명사 뒤에 자음으로 시작된 접미사가 붙어서 된 것
   값지다   홑지다   넋두리   빛깔   옆댕이   잎사귀

2. 어간 뒤에 자음으로 시작된 접미사가 붙어서 된 것
   낚시   늙정이   덮개   뜯게질
   갉작갉작하다   갉작거리다   뜯적거리다   뜯적뜯적하다
   굵다랗다   굵직하다   깊숙하다   넓적하다
   높다랗다   늙수그레하다   얽죽얽죽하다

다만, 다음과 같은 말은 소리대로 적는다.

(1) 겹받침의 끝소리가 드러나지 아니하는 것
   할짝거리다   널따랗다   널찍하다   말끔하다
   말쑥하다   말짱하다   실쭉하다   실큼하다
   얄따랗다   얄팍하다   짤따랗다   짤막하다

실컷

(2) 어원이 분명하지 아니하거나 본뜻에서 멀어진 것
  넙치   올무   골막하다   납작하다

제22항 용언의 어간에 다음과 같은 접미사들이 붙어서 이루어진 말들은 그 어간을 밝히어 적는다.

1. '-기-, -리-, -이-, -히-, -구-, -우-, -추-, -으키-, -이키-, -애-'가 붙는 것
  맡기다   옮기다   웃기다   쫓기다   뚫리다
  울리다   낚이다   쌓이다   핥이다   굳히다
  굽히다   넓히다   앉히다   얽히다   잡히다
  돋구다   솟구다   돋우다   갖추다   곧추다
  맞추다   일으키다   돌이키다   없애다

  다만, '-이-, -히-, -우-'가 붙어서 된 말이라도 본뜻에서 멀어진 것은 소리대로 적는다.
  도리다(칼로 ~)   드리다(용돈을 ~)   고치다
  바치다(세금을 ~)   부치다(편지를 ~)   거두다
  미루다   이루다

2. '-치-, -뜨리-, -트리-'가 붙는 것
  놓치다   넙치다   떠받치다   받치다   밭치다
  부딪치다   뻗치다   엎치다   부딪뜨리다/부딪트리다
  쏟뜨리다/쏟트리다   젖뜨리다/젖트리다
  찢뜨리다/찢트리다   흩뜨리다/흩트리다

〔붙임〕 '-업-, -읍-, -브-'가 붙어서 된 말은 소리대로 적는다.
  미덥다   우습다   미쁘다

제23항 '-하다'나 '-거리다'가 붙는 어근에 '-이'가 붙어서 명사가 된 것은 그 원형을 밝히어 적는다.(ㄱ을 취하고, ㄴ을 버림.)

ㄱ	ㄴ	ㄱ	ㄴ
깔쭉이	깔쭈기	살살이	살사리
꿀꿀이	꿀꾸리	쌕쌕이	쌕쌔기
눈깜짝이	눈깜짜기	오뚝이	오뚜기
더펄이	더퍼리	코납작이	코납자기
배불뚝이	배불뚜기	푸석이	푸서기
삐죽이	삐주기	홀쭉이	홀쭈기

〔붙임〕 '-하다'나 '-거리다'가 붙을 수 없는 어근에 '-이'나 또는 다른 모음으로 시작되는 접미사가 붙어서 명사가 된 것은 그 원형을 밝히어 적지 아니한다.

개구리	귀뚜라미	기러기	깍두기	꽹과리
날라리	누더기	동그라미	두드러기	딱따구리
매미	부스러기	뻐꾸기	얼루기	칼싹두기

제24항 '-거리다'가 붙을 수 있는 시늉말 어근에 '-이다'가 붙어서 된 용언은 그 어근을 밝히어 적는다.(ㄱ을 취하고, ㄴ을 버림.)

ㄱ	ㄴ	ㄱ	ㄴ
깜짝이다	깜짜기다	속삭이다	속사기다
꾸벅이다	꾸버기다	숙덕이다	숙더기다
끄덕이다	끄더기다	울먹이다	울머기다
뒤척이다	뒤처기다	움직이다	움지기다
들먹이다	들머기다	지껄이다	지꺼리다
망설이다	망서리다	퍼덕이다	퍼더기다
번득이다	번드기다	허덕이다	허더기다
번쩍이다	번쩌기다	헐떡이다	헐떠기다

제25항 '-하다'가 붙는 어근에 '-히'나 '-이'가 붙어서 부사가 되거나, 부사에 '-이'가 붙어서 뜻을 더하는 경우에는 그 어근이나 부사의 원형을 밝히어 적는다.

1. '-하다'가 붙는 어근에 '-히'나 '-이'가 붙는 경우
   급히   꾸준히   도저히   딱히   어렴풋이   깨끗이

〔붙임〕 '-하다'가 붙지 않는 경우에는 소리대로 적는다.
   갑자기   반드시(꼭)   슬며시

2. 부사에 '-이'가 붙어서 역시 부사가 되는 경우
   곰곰이   더욱이   생긋이   오뚝이   일찍이   해죽이

제26항 '-하다'나 '-없다'가 붙어서 된 용언은 그 '-하다'나 '-없다'를 밝히어 적는다.

1. '-하다'가 붙어서 용언이 된 것
   딱하다   숱하다   착하다   텁텁하다   푹하다

2. '-없다'가 붙어서 용언이 된 것
   부질없다   상없다   시름없다   열없다   하염없다

제4절 합성어 및 접두사기 붙은 말

제27항 둘 이상의 단어가 어울리거나 접두사가 붙어서 이루어진 말은 각각 그 원형을 밝히어 적는다.

국말이	꺾꽂이	꽃잎	끝장	물난리
밑천	부엌일	싫증	옷안	웃옷
젖몸살	첫아들	칼날	팥알	헛웃음
홀아비	홑몸	흙내		
값없다	겉늙다	굶주리다	낮잡다	맞먹다
받내다	벋놓다	빗나가다	빛나다	새파랗다
샛노랗다	시꺼멓다	싯누렇다	엇나가다	엎누르다
엿듣다	옻오르다	짓이기다	헛되다	

〔붙임 1〕 어원은 분명하나 소리만 특이하게 변한 것은 변한 대로 적는다.
　　　　할아버지　　　할아범

〔붙임 2〕 어원이 분명하지 아니한 것은 원형을 밝히어 적지 아니한다.
　　　　골병　　　　　골탕　　　　　끌탕　　　　　며칠　　　　　아재비
　　　　오라비　　　　업신여기다　부리나케

〔붙임 3〕 '이〔齒, 虱〕'가 합성어나 이에 준하는 말에서 '니' 또는 '리'로 소리날
　　　때에는 '니'로 적는다.
　　　　간니　　　　　덧니　　　　　사랑니　　　　송곳니　　　　앞니
　　　　어금니　　　　윗니　　　　　젖니　　　　　톱니　　　　　틀니
　　　　가랑니　　　　머릿니

제28항 끝소리가 'ㄹ'인 말과 딴 말이 어울릴 적에 'ㄹ' 소리가 나지 아니하는 것
　　　은 아니 나는 대로 적는다.
　　　　다달이(달-달-이)　　　　따님(딸-님)　　　　　마되(말-되)
　　　　마소(말-소)　　　　　　무자위(물-자위)　　　바느질(바늘-질)
　　　　부나비(불-나비)　　　　부삽(불-삽)　　　　　부손(불-손)
　　　　소나무(솔-나무)　　　　싸전(쌀-전)　　　　　여닫이(열-닫이)
　　　　우짖다(울-짖다)　　　　화살(활-살)

제29항 끝소리가 'ㄹ'인 말과 딴 말이 어울릴 적에 'ㄹ' 소리가 'ㄷ' 소리로 나는
　　　것은 'ㄷ'으로 적는다.
　　　　반짇고리(바느질~)　　　사흗날(사흘~)　　　삼짇날(삼질~)
　　　　섣달(설~)　　　　　　　숟가락(술~)　　　　이튿날(이틀~)
　　　　잗주름(잘~)　　　　　　푿소(풀~)　　　　　섣부르다(설~)
　　　　잗다듬다(잘~)　　　　　잗다랗다(잘~)

제30항 사이시옷은 다음과 같은 경우에 받치어 적는다.

　1. 순 우리말로 된 합성어로서 앞말이 모음으로 끝난 경우
　　(1) 뒷말의 첫소리가 된소리로 나는 것

고랫재	귓밥	나룻배	나뭇가지	냇가
댓가지	뒷갈망	맷돌	머릿기름	모깃불
못자리	바닷가	뱃길	볏가리	부싯돌
선짓국	쇳조각	아랫집	우렁잇속	잇자국
잿더미	조갯살	찻집	쳇바퀴	킷값
핏대	햇볕	혓바늘		

(2) 뒷말의 첫소리 'ㄴ, ㅁ' 앞에서 'ㄴ' 소리가 덧나는 것

멧나물	아랫니	텃마당	아랫마을	뒷머리
잇몸	깻묵	냇물	빗물	

(3) 뒷말의 첫소리 모음 앞에서 'ㄴㄴ' 소리가 덧나는 것

도리깻열	뒷윷	두렛일	뒷일	뒷입맛
베갯잇	욧잇	깻잎	나뭇잎	댓잎

2. 순 우리말과 한자어로 된 합성어로서 앞말이 모음으로 끝난 경우
   (1) 뒷말의 첫소리가 된소리로 나는 것

귓병	머릿방	뱃병	봇둑	사잣밥
샛강	아랫방	사닷세	전셋집	찻잔
찻종	촛국	콧병	탯줄	텃세
핏기	햇수	횟가루	횟배	

   (2) 뒷말의 첫소리 'ㄴ, ㅁ' 앞에서 'ㄴ' 소리가 덧나는 것

곗날	제삿날	훗날	툇마루	양칫물

   (3) 뒷말의 첫소리 모음 앞에서 'ㄴㄴ' 소리가 덧나는 것

가욋일	사삿일	예삿일	훗일

3. 두 음절로 된 다음 한자어

곳간(庫間) 셋방(貰房) 숫자(數字) 찻간(車間) 툇간(退間) 횟수(回數)

제31항 두 말이 어울릴 적에 'ㅂ' 소리나 'ㅎ' 소리가 덧나는 것은 소리대로 적는다.

  1. 'ㅂ' 소리가 덧나는 것

        댑싸리(대ㅂ싸리)   멥쌀(메ㅂ쌀)   볍씨(벼ㅂ씨)   입때(이ㅂ때)
        입쌀(이ㅂ쌀)   접때(저ㅂ때)   좁쌀(조ㅂ쌀)   햅쌀(해ㅂ쌀)

  2. 'ㅎ' 소리가 덧나는 것

        머리카락(머리ㅎ가락)   살코기(살ㅎ고기)   수캐(수ㅎ개)   수컷(수ㅎ것)
        수탉(수ㅎ닭)   안팎(안ㅎ밖)   암캐(암ㅎ개)   암컷(암ㅎ것)   암탉(암ㅎ닭)

제5절 준 말

제32항 단어의 끝모음이 줄어지고 자음만 남은 것은 그 앞의 음절에 받침으로 적는다.[2]

(본말)	(준말)
기러기야	기럭아
어제그저께	엊그저께
어제저녁	엊저녁
가지고, 가지지	갖고, 갖지
디디고, 디디지	딛고, 딛지

제33항 체언과 조사가 어울려 줄어지는 경우에는 준 대로 적는다.

(본말)	(준말)
그것은	그건
그것이	그게
그것으로	그걸로
나는	난
나를	날
너는	넌
너를	널
무엇을	뭣을/무얼/뭘

---

2 고시본에서 보였던 '온갖, 온가지' 중 '온가지'는 '표준어 규정' 제14항에서 비표준어로 처리하였으므로 삭제하였다.

무엇이   뭣이/무에

제34항 모음 'ㅏ, ㅓ'로 끝난 어간에 '-아/-어, -았-/-었-'이 어울릴 적에는 준 대로 적는다.

(본말)	(준말)	(본말)	(준말)
가아	가	가았다	갔다
나아	나	나았다	났다
타아	타	타았다	탔다
서어	서	서었다	섰다
켜어	켜	켜었다	켰다
펴어	펴	펴었다	폈다

〔붙임 1〕 'ㅐ, ㅔ' 뒤에 '-어, -었-'이 어울려 줄 적에는 준 대로 적는다.

(본말)	(준말)	(본말)	(준말)
개어	개	개었다	갰다
내어	내	내었다	냈다
베어	베	베었다	벴다
세어	세	세었다	셌다

〔붙임 2〕 '하여'가 한 음절로 줄어서 '해'로 될 적에는 준 대로 적는다.

(본말)	(준말)	(본말)	(준말)
하여	해	하였다	했다
더하여	디해	더하였다	더했다
흔하여	흔해	흔하였다	흔했다

제35항 모음 'ㅗ, ㅜ'로 끝난 어간에 '-아/-어, -았-/-었-'이 어울려 'ㅘ/ㅝ, 왔 /웠'으로 될 적에는 준 대로 적는다.

(본말)	(준말)	(본말)	(준말)
꼬아	꽈	꼬았다	꽜다
보아	봐	보았다	봤다
쏘아	쏴	쏘았다	쐈다
두어	둬	두었다	뒀다

쑤어	쒀	쑤었다	쒔다
주어	줘	주었다	줬다

〔붙임 1〕 '놓아'가 '놔'로 줄 적에는 준 대로 적는다.

〔붙임 2〕 'ㅚ' 뒤에 '-어, -었-'이 어울려 'ㅙ, ㅙㅆ'으로 될 적에도 준 대로 적는다.

(본말)	(준말)	(본말)	(준말)
괴어	괘	괴었다	괬다
되어	돼	되었다	됐다
뵈어	봬	뵈었다	뵀다
쇠어	쇄	쇠었다	쇘다
쐬어	쐐	쐬었다	쐤다

제36항 'ㅣ' 뒤에 '-어'가 와서 'ㅕ'로 줄 적에는 준 대로 적는다.

(본말)	(준말)	(본말)	(준말)
가지어	가져	가지었다	가졌다
견디어	견뎌	견디었다	견뎠다
다니어	다녀	다니었다	다녔다
막히어	막혀	막히었다	막혔다
버티어	버텨	버티었다	버텼다
치이어	치여	치이었다	치였다

제37항 'ㅏ, ㅕ, ㅗ, ㅜ, ㅡ'로 끝난 어간에 '-이-'가 와서 각각 'ㅐ, ㅖ, ㅚ, ㅟ, ㅢ'로 줄 적에는 준 대로 적는다.

(본말)	(준말)	(본말)	(준말)
싸이다	쌔다	누이다	뉘다
펴이다	폐다	뜨이다	띄다
보이다	뵈다	쓰이다	씌다

제38항 'ㅏ, ㅗ, ㅜ, ㅡ' 뒤에 '-이어'가 어울려 줄어질 적에는 준 대로 적는다.

(본말)	(준말)		(본말)	(준말)	
싸이어	쌔어	싸여	뜨이어	띄어	
보이어	뵈어	보여	쓰이어	씌어	쓰여
쏘이어	쐬어	쏘여	트이어	틔어	트여
누이어	뉘어	누여			

제39항 어미 '-지' 뒤에 '않-'이 어울려 '-잖-'이 될 적과 '-하지' 뒤에 '않-'이 어울려 '-찮-'이 될 적에는 준 대로 적는다.

(본말)	(준말)	(본말)	(준말)
그렇지 않은	그렇잖은	만만하지 않다	만만찮다
적지 않은	적잖은	변변하지 않다	변변찮다

제40항 어간의 끝음절 '하'의 'ㅏ'가 줄고 'ㅎ'이 다음 음절의 첫소리와 어울려 거센소리로 될 적에는 거센소리로 적는다.

(본말)	(준말)	(본말)	(준말)
간편하게	간편케	다정하다	다정타
연구하도록	연구토록	정결하다	정결타
가하다	가타	흔하다	흔타

〔붙임 1〕 'ㅎ'이 어간의 끝소리로 굳어진 것은 받침으로 적는다.

않다	않고	않지	않든지
그렇다	그렇고	그렇지	그렇든지
아무렇다	아무렇고	아무렇지	아무렇든지
어떻다	어떻고	어떻지	어떻든지
이렇다	이렇고	이렇지	이렇든지
저렇다	저렇고	저렇지	저렇든지

〔붙임 2〕 어간의 끝음절 '하'가 아주 줄 적에는 준 대로 적는다.

(본말)	(준말)	(본말)	(준말)
거북하지	거북지	넉넉하지 않다	넉넉지 않다
생각하건대	생각건대	못하지 않다	못지않다

생각하다 못해	생각다 못해	섭섭하지 않다	섭섭지 않다
깨끗하지 않다	깨끗지 않다	익숙하지 않다	익숙지 않다

〔붙임 3〕 다음과 같은 부사는 소리대로 적는다.

결단코	결코	기필코	무심코	아무튼	요컨대
정녕코	필연코	하마터면	하여튼	한사코	

제5장 띄어쓰기

제1절 조 사

제41항 조사는 그 앞말에 붙여 쓴다.

꽃**이**	꽃**마저**	꽃**밖에**	꽃**에서부터**	꽃**으로만**
꽃**이나마**	꽃**이다**	꽃**입니다**	꽃**처럼**	어디**까지나**
거기**도**	멀리**는**	웃고**만**		

제2절 의존 명사, 단위를 나타내는 명사 및 열거하는 말 등

제42항 의존 명사는 띄어 쓴다.

아는 **것**이 힘이다.	나도 할 **수** 있다.
먹을 **만큼** 먹어라.	아는 **이**를 만났다.
네가 뜻한 **바**를 알겠다.	그가 떠난 **지**가 오래다

제43항 단위를 나타내는 명사는 띄어 쓴다.

한 **개**	차 한 **대**	금 서 **돈**	소 한 **마리**
옷 한 **벌**	열 **살**	조기 한 **손**	연필 한 **자루**
버선 한 **죽**	집 한 **채**	신 두 **켤레**	북어 한 **쾌**

다만, 순서를 나타내는 경우나 숫자와 어울리어 쓰이는 경우에는 붙여 쓸 수 있다.

두시 삼십분 오초	제일과	삼학년
육층	1446년 10월 9일	2대대
16동 502호	제1실습실	80원
10개	7미터	

제44항 수를 적을 적에는 '만(萬)' 단위로 띄어 쓴다.

십이억 삼천사백오십육만 칠천팔백구십팔   12억 3456만 7898

제45항 두 말을 이어 주거나 열거할 적에 쓰이는 다음의 말들은 띄어 쓴다.

국장 **겸** 과장	열 **내지** 스물	청군 **대** 백군
책상, 걸상 **등**이 있다	이사장 **및** 이사들	사과, 배, 귤 **등등**
사과, 배 **등속**	부산, 광주 **등지**	

제46항 단음절로 된 단어가 연이어 나타날 적에는 붙여 쓸 수 있다.

그때 그곳   좀더 큰것   이말 저말   한잎 두잎

제3절 보조 용언

제47항 보조 용언은 띄어 씀을 원칙으로 하되, 경우에 따라 붙여 씀도 허용한다. (ㄱ을 원칙으로 하고, ㄴ을 허용함.)

ㄱ	ㄴ
불이 꺼져 **간다.**	불이 꺼져**간다.**
내 힘으로 막아 **낸다.**	내 힘으로 막아**낸다.**
어머니를 도와 **드린다.**	어머니를 도와**드린다.**
그릇을 깨뜨려 **버렸다.**	그릇을 깨뜨려**버렸다.**
비가 올 **듯하다.**	비가 올**듯하다.**
그 일은 할 **만하다.**	그 일은 할**만하다.**
일이 될 **법하다.**	일이 될**법하다.**
비가 올 **성싶다.**	비가 올**성싶다.**
잘 아는 **척한다.**	잘 아는**척한다.**

다만, 앞말에 조사가 붙거나 앞말이 합성 동사인 경우, 그리고 중간에 조사

가 들어갈 적에는 그 뒤에 오는 보조 용언은 띄어 쓴다.

　잘도 놀아만 **나는구나**!　　　　책을 읽어도 **보고**…….

　네가 덤벼들어 **보아라**.　　　　강물에 떠내려가 **버렸다**.

　그가 올 듯도 **하다**.　　　　　잘난 체를 **한다**.

제4절　고유 명사 및 전문 용어

제48항　성과 이름, 성과 호 등은 붙여 쓰고, 이에 덧붙는 호칭어, 관직명 등은 띄어 쓴다.

　　　김양수(金良洙)　　　　서화담(徐花潭)　　　　채영신 씨
　　　최치원 선생　　　　　박동식 박사　　　　　충무공 이순신 장군

　다만, 성과 이름, 성과 호를 분명히 구분할 필요가 있을 경우에는 띄어 쓸 수 있다.

　　　남궁억/남궁 억　　　독고준/독고 준　　　황보지봉(皇甫芝峰)/황보 지봉

제49항　성명 이외의 고유 명사는 단어별로 띄어 씀을 원칙으로 하되, 단위별로 띄어 쓸 수 있다.(ㄱ을 원칙으로 하고, ㄴ을 허용함.)

　　　　　ㄱ　　　　　　　　　　　　ㄴ
　　　대한 중학교　　　　　　　　대한중학교
　　　한국 대학교 사범 대학　　　한국대학교 사범대학

제50항　전문 용어는 단어별로 띄어 씀을 원칙으로 하되, 붙여 쓸 수 있다.(ㄱ을 원칙으로 하고, ㄴ을 허용함.)

　　　　　ㄱ　　　　　　　　　　　　ㄴ
　　　만성 골수성 백혈병　　　　만성골수성백혈병
　　　중거리 탄도 유도탄　　　　중거리탄도유도탄

제6장 그 밖의 것

제51항 부사의 끝음절이 분명히 '이'로만 나는 것은 '-이'로 적고, '히'로만 나거나 '이'나 '히'로 나는 것은 '-히'로 적는다.

1. '이'로만 나는 것

가붓이	깨끗이	나붓이	느긋이	둥긋이	따뜻이
반듯이	버젓이	산뜻이	의젓이	가까이	고이날
카로이	대수로이	번거로이	많이	적이	헛되이
겹겹이	번번이	일일이	집집이	틈틈이	

2. '히'로만 나는 것

극히	급히	딱히	속히	작히
족히	특히	엄격히	정확히	

3. '이, 히'로 나는 것

솔직히	가만히	간편히	나른히	무단히
각별히	소홀히	쓸쓸히	정결히	과감히
꼼꼼히	심히	열심히	급급히	답답히
십십히	공평히	능히	당당히	분명히
상당히	조용히	간소히	고요히	도저히

제52항 한자어에서 본음으로도 나고 속음으로도 나는 것은 각각 그 소리에 따라 적는다.

(본음으로 나는 것)	(속음으로 나는 것)
승낙(承諾)	수락(受諾), 쾌락(快諾), 허락(許諾)
만난(萬難)	곤란(困難), 논란(論難)
안녕(安寧)	의령(宜寧), 회령(會寧)
분노(忿怒)	대로(大怒), 희로애락(喜怒哀樂)
토론(討論)	의논(議論)
오륙십(五六十)	오뉴월, 유월(六月)
목재(木材)	모과(木瓜)

십일(十日)　　　　　　시방정토(十方淨土), 시왕(十王), 시월(十月)
팔일(八日)　　　　　　초파일(初八日)

제53항 다음과 같은 어미는 예사소리로 적는다.(ㄱ을 취하고, ㄴ을 버림.)

ㄱ	ㄴ
-(으)ㄹ거나	-(으)ㄹ꺼나
-(으)ㄹ걸	-(으)ㄹ껄
-(으)ㄹ게	-(으)ㄹ께
-(으)ㄹ세	-(으)ㄹ쎄
-(으)ㄹ세라	-(으)ㄹ쎄라
-(으)ㄹ수록	-(으)ㄹ쑤록
-(으)ㄹ시	-(으)ㄹ씨
-(으)ㄹ지	-(으)ㄹ찌
-(으)ㄹ지니라	-(으)ㄹ찌니라
-(으)ㄹ지라도	-(으)ㄹ찌라도
-(으)ㄹ지어다	-(으)ㄹ찌어다
-(으)ㄹ지언정	-(으)ㄹ찌언정
-(으)ㄹ진대	-(으)ㄹ찐대
-(으)ㄹ진저	-(으)ㄹ찐저
-올시다	-올씨다

다만, 의문을 나타내는 다음 어미들은 된소리로 적는다.

-(으)ㄹ까?　　　-(으)ㄹ꼬?　　　-(스)ㅂ니까?　　　-(으)리까?
-(으)ㄹ쏘냐?

제54항 다음과 같은 접미사는 된소리로 적는다.(ㄱ을 취하고, ㄴ을 버림.)

ㄱ	ㄴ	ㄱ	ㄴ
심부름꾼	심부름군	귀때기	귓대기
익살꾼	익살군	볼때기	볼대기
일꾼	일군	판자때기	판잣대기
장꾼	장군	뒤꿈치	뒷굼치
장난꾼	장난군	팔꿈치	팔굼치
지게꾼	지겟군	이마빼기	이맛배기

때깔	땟갈	코빼기	콧배기
빛깔	빛갈	객쩍다	객적다
성깔	성갈	겸연쩍다	겸연적다

제55항 두 가지로 구별하여 적던 다음 말들은 한 가지로 적는다.(ㄱ을 취하고, ㄴ을 버림.)

ㄱ	ㄴ
맞추다(입을 맞춘다. 양복을 맞춘다.)	마추다
뻗치다(다리를 뻗친다. 멀리 뻗친다.)	뻐치다

제56항 '-더라, -던'과 '-든지'는 다음과 같이 적는다.

1. 지난 일을 나타내는 어미는 '-더라, -던'으로 적는다.(ㄱ을 취하고, ㄴ을 버림.)

ㄱ	ㄴ
지난 겨울은 몹시 춥더라.	지난 겨울은 몹시 춥드라.
깊던 물이 얕아졌다.	깊든 물이 얕아졌다.
그렇게 좋던가?	그렇게 좋든가?
그 사람 말 잘하던데!	그 사람 말 잘하든네!
얼마나 놀랐던지 몰라.	얼마나 놀랐든지 몰라.

2. 물건이나 일의 내용을 가리지 아니하는 뜻을 나타내는 조사와 어미는 '(-)든지'로 적는다.(ㄱ을 취하고, ㄴ을 버림.)

ㄱ	ㄴ
배든지 사과든지 마음대로 먹어라	배던지 사과던지 마음대로 먹어라
가든지 오든지 마음대로 해라.	가던지 오던지 마음대로 해라.

제57항 다음 말들은 각각 구별하여 적는다.

가름	둘로 가름.
갈음	새 책상으로 갈음하였다.
거름	풀을 썩인 거름.
걸음	빠른 걸음.

거치다	영월을 거쳐 왔다.
걷히다	외상값이 잘 걷힌다.
걷잡다	걷잡을 수 없는 상태.
겉잡다	겉잡아서 이틀 걸릴 일.
그러므로(그러니까)	그는 부지런하다. 그러므로 잘 산다.
그럼으로(써)	그는 열심히 공부한다. 그럼으로(써)
(그렇게 하는 것으로)	은혜에 보답한다.
노름	노름판이 벌어졌다.
놀음(놀이)	즐거운 놀음.
느리다	진도가 너무 느리다.
늘이다	고무줄을 늘인다.
늘리다	수출량을 더 늘린다.
다리다	옷을 다린다.
달이다	약을 달인다.
다치다	부주의로 손을 다쳤다.
닫히다	문이 저절로 닫혔다.
닫치다	문을 힘껏 닫쳤다.
마치다	벌써 일을 마쳤다.
맞히다	여러 문제를 더 맞혔다.
목거리	목거리가 덧났다.
목걸이	금 목걸이, 은 목걸이.
바치다	나라를 위해 목숨을 바쳤다.
받치다	우산을 받치고 간다.
	책받침을 받친다.
받히다	쇠뿔에 받혔다.
밭치다	술을 체에 밭친다.
반드시	약속은 반드시 지켜라.
반듯이	고개를 반듯이 들어라.

부딪치다	차와 차가 마주 부딪쳤다.
부딪히다	마차가 화물차에 부딪혔다.
부치다	힘이 부치는 일이다.
	편지를 부친다.
	논밭을 부친다.
	빈대떡을 부친다.
	식목일에 부치는 글.
	회의에 부치는 안건.
	인쇄에 부치는 원고.
	삼촌 집에 숙식을 부친다.
붙이다	우표를 붙인다.
	책상을 벽에 붙였다.
	흥정을 붙인다.
	불을 붙인다.
	감시원을 붙인다.
	조건을 붙인다.
	취미를 붙인다.
	별명을 붙인다.
시키다	일을 시킨다.
식히다	끓인 물을 식힌다.
이름	세 아름 되는 둘레.
알음	전부터 알음이 있는 사이.
앎	앎이 힘이다.
안치다	밥을 안친다.
앉히다	윗자리에 앉힌다.
어름	두 물건의 어름에서 일어난 현상.
얼음	얼음이 얼었다.

이따가	이따가 오너라.
있다가	돈은 있다가도 없다.
저리다	다친 다리가 저린다.
절이다	김장 배추를 절인다.
조리다	생선을 조린다. 통조림, 병조림.
졸이다	마음을 졸인다.
주리다	여러 날을 주렸다.
줄이다	비용을 줄인다.
하노라고	하노라고 한 것이 이 모양이다.
하느라고	공부하느라고 밤을 새웠다.
-느니보다(어미)	나를 찾아오느니보다 집에 있거라.
-는 이보다(의존 명사)	오는 이가 가는 이보다 많다.
-(으)리만큼(어미)	나를 미워하리만큼 그에게 잘못한 일이 없다
-(으)ㄹ 이만큼(의존 명사)	찬성할 이도 반대할 이만큼이나 많을 것이다.
-(으)러(목적)	공부하러 간다.
-(으)려(의도)	서울 가려 한다.
-(으)로서(자격)	사람으로서 그럴 수는 없다.
-(으)로써(수단)	닭으로써 꿩을 대신했다.
-(으)므로(어미)	그가 나를 믿으므로 나도 그를 믿는다.
(-ㅁ, -음)으로(써)(조사)	그는 믿음으로(써) 산 보람을 느꼈다.

문장 부호

문장 부호의 이름과 그 사용법은 다음과 같이 정한다.

Ⅰ. 마침표〔終止符〕

1. 온점(.), 고리점(。)
가로쓰기에는 온점, 세로쓰기에는 고리점을 쓴다.

    (1) 서술, 명령, 청유 등을 나타내는 문장의 끝에 쓴다.
        젊은이는 나라의 기둥이다.
        황금 보기를 돌같이 하라.
        집으로 돌아가자.

    다만, 표제어나 표어에는 쓰지 않는다.
        압록강은 흐른다(표제어)
        꺼진 불도 다시 보자(표어)

    (2) 아라비아 숫자만으로 연월일을 표시할 적에 쓴다.
        1919. 3. 1. (1919년 3월 1일)

    (3) 표시 문자 다음에 쓴다.
        1. 마침표   ㄱ. 물음표   가. 인명

    (4) 준말을 나타내는 데 쓴다.
        서. 1987. 3. 5. (서기)

2. 물음표(?)
의심이나 물음을 나타낸다.

(1) 직접 질문할 때에 쓴다.

　　이제 가면 언제 돌아오니?

　　이름이 뭐지?

(2) 반어나 수사 의문(修辭疑問)을 나타낼 때 쓴다.

　　제가 감히 거역할 리가 있습니까?

　　이게 은혜에 대한 보답이냐?

　　남북 통일이 되면 얼마나 좋을까?

(3) 특정한 어구 또는 그 내용에 대하여 의심이나 빈정거림, 비웃음 등을 표시할 때, 또는 적절한 말을 쓰기 어려운 경우에 소괄호 안에 쓴다.

　　그것 참 훌륭한(?) 태도야.

　　우리 집 고양이가 가출(?)을 했어요.

〔붙임 1〕 한 문장에서 몇 개의 선택적인 물음이 겹쳤을 때에는 맨 끝의 물음에만 쓰지만, 각각 독립된 물음인 경우에는 물음마다 쓴다.

　　너는 한국인이냐, 중국인이냐?

　　너는 언제 왔니? 어디서 왔니? 무엇하러?

〔붙임 2〕 의문형 어미로 끝나는 문장이라도 의문의 정도가 약할 때에는 물음표 대신 온점(또는 고리점)을 쓸 수도 있다.

　　이 일을 도대체 어쩐단 말이냐.

　　아무도 그 일에 찬성하지 않을 거야. 혹 미친 사람이면 모를까.

3. 느낌표(!)

　느낌표(!)
　감탄이나 놀람, 부르짖음, 명령 등 강한 느낌을 나타낸다.

(1) 느낌을 힘차게 나타내기 위해 감탄사나 감탄형 종결 어미 다음에 쓴다.

　　앗!

　　아, 달이 밝구나!

(2) 강한 명령문 또는 청유문에 쓴다.

　　지금 즉시 대답해!

　　부디 몸조심하도록!

(3) 감정을 넣어 다른 사람을 부르거나 대답할 적에 쓴다.

　　춘향아!

　　예, 도련님!

(4) 물음의 말로써 놀람이나 항의의 뜻을 나타내는 경우에 쓴다.

　　이게 누구야!

　　내가 왜 나빠!

〔붙임〕　감탄형 어미로 끝나는 문장이라도 감탄의 정도가 약할 때에는 느낌표 대신 온점(또는 고리점)을 쓸 수도 있다.

　　개구리가 나온 것을 보니, 봄이 오긴 왔구나.

Ⅱ. 쉼표〔休止符〕

1. 반점(,), 모점(、)

　　가로쓰기에는 반점, 세로쓰기에는 모점을 쓴다.

　　문장 안에서 짧은 휴지를 나타낸다.

(1) 같은 자격의 어구가 열거될 때에 쓴다.

　　근면, 검소, 협동은 우리 겨레의 미덕이다.

　　충청도의 계룡산, 전라도의 내장산, 강원도의 설악산은 모두 국립 공원이다.

다만, 조사로 연결될 적에는 쓰지 않는다.

　　매화와 난초와 국화와 대나무를 사군자라고 한다.

(2) 짝을 지어 구별할 필요가 있을 때에 쓴다.

　　닭과 지네, 개와 고양이는 상극이다.

(3) 바로 다음의 말을 꾸미지 않을 때에 쓴다.

　　슬픈 사연을 간직한, 경주 불국사의 무영탑.

　　성질 급한, 철수의 누이동생이 화를 내었다.

(4) 대등하거나 종속적인 절이 이어질 때에 절 사이에 쓴다.

　　콩 심으면 콩 나고, 팥 심으면 팥 난다.

　　흰 눈이 내리니, 경치가 더욱 아름답다.

(5) 부르는 말이나 대답하는 말 뒤에 쓴다.

　　애야, 이리 오너라.

　　예, 지금 가겠습니다.

(6) 제시어 다음에 쓴다.

　　빵, 빵이 인생의 전부이더냐?

　　용기, 이것이야말로 무엇과도 바꿀 수 없는 젊은이의 자산이다.

(7) 도치된 문장에 쓴다.

　　이리 오세요, 어머님.

　　다시 보자, 한강수야.

(8) 가벼운 감탄을 나타내는 말 뒤에 쓴다.

　　아, 깜빡 잊었구나.

(9) 문장 첫머리의 접속이나 연결을 나타내는 말 다음에 쓴다.

　　첫째, 몸이 튼튼해야 된다.

　　아무튼, 나는 집에 돌아가겠다.

다만, 일반적으로 쓰이는 접속어(그러나, 그러므로, 그리고, 그런데 등) 뒤에는 쓰지 않음을 원칙으로 한다.
그러나 너는 실망할 필요가 없다.

(10) 문장 중간에 끼어든[3] 구절 앞뒤에 쓴다.
나는, 솔직히 말하면, 그 말이 별로 탐탁하지 않소.
철수는 미소를 띠고, 속으로는 화가 치밀었지만, 그들을 맞았다.

(11) 되풀이를 피하기 위하여 한 부분을 줄일 때에 쓴다.
여름에는 바다에서, 겨울에는 산에서 휴가를 즐겼다.

(12) 문맥상 끊어 읽어야 할 곳에 쓴다.
갑돌이가 울면서, 떠나는 갑순이를 배웅했다.
갑돌이가, 울면서 떠나는 갑순이를 배웅했다.
철수가, 내가 제일 좋아하는 친구이다.
남을 괴롭히는 사람들은, 만약 그들이 다른 사람에게 괴롭힘을 당해 본다
면, 남을 괴롭히는 일이 얼마나 나쁜 일인지 깨달을 것이다.

(13) 숫자를 나열할 때에 쓴다.
1, 2, 3, 4

(14) 수의 폭이나 개략의 수를 나타낼 때에 쓴다.
5, 6 세기   6, 7 개

(15) 수의 자릿점을 나타낼 때에 쓴다.
14,314

2. 가운뎃점(·)
열거된 여러 단위가 대등하거나 밀접한 관계임을 나타낸다.

(1) 쉼표로 열거된 어구가 다시 여러 단위로 나누어질 때에 쓴다.

---

3 이 경우, '끼어들다'냐 '끼여들다'냐에 대하여 논란의 여지가 있으나, 여기에서는 고시본대로 두기로 한다. 이하 같다.

철수·영이, 영수·순이가 서로 짝이 되어 윷놀이를 하였다.
공주·논산, 천안·아산·천원 등 각 지역구에서 2명씩 국회 의원을 뽑는다.
시장에 가서 사과·배·복숭아, 고추·마늘·파, 조기·명태·고등어를 샀다.

(2) 특정한 의미를 가지는 날을 나타내는 숫자에 쓴다.
　　3·1 운동　　　　　　8·15 광복

(3) 같은 계열의 단어 사이에 쓴다.
　　경북 방언의 조사·연구
　　충북·충남 두 도를 합하여 충청도라고 한다.
　　동사·형용사를 합하여 용언이라고 한다.

3. 쌍점(:)

(1) 내포되는 종류를 들 적에 쓴다.
　　문장 부호: 마침표, 쉼표, 따옴표, 묶음표 등.
　　문방 사우: 붓, 먹, 벼루, 종이.

(2) 소표제 뒤에 간단한 설명이 붙을 때에 쓴다.
　　일시: 1984 년 10 월 15 일 10 시.
　　마침표: 문장이 끝남을 나타낸다.

(3) 저자명 다음에 저서명을 적을 때에 쓴다.
　　정약용: 목민심서, 경세유표.
　　주시경: 국어 문법, 서울 박문 서관, 1910.

(4) 시(時)와 분(分), 장(章)과 절(節) 따위를 구별할 때나, 둘 이상을 대비
　　할 때에 쓴다.
　　　오전 10:20 (오전 10 시 20 분)
　　　요한　3:16 (요한 복음 3 장 16 절)[4]
　　　대비 65:60 (65 대 60)

---

4 이 규정집에서 '편(編)·부(部)·장(章)·항(項)'이 아라비아 숫자와 결합하여 쓰이는 경우 등은 편의상 띄어쓰기의 허용 쪽
을 따라 붙여 썼으나,(일러두기의 3번을 참조함.) 이 용례는 고시본대로 보이기로 한다.

4. 빗금(/)

(1) 대응, 대립되거나 대등한 것을 함께 보이는 단어와 구, 절 사이에 쓴다.

남궁만/남궁 만   백이십오 원/125 원

착한 사람/악한 사람   맞닥뜨리다/맞닥트리다

(2) 분수를 나타낼 때에 쓰기도 한다.

3/4 분기   3/20

Ⅲ. 따옴표〔引用符〕

1. 큰따옴표(" "), 겹낫표(『 』)

가로쓰기에는 큰따옴표, 세로쓰기에는 겹낫표를 쓴다.

대화, 인용, 특별 어구 따위를 나타낸다.

(1) 글 가운데서 직접 대화를 표시할 때에 쓴다.

"전기가 없었을 때는 어떻게 책을 보았을까?"

"그야 등잔불을 켜고 보았겠지."

(2) 남의 말을 인용할 경우에 쓴다

예로부터 "민심은 천심이다."라고 하였다.

"사람은 사회적 동물이다."라고 말한 학자가 있다.

2. 작은따옴표(' '), 낫표(「 」)

가로쓰기에는 작은따옴표, 세로쓰기에는 낫표를 쓴다.

(1) 따온 말 가운데 다시 따온 말이 들어 있을 때에 쓴다.

"여러분! 침착해야 합니다. '하늘이 무너져도 솟아날 구멍이 있다.'고 합니다."

(2) 마음속으로 한 말을 적을 때에 쓴다.

'만약 내가 이런 모습으로 돌아간다면, 모두들 깜짝 놀라겠지.'

〔붙임〕 문장에서 중요한 부분을 두드러지게 하기 위해 드러냄표 대신에 쓰기도 한다.

지금 필요한 것은 '지식'이 아니라 '실천'입니다.

'배부른 돼지'보다는 '배고픈 소크라테스'가 되겠다.

Ⅳ. 묶음표〔括弧符〕

1. 소괄호(( ))

(1) 원어, 연대, 주석, 설명 등을 넣을 적에 쓴다.

커피(coffee)는 기호 식품이다.

3·1 운동(1919) 당시 나는 중학생이었다.

'무정(無情)'은 춘원(6·25 때 납북)의 작품이다.

니체(독일의 철학자)는 이렇게 말했다.

(2) 특히 기호 또는 기호적인 구실을 하는 문자, 단어, 구에 쓴다.

(1) 주어   (ㄱ) 명사   (라) 소리에 관한 것

(3) 빈 자리임을 나타낼 적에 쓴다.

우리 나라의 수도는 (   )이다.

2. 중괄호({ })

여러 단위를 동등하게 묶어서 보일 때에 쓴다.

$$\text{주격 조사} \begin{cases} \text{이} \\ \text{가} \end{cases} \qquad \text{국가의 3 요소} \begin{cases} \text{국토} \\ \text{국민} \\ \text{주민} \end{cases}$$

3. 대괄호(〔 〕)

　(1) 묶음표 안의 말이 바깥 말과 음이 다를 때에 쓴다.
　　나이〔年歲〕　　　낱말〔單語〕　　　手足〔손발〕

　(2) 묶음표 안에 또 묶음표가 있을 때에 쓴다.
　　명령에 있어서의 불확실〔단호(斷乎)하지 못함〕은 복종에 있어서의 불확실
〔모호(模糊)함〕을 낳는다.

Ⅴ. 이음표〔連結符〕

1. 줄표 (—)
　이미 말한 내용을 다른 말로 부연하거나 보충함을 나타낸다.
　(1) 문장 중간에 앞의 내용에 대해 부연하는 말이 끼여들 때 쓴다.
　　그 신동은 네 살에 — 보통 아이 같으면 천자문도 모를 나이에 — 벌써 시
를 지었다.

　(2) 앞의 말을 정정 또는 변명하는 말이 이어질 때 쓴다.
　　어머님께 말했다가 — 아니, 말씀드렸다가 — 꾸중만 들었다.
　　이건 내 것이니까 — 아니, 내가 처음 발견한 것이니까 — 절대로 양보할
수가 없다.

2. 붙임표(-)

　(1) 사전, 논문 등에서 합성어를 나타낼 적에, 또는 접사나 어미임을 나타낼
　　적에 쓴다.
　　겨울-나그네　　　　불-구경　　　　　손-발
　　휘-날리다　　　　　슬기-롭다　　　　-(으)ㄹ걸

(2) 외래어와 고유어 또는 한자어가 결합되는 경우에 쓴다.

　　나일론-실　　　디-장조　　　빛-에너지　　　염화-칼륨

3. 물결표(～)

(1) '내지'라는 뜻에 쓴다.

　　9월 15일 ～ 9월 25일

(2) 어떤 말의 앞이나 뒤에 들어갈 말 대신 쓴다.

　　새마을:　　　～ 운동　　　　　　～ 노래
　　-가(家):　　음악～　　　　　　미술～

Ⅵ. 드러냄표〔顯在符〕

1. 드러냄표(˙, ˚)5

　·이나 ˚을 가로쓰기에는 글자 위에, 세로쓰기에는 글자 오른쪽에 쓴다.

　문장 내용 중에서 주의가 미쳐야 할 곳이나 중요한 부분을 특별히 드러내 보일 때 쓴다.

　　한글의 본 이름은 훈민정음이다.

　　중요한 것은 왜 사느냐가 아니라 어떻게 사느냐 하는 문제이다.

　〔붙임〕　가로쓰기에서는 밑줄(＿, ～～～)을 치기도 한다.

　　　　　다음 보기에서 명사가 아닌 것은?

---

5 고시본에는 (˚, ˙)의 순으로 되어 있으나, 사용법에 대한 규정문이나 용례에서 '˙'을 앞세웠으므로 이와 같이 제시하였다.

VII. 안드러냄표〔潛在符〕

1. 숨김표(××, ○○)

알면서도 고의로 드러내지 않음을 나타낸다.

(1) 금기어나 공공연히 쓰기 어려운 비속어의 경우, 그 글자의 수효만큼 쓴다.

배운 사람 입에서 어찌 ○○○란 말이 나올 수 있느냐?

그 말을 듣는 순간 ×××란 말이 목구멍까지 치밀었다.

(2) 비밀을 유지할 사항일 경우, 그 글자의 수효만큼 쓴다.

육군 ○○부대 ○○○ 명이 작전에 참가하였다.

그 모임의 참석자는 김×× 씨, 정×× 씨 등 5명이었다.

2. 빠짐표(□)

글자의 자리를 비워 둠을 나타낸다.

(1) 옛 비문이나 서적 등에서 글자가 분명하지 않을 때에 그 글자의 수효만큼 쓴다.

大師爲法主□□賴之大□薦 (옛 비문)

(2) 글자가 들어가야 할 자리를 나타낼 때 쓴다.

훈민정음의 초성 중에서 아음(牙音)은 □□□이 석 자나.

3. 줄임표(……)

(1) 할 말을 줄였을 때에 쓴다.

"어디 나하고 한번……."

하고 철수가 나섰다.

(2) 말이 없음을 나타낼 때에 쓴다.

"빨리 말해!"

"……."